이루다스피치와 함께하는

MY
TURN

경찰공무원 면접

SD에듀
㈜시대고시기획

머리말

"경찰수험생들의 영원한 면접 페이스메이커가 되겠습니다."

안녕하세요. 스피치로 소중한 꿈을 이뤄드리는 이루다스피치학원 대표원장 배윤희입니다.
우선 이 책이 경찰수험생들에게 면접이라는 최종관문을 통과하는 데 큰 밑거름이 되길 바라며, 더불어 여러분의 땀과 노력이 큰 결실을 맺길 기원합니다.

"2009년부터 매년 경찰수험생을 만나고 있습니다."

지난 2009년부터 경찰을 포함해 다양한 직렬의 공무원 면접 강의를 진행했고, 2011년에는 이루다스피치학원을 개원해 현재까지 연 1,000회 이상의 공무원 면접 강의를 진행하고 있습니다. 그중에서도 경찰수험생들은 특유의 강한 정신력과 열정을 갖고 있기에 저 역시 에너지 넘치는 강의를 할 수 있었고, 그래서인지 특히 더 애정을 갖고 면접교육에 임했던 것 같습니다. 합격 소식에는 같이 기뻐했고, 안타까운 불합격 소식을 들을 때는 좀 더 챙기지 못한 것에 자책을 하기도 했습니다. 그래도 '진심은 통한다'고 하죠?! 재도전해 결국 합격했다는 소식을 뒤늦게 들었을 때는 기쁨이 두 배가 되기도 했습니다. 이러한 인연은 여기서 끝나는 것이 아니라 주변 지인의 면접교육을 소개해 주기도 하고, 중경생활 사진을 찍어서 보내기도 하고, 결혼 소식을 알리기도, 아직도 연락을 하며 고맙다는 말을 해주는 소중한 인연으로 발전했습니다. 경찰수험생들이 얼마나 치열하게 수험생활을 하는지 잘 알고 있기에 면접이라는 최종관문에서만큼은 자신감을 가지고 임할 수 있도록 도움을 주고자 이 책을 출간하게 되었습니다.

"경찰 면접에서 가장 중요한 것은 정직입니다."

모든 면접은 해당 조직의 특성을 반영하듯 경찰 면접도 경찰조직의 특성이 반영됩니다. 경찰업무에 있어 중요한 역량은 전문성, 팀워크, 희생정신, 준법정신 등등 다양한 것이 있지만, 면접관이 신입 경찰에게 요구하는 것 중 가장 기본적인 자질은 정직입니다. 법을 준수하는 사람으로서 도덕성과 윤리성을 가져야 하는 것은 당연하겠죠. 또한, 경찰은 다양한 갈등 및 이해관계에서 중재자 역할을 하기 때문에 사실 확인을 하는 습성이 있습니다. 따라서 면접관 역시 수험생을 대할 때, 윤리적으로 문제가 없는지, 답변의 거짓은 없는지를 파악하기 위해 철저히 검증을 합니다. 따라서 멋있게 포장을 하거나 거짓된 답변을 하는 행동은 절대 해서는 안 됩니다. 경찰로서 기본적인 역량을 검증하는 질문이 많기 때문에 솔직하고 진정성 있게 면접에 임해야 한다는 것을 꼭 기억하길 바랍니다.

"면접은 얼마나 아느냐보다 어떻게 표현하느냐가 중요합니다."

저는 경찰공무원 출신도 아니고, 법을 공부했던 사람도 아닙니다. 하지만, 수많은 경시생들의 면접교육을 진행하고 있습니다. 이것이 가능한 이유는 대다수의 수험생들은 머릿속으로는 알고 있지만, 생각을 말로 잘 정돈해서 표현하는 것에 익숙치 않습니다. 오랜 시간 수험생활을 하면서 누군가와 대화하거나 소통할 기회가 없기에 더욱 스피치 부분을 어려워합니다. 저는 수험생의 생각을 쉽게 말할 수 있도록 정리해 주고, 경찰 면접에 맞는 답변의 방향성을 알려주고, 면접에서 흔들림 없이 답변할 수 있도록 트레이닝 하는 역할을 합니다. 그렇게 한해 한해를 거듭하면서 면접 기출을 기반으로 많은 데이터가 쌓였고, 덕분에 더욱 자신감을 가지고 면접교육을 할 수 있게 되었습니다.

혹자는 면접 책 10회독만 하면 합격한다고 알려줍니다. 또 혹자는 인강으로 면접 준비를 한다고 합니다. 물론 다 도움이 되지만, 결국 면접은 얼마나 아느냐를 평가하는 필기시험이 아니라 아는 것을 자신감 있게 표현할 수 있느냐를 평가하는 구술시험입니다. 단순히 아는 것에 그치는 것이 아니라 실제로 큰 소리를 내면서 표현해 보고, 긴장과 불안감을 이겨내는 일종의 훈련이 필요합니다. 따라서 이 책 역시 읽고 공부하는 것에 그치는 것이 아니라 자신의 답변으로 만드는 작업, 그리고 소리를 내면서 말하는 연습, 최종적으로 긴장된 상황에서 자신감 있게 답변을 할 수 있는지 시뮬레이션을 꼭 하시길 바랍니다.

"뒤집어야 한다면, 꼭 붙어야 한다면, 무조건 자신감입니다."

경시생들이 면접 준비를 하면서 공통으로 하는 말이 있습니다. "필기보다, 체력보다 '면접'이 더 어렵다"라고요. 형식적이라 생각하고, 배수 높으니까 무조건 합격하겠지? 하는 안일한 생각이 면접 준비를 본격적으로 하다 보면 싹 사라지게 됩니다. 경찰 면접은 광범위하고, 압박도 상당하기 때문입니다. 그래서 "0.2배수인데 떨어졌다. 1.2배수인데 붙었다."라고 하는 이야기가 실제로 벌어집니다. 면접에서 꼭 뒤집어야 한다면, 그리고 이번에는 무조건 합격해야 한다면, 무조건 자신감을 가지고 면접에 임하시기 바랍니다. 면접은 아무리 준비를 해도 예상치 못한 질문이 나오기 마련입니다. 또한, 예측한대로 이뤄지지 않습니다. 이런 돌발상황에서도 '내가 말하는 답변이 정답이다'라고 생각하며 자신감 있게 말할 수 있는 용기와 신념이 필요합니다. 흔들림 없이 답변하는 모습은 면접관의 눈과 귀를 사로잡을 수 있고, 스스로에게도 엄청난 자신감을 갖게 합니다. 면접장 문을 열고 나왔을 때 "후회 없이 하고 싶은 말 다 했다."라고 할 정도로 자신감을 가지고 면접에 임하시기 바랍니다. 그때, '합격'은 자연스럽게 따라올 겁니다.

앞으로 만날 경찰수험생들과 소중한 인연을 기대합니다. 그리고 경찰이라는 여러분의 소중한 꿈을 이룰 수 있도록 앞으로도 든든한 페이스메이커가 되겠습니다. 마지막으로 이번 집필에 함께 참여해 준 김소연, 전소연 강사를 포함해 이지웅 부원장 외 이루다스피치 학원 전 직원 및 관계자에게도 고마움을 전합니다. 감사합니다.

이루다스피치학원 대표원장 배윤희

머리말

경찰이 되기 위한 마지막 관문인 '면접', 철저한 '준비'가 필요합니다.

안녕하세요. 이루다스피치 수석강사 김소연입니다.

위의 말은 제가 수많은 경찰시험 준비생 분들을 만나면서 가장 중요하게 말하였던 부분입니다. '경찰공무원 시험은 이미 필기와 체력에서 결정되고 면접은 비교적 편하게 해도 된다.'라고 생각을 하시는 분들을 종종 만났습니다. 또 '난 1배수 밖이니까 최종합격할 수 있을까? 가능성 없겠지?'라는 고민을 하는 분들도 많았습니다.

정말 최종합격이라는 결과는 마지막까지 모른다는 것을 꼭 말씀드리고 싶습니다. 그 이유는 면접에서 결과가 많이 뒤바뀌는 것을 보았기 때문입니다. 안정권인 분들은 그 자리를 사수하기 위해 열심히 준비하고, 안정권이 아닌 분들은 안정권 안으로 들기 위해 더 열심히 노력해야 합니다. 그러기 위해서는 모든 면접을 처음 필기시험을 준비할 때의 마음처럼 철저하게 준비하는 것이 최선이라고 생각합니다.

하지만, 경찰시험 준비생 분들은 면접 시 어떤 것부터 준비해야 하고, 무엇을 대비해야 할지 막막해하는 모습을 매년 보았습니다. 저의 역할은 그 막막함을 뚫어 주는 것이어서 직접 만나지 못하는 경찰시험 준비생분들에게도 이번 『2023 이루다스피치와 함께하는 마이턴(my turn) 경찰공무원 면접』 책을 통해 도움을 드리고 싶었습니다. 그래서 면접 강의를 하며 쌓아온 저희 이루다스피치학원의 노하우를 하나씩 써 내려갔습니다.

'어떻게 해야 나만의 이야기를 녹여내 진솔한 답변을 할 수 있을까'를 고민하는 모든 분들에게 방법만 안다면 나만의 참신한 답변을 할 수 있다는 것을 알려드리고 싶습니다.

면접, 쉽지 않습니다. 하지만 여러분들은 할 수 있습니다.

수많은 경찰시험 준비생 분들이 끈기 있게 노력하여 면접 준비를 처음 시작할 때와 달리 자신감을 가지고 성장하는 모습을 보았습니다. 이를 통해 누구든 할 수 있다고 확신하였습니다. 그 어려운 과정을 거쳐 면접이라는 마지막 관문 앞에 서 있는 분들이라면 면접, 정말 가뿐히 할 수 있습니다. 두려워하지 마십시오. 포기하지 마십시오.

이제 곧 경찰이 되실 모든 경찰시험 준비생 여러분들! 조금만 더 힘을 내십시오. 저희가 여러분들의 길라잡이가 되어 꿈을 이룰 수 있도록 도와드리겠습니다.

마지막으로 책 집필에 큰 도움을 주신 배윤희 원장님을 비롯해 모든 이루다스피치학원 관계자 분들께 항상 감사하다는 인사를 전합니다. 감사합니다.

이루다스피치학원 수석강사 김소연

'가장 안전한 나라, 존경과 사랑받는 경찰'

안녕하세요. 이루다스피치 수석강사 전소연입니다.

먼저 이렇게 경찰을 준비하는 많은 수험생 분들께 조금이나마 도움을 드리고자 준비한 책이 결실을 맺게 되어 기쁘게 생각합니다. 모든 시험을 준비하는 분들이 그렇겠지만 제가 만난 경찰시험을 준비하는 수험생 분들은 정말 간절한 마음으로 임하고 있었습니다. 그렇게 필기시험과 체력시험을 마쳤지만 '면접이 가장 어렵다'라고 말하는 분들이 많았습니다. 함께 준비하면서 살펴보니 많은 수험생 여러분은 '경찰'이라는 직업을 선택하게 된 계기부터 어떤 경찰이 되고 싶은지에 대한 각각의 이야기가 있지만, 그런 부분들을 정리하고 말로 전달하는 것에 가장 큰 어려움을 느끼고 있었습니다. 또한 경찰 면접 특성상 광범위한 주제를 다루는 집단면접, 꼬리를 물어 압박처럼 느껴지는 개별면접이 있어 그 어려움이 더 큰 것 같습니다.

저는 '면접 전형이 왜 있을까'라는 질문으로 방향을 정해 이 어려움을 뛰어넘어 보면 어떨까 합니다. 필기시험과 체력시험으로 경찰의 업무를 잘 수행할 수 있는 기본 역량을 갖춘 분들을 대상으로 면접관들은 이 과정을 통해 무엇을 보고자 할까요? 여러 가지가 있겠지만 가장 중요한 것은 '경찰로서의 자세'일 것입니다. 우리 역시 상대방과 대화를 하면서 '아, 이 사람은 어떤 사람이구나'라는 것을 여러 가지 요소를 통해 짐작합니다. 면접관 역시 마찬가지입니다. 짧은 시간이지만 답변을 하는 지원자의 자세, 시선, 목소리, 어투 등을 통해 이 사람이 어떤 사람인지, 경찰로서 자질을 갖추었는지를 판단하게 됩니다.

많은 수험생 분들이 면접을 준비할 때 내용을 준비하는 것에만 공을 들이는 모습을 많이 보았습니다. 물론 답변의 내용 역시 중요하지만 그것만큼이나 중요한 요소들이 많고, 이것은 정확한 방향으로 시뮬레이션을 통해 내재화시켜야 합니다.

저 역시 국민의 한 사람으로서 어려움이 있을 때 가장 먼저 도움의 손길을 내미는 경찰의 길을 선택한 모든 수험생 분들을 존경합니다. 그리고 그 꿈을 이루는 데 길잡이가 될 수 있도록 돕겠습니다.

당신의 꿈을 이루다. 감사합니다.

이루다스피치학원 수석강사 전소연

경찰공무원(순경) 공채 채용 시험 안내

영어 · 한국사 검정제

구분		시험의 종류	기준점수
영어	토플 (TOEFL)	아메리카합중국 이.티.에스.(ETS: Education Testing Service)에서 시행하는 시험(Test of English as a Foreign Language)으로서 그 실시방식에 따라 피.비.티.(PBT: Paper BasedTest) 및 아이.비.티.(IBT: Internet Based Test)로 구분	PBT 470점 이상
			IBT 52점 이상
	토익 (TOEIC)	아메리카합중국 이.티.에스.(ETS: Education Testing Service)에서 시행하는 시험(Test of English for International Communication)	550점 이상
	텝스 (TEPS)	서울대학교 영어능력검정시험(Test of English Proficiencydeveloped by Seoul National University)	241점 이상
	지텔프 (G-TELP)	아메리카합중국 국제테스트연구원(International Testing Services Center)에서 주관하는 시험(General Test of English Language Proficiency)	Level 2의 43점 이상
	플렉스 (FLEX)	한국외국어대학교 어학능력검정시험(Foreign Language Examination)	457점 이상
	토셀 (TOSEL)	국제토셀위원회에서 주관하는 시험(Test of the Skills in the English Language)	Advanced 510점 이상
한국사		한국사능력검정시험	3급

◆ **영어 유효기간** 수험생 부담 경감을 위해 영어 검정시험 자체 유효기간(2년)보다 더 길게 인정

　※ 역산(逆算) 방식 적용: 2023년 채용시험에 응시하려면 2020.1.1. 이후 실시된 영어 검정시험 성적 사전등록 필요

◆ **한국사 유효기간** 수험생 부담 경감을 위해 긴 유효기간 부여

　※ 역산(逆算) 방식 적용: 2023년 채용시험에 응시하려면 2019.1.1. 이후 실시된 한국사능력검정시험 성적 사전등록 필요

시험 단계별 평가 방법

1차 시험(필기시험)

◆ 영어 · 한국사(검정제), 헌법 · 형사법 · 경찰학 총 5과목으로 필기시험 실시

◆ **합격자 결정 방법**: 과목별 40% 이상 득점자 중 고득점자 순으로 결정(단, 동점자는 합격자로 결정)

2차 시험(신체 · 체력 · 적성검사)

◆ 신체 검사

　• **관련규정** 「경찰공무원 임용령 시행규칙」 제34조의2 제1항 〈별표5〉, 「경찰공무원 채용시험에 관한 규칙」 제10조 제1항 〈별표1〉

- **시험방법** 국·공립, 종합병원으로부터 발급받은 '경찰공무원 채용 신체검사서'로 신체검사 합격 여부 판단(붙임9 「경찰공무원 채용시험에 관한 규칙」 별지 제3호 서식 참조)
- **합격자 결정** 국·공립, 종합병원에서 시행한 '경찰공무원 채용 신체검사서'와 '신체검사 기준표', '신체검사 세부기준' 모두 합격 시 합격 결정

◆ **체력 검사**

- **시험 종목** 윗몸일으키기, 팔굽혀펴기, 좌·우악력, 100m 및 1,000m 달리기
- **불합격** 어느 하나의 종목에서 1점을 취득하거나, 총점이 19점 이하인 경우에는 불합격 처리
- **도핑테스트** 금지약물 사용 등 체력시험의 부정 합격 사례를 방지하고, 시험절차의 공정성과 신뢰성 확보를 위하여 체력시험 응시생 중 무작위로(응시생의 5%) '도핑테스트' 실시

◆ **적성검사**

성격·인재상·경찰윤리 검사(450문항, 130분)

※ 적성검사 결과는 면접위원에게 참고자료로만 제공

3차 시험(응시자격 등 심사)

◆ 제출서류 검증을 통해 자격요건 등 적격성 심사

◆ 응시자가 제출한 서류를 기준으로 응시자격 해당 여부를 판단, 응시자격에 부합하는 응시자는 합격자로 결정

※ 별도의 합격자 공지 없고, 불합격자에 한해 개별통보

4차 시험(면접시험)

합격자 결정: 각 면접위원이 평가한 점수를 합산하여 총점의 40% 이상 득점자를 합격자로 결정

단계	평가 요소	배점
1단계 면접 (집단 면접)	의사발표의 정확성·논리성 및 전문지식	10점 (1점~10점)
2단계 면접 (개별 면접)	품행·예의, 봉사성, 정직성, 도덕성·준법성	10점 (1점~10점)
가산점	무도·운전·기타 경찰업무관련 자격증	5점 (0점~5점)
계	25점	

※ 단, 면접위원의 과반수가 어느 하나의 평가요소에 대하여 2점 이하로 평가한 경우, 불합격 처리

최종합격자 결정

필기시험 50%, 체력검사 25%, 면접시험 25%(가산점 5% 포함)의 비율로 합산하여 고득점자 순으로 결정

목차

PART
01

경찰공무원 채용 A to Z

CHAPTER 01

응시 자격
및 조건

01 | 응시 자격

면접시험 최종일까지 「경찰공무원법」 제8조 제2항 각 호의 임용결격사유에 해당하는 자, 「경찰공무원 임용령」 제46조 등 시험 부정행위로 다른 법령에 의하여 응시 자격이 정지당한 자와 같은 결격사유가 없어야 합니다.

「경찰공무원법」 제8조(임용자격 및 결격사유)
② 다음 각 호의 어느 하나에 해당하는 사람은 경찰공무원으로 임용될 수 없다.
1. 대한민국 국적을 가지지 아니한 사람
2. 「국적법」 제11조의2 제1항에 따른 복수국적자
3. 피성년후견인 또는 피한정후견인
4. 파산선고를 받고 복권되지 아니한 사람
5. 자격정지 이상의 형(刑)을 선고받은 사람
6. 자격정지 이상의 형의 선고유예를 선고받고 그 유예기간 중에 있는 사람
7. 공무원으로 재직기간 중 직무와 관련하여 「형법」 제355조 및 제356조에 규정된 죄를 범한 사람으로서 300만 원 이상의 벌금형을 선고받고 그 형이 확정된 후 2년이 지나지 아니한 사람
8. 「성폭력범죄의 처벌 등에 관한 특례법」 제2조에 규정된 죄를 범한 사람으로서 100만 원 이상의 벌금형을 선고받고 그 형이 확정된 후 3년이 지나지 아니한 사람
9. 미성년자에 대한 다음 각 목의 어느 하나에 해당하는 죄를 저질러 형 또는 치료감호가 확정된 사람(집행유예를 선고받은 후 그 집행유예기간이 경과한 사람을 포함한다)
  가. 「성폭력범죄의 처벌 등에 관한 특례법」 제2조에 따른 성폭력범죄
  나. 「아동·청소년의 성보호에 관한 법률」 제2조 제2호에 따른 아동·청소년대상 성범죄
10. 징계에 의하여 파면 또는 해임처분을 받은 사람

「경찰공무원 임용령」 제16조(경력경쟁채용 등의 요건)
① 다음 각 호의 어느 하나에 해당하는 사람은 경력경쟁채용등의 대상이 될 수 없다.
1. 종전의 재직기관에서 감봉 이상의 징계처분을 받은 사람
2. 법 제24조 제1항 제2호에 따라 정년퇴직한 사람

「경찰공무원 임용령」 제46조(부정행위자에 대한 조치)
① 경찰공무원의 채용시험 또는 경찰간부후보생 공개경쟁선발시험에서 다음 각 호의 어느 하나에 해당하는 행위를 한 사람에 대해서는 해당 시험을 정지 또는 무효로 하거나 합격을 취소하고, 그 처분이 있은 날부터 5년간 이 영에 따른 시험에 응시할 수 없게 한다.

1. 다른 수험생의 답안지를 보거나 본인의 답안지를 보여주는 행위
2. 대리시험을 의뢰하거나 대리로 시험에 응시하는 행위
3. 통신기기, 그 밖의 신호 등을 이용하여 해당 시험 내용에 관하여 다른 사람과 의사소통을 하는 행위
4. 부정한 자료를 가지고 있거나 이용하는 행위
5. 병역, 가점 등 시험에 관한 증명서류에 거짓 사실을 적거나 그 서류를 위조·변조하여 시험결과에 부당한 영향을 주는 행위
6. 체력검사나 실기시험에 영향을 미칠 목적으로 인사혁신처장이 정하여 고시하는 금지 약물을 복용하거나 금지방법을 사용하는 행위
7. 그 밖에 부정한 수단으로 본인 또는 다른 사람의 시험결과에 영향을 미치는 행위
② 경찰공무원의 채용시험 또는 경찰간부후보생 공개경쟁선발시험에서 다음 각 호의 어느 하나에 해당하는 행위를 한 사람에 대해서는 그 시험을 정지하거나 무효로 한다.
1. 시험 시작 전에 시험문제를 열람하는 행위
2. 시험 시작 전 또는 종료 후에 답안을 작성하는 행위
3. 허용되지 아니한 통신기기 또는 전자계산기를 가지고 있는 행위
4. 그 밖에 시험의 공정한 관리에 영향을 미치는 행위로서 시험실시기관의 장이 시험의 정지 또는 무효 처리기준으로 정하여 공고한 행위
③ 다른 법령에 따른 국가공무원 또는 지방공무원 임용시험에서 부정행위를 하여 해당 시험에의 응시자격이 정지된 사람은 응시자격정지 기간 중 이 영에 따른 시험에 응시할 수 없다.

02 | 응시 자격

(1) 응시 연령

① 공채

채용분야	응시 연령	해당 생년월일
일반공채(남·여), 101단	18세 이상 40세 이하	1982.1.1.~2005.12.31.

→ 군복무* 기간 1년 미만은 1세, 1년 이상~2년 미만은 2세, 2년 이상은 3세 각각 연장
* 군복무 : 제대군인, 사회복무요원, 공중보건의사, 병역판정검사전담의사, 국제협력의사, 공익법무관, 공중방역수의사, 전문연구요원, 산업기능요원
※ 군복무로 인해 응시 연령을 초과하는 응시자는 1차 시험 합격 후 병적증명서 제출

② 경채

채용분야	채용계급	응시 연령	해당 생년월일
변호사·공인회계사	경감·경위	23세 이상 40세 이하	1982.1.1.~2000.12.31.
그 外 전 분야	경장·순경	20세 이상 40세 이하	1982.1.1.~2003.12.31.

→ 군복무* 기간 1년 미만은 1세, 1년 이상~2년 미만은 2세, 2년 이상은 3세 각각 연장
* 군복무 : 제대군인, 사회복무요원, 공중보건의사, 병역판정검사전담의사, 국제협력의사, 공익법무관, 공중방역수의사, 전문연구요원, 산업기능요원
※ 군복무로 인해 응시 연령을 초과하는 응시자는 1차 시험 합격 후 병적증명서 제출

③ 병역 : 제한 없음

(2) 신체 조건

구분	합격기준
체격	국립 · 공립병원 또는 종합병원에서 실시한 경찰공무원 채용시험 신체검사 및 약물검사 결과 건강상태가 양호하고, 직무에 적합한 신체를 가져야 함
시력	좌우 각각 0.8 이상(교정시력 포함)
색각	색각이상이 아니어야 함(단, 국 · 공립 또는 종합병원의 검사결과 약도색신으로 판정된 경우 응시자격 인정) ※ 색약 보정렌즈 사용금지(적발 시 부정행위 간주로 5년간 응시자격 제한)
청력	청력이 정상(좌우 각각 40dB 이하의 소리를 들을 수 있어야 함)
혈압	고혈압 · 저혈압이 아닌 자(확장기 : 90~60mmHg, 수축기 : 145~90mmHg)
사시 (斜視)	복시(複視 : 겹보임)가 없어야 함(단, 안과 전문의가 직무수행에 지장이 없다고 진단한 경우는 가능)
문신	내용 및 노출 여부에 따라 경찰공무원의 명예를 훼손할 수 있다고 판단되는 문신이 없어야 함

(3) 면허 및 가산점 : 제출서류 확인결과 허위로 판명될 경우 당해시험 무효 및 취소

① 운전면허 : 제1종 보통운전면허 이상 소지해야 함(「도로교통법」 제80조)

※ 원서접수 시 반드시 제1종 보통운전면허증 이상을 발급받은 상태여야 하며 면접시험 최종일까지 유효하여야 함

② 자격증 등 가산점 기준일

구분	기준일
학위 및 자격증	신체 · 적성검사 마지막 날까지 유효해야 함
어학능력 자격증	면접시험일 첫날까지 유효해야 함
[경채] 경력기간 산정 기준일	면접시험 최종일

③ 자격증 및 가산점

분야	관련 자격증 및 가산점		
	5점	4점	2점
학위	박사학위	석사학위	-
정보처리	• 정보관리기술사 • 전자계산기조직응용기술사	• 정보처리기사 • 전자계산기조직응용기사 • 정보보안기사	• 정보처리산업기사 • 사무자동화산업기사 • 컴퓨터활용능력 1 · 2급 • 워드프로세서 1급 • 정보보안산업기사
전자 · 통신	• 정보통신기술사 • 전자계산기기술사	• 무선설비 · 전파통신 · 전파전자 · 정보통신 · 전자 · 전자계산기기사 • 통신설비기능장	무선설비 · 전파통신 · 전파전자 · 정보통신 · 통신선로 · 전자 · 전자계산기산업기사
국어	• 한국실용글쓰기검정 750점 이상 • KBS한국어능력시험 770점 이상 • 국어능력인증시험 162점 이상	• 한국실용글쓰기검정 630점 이상 • KBS한국어능력시험 670점 이상 • 국어능력인증시험 147점 이상	• 한국실용글쓰기검정 550점 이상 • KBS한국어능력시험 570점 이상 • 국어능력인증시험 130점 이상

외국어	영어	• TOEIC 900 이상 • TEPS 850 이상 　(New TEPS 488 이상) • IBT 102 이상 • PBT 608 이상 • TOSEL(advanced) 880 이상 • FLEX 790 이상 • PELT(main) 446 이상 • G-TELP Level 2 89 이상	• TOEIC 800 이상 • TEPS 720 이상 　(New TEPS 399 이상) • IBT 88 이상 • PBT 570 이상 • TOSEL(advanced) 780 이상 • FLEX 714 이상 • PELT(main) 304 이상 • G-TELP Level 2 75 이상	• TOEIC 600 이상 • TEPS 500 이상 　(New TEPS 268 이상) • IBT 57 이상 • PBT 489 이상 • TOSEL(advanced) 580 이상 • FLEX 480 이상 • PELT(main) 242 이상 • G-TELP Level 2 48 이상
	일어	• JLPT 1급(N1) • JPT 850 이상	• JLPT 2급(N2) • JPT 650 이상	• JLPT 3급(N3, N4) • JPT 550 이상
	중국어	HSK 9급 이상 (新 HSK 6급)	HSK 8급 (新 HSK 5급 - 210점 이상)	HSK 7급 (新 HSK 4급 - 195점 이상)
노동		공인노무사	-	-
무도		-	무도 4단 이상	무도 2・3단
부동산		감정평가사	-	공인중개사
교육		청소년상담사 1급	• 정교사 2급 이상 • 청소년지도사 1급 • 청소년상담사 2급	• 청소년지도사 2・3급 • 청소년상담사 3급
재난・안전관리		건설안전・전기안전・소방・가스기술사	• 건설안전・산업안전・소방설비・가스・원자력기사 • 위험물기능장 • 핵연료물질취급감독자면허 • 방사선취급감독자면허 • 경비지도사	• 산업안전・건설안전・소방설비・가스・위험물산업기사 • 1종 대형면허 • 특수면허(트레일러, 레커) • 조종면허(기중기, 불도우저) • 응급구조사 • 핵연료물질취급자면허 • 방사성동위원소취급자면허
화약		화약류관리기술사	• 화약류제조기사 • 화약류관리기사	• 화약류제조산업기사 • 화약류관리산업기사
교통		• 교통기술사 • 도시계획기술사	• 교통기사 • 도시계획기사 • 교통사고분석사 • 도로교통사고감정사	교통산업기사
토목		• 토목시공기술사 • 토목구조기술사 • 토목품질시험기술사	토목기사	토목산업기사
법무		변호사	법무사	-
세무회계		공인회계사	• 세무사 • 관세사	• 전산세무 1・2급 • 전산회계 1급

의료	• 의사 • 상담심리사 1급	• 약사 • 정신보건임상심리사 1급 • 임상심리사 1급 • 상담심리사 2급	• 임상병리사, 물리치료사, 방사선사, 간호사, 의무기록사, 치과기공사 • 정신보건임상심리사 2급 • 임상심리사 2급 • 작업치료사
특허	변리사	–	–
건축	건축구조 · 건축기계설비 · 건축시공 · 건축품질시험기술사	건축, 건축설비기사	건축 · 건축설비 · 건축일반시공산업기사
전기	건축전기설비 · 전기응용기술사	전기 · 전기공사기사	전기 · 전기기기 · 전기공사산업기사
식품위생	식품기술사	식품기사	식품산업기사
환경	• 폐기물처리기술사 • 화공기술사 • 수질관리기술사 • 농화학기술사 • 대기관리기술사	• 폐기물처리기사 • 화공기사 • 수질환경기사 • 농화학기사 • 대기환경기사	• 폐기물처리산업기사 • 화공산업기사 • 수질환경산업기사 • 대기환경산업기사

※ 비고
1. 무도분야 자격증은 대한체육회에 가맹한 경기단체가 인정하는 것 또는 법인으로서 중앙본부 포함 8개 이상 광역지방자치단체에 지부(지부당 소속도장 10개 이상)를 등록하고 3년 이상 활동 중인 단체에서 인정하는 것을 말한다.
2. 어학능력자격증은 면접시험일 기준으로 2년 이내의 것만을 인정한다.
3. 자격증을 제출하지 않은 경우 0점으로 평가한다.
4. 자격증 제출기한은 당해 시험이 있는 적성검사 실시일까지로 한다.

(4) 채용분야별 세부 응시 요건(경채)

채용분야	응시요건
변호사	• 변호사 자격증 보유자 – 자격증 취득 기준일 : 22.8.25.(목)까지 취득한 경우 인정 • 우대요건 : 변호사 자격 취득 후 법조경력 2년 이상인 자 • 법조경력 : 판사, 검사, 변호사, 변호사 자격이 있는 자로서 국가기관, 자치단체, 공공기관, 그 밖의 법률에 관한 사무에 종사한 자 등(경찰경력 포함)

공인회계사	아래의 요건을 모두 충족하는 자
	• 공인회계사 자격증 보유자
	  – 자격증 취득 기준일 : 22.8.25.(목)까지 취득한 경우 인정
	• 한국공인회계사 시험에 합격하고, 「주식회사 등의 외부감사에 관한 법률」상 감사인으로 감사 업무를 수행할 수 있는 실무수습(2년 또는 3년) 등을 이수한 자
	  – 실무수습 기간 산정 기준일 : 22.11.29.(화)까지 이수한 경우 인정

경찰청장기 무도 · 사격 대회	아래의 요건 중 한 가지 이상을 충족하는 자(사격은 2 · 3번째 요건만 해당) • 대한태권도협회 · 대한유도회 · 대한검도회 · 대한복싱협회 · 대한레슬링협회에 선수등록이 되어 있고, 2022년 경찰청장기 무도대회 출전자로 해당 · 단일 종목 공인 2단 이상 유단자 • 대한태권도협회 · 대한유도회 · 대한검도회 · 대한복싱협회 · 대한레슬링협회 · 대한사격연맹에 선수등록이 되어 있고, 2022년 경찰청장기 무도 · 사격대회 출전자로 아래의 요건 중 한 가지 이상을 충족해야 함 　－ 체육 관련 분야 전문학사 이상 학위 소지자 　－ 체육 관련 분야 근무경력 또는 연구경력 3년 이상인 자 • 22.7.8. 기준 최근 3년 이내 대한사격연맹 주관 전국사격대회에 6회 이상 참가한 이력이 있는 자*, 단 매년 최소 1회 이상 전국사격대회 참가한 이력이 있어야 함. 경찰청장기, 경호처장기, 한화회장배, 봉황기, 연맹회장기, 문화체육관광부장관기, 창원시장배, 대구시장배, 전국체육대회 참가 확인서로 이력 확인 ※ 관련 학과 : 태권도학, 유도학, 유도경기지도학, 검도학, 건강스포츠학, 경기지도학, 경호학, 레저스포츠학, 사회체육학, 생활체육학, 체육학, 스포츠과학, 운동건강학, 체육과학, 스포츠지도학, 스포츠복지학, 복지건강학, 운동처방재활학, 격기지도학, 격기학, 운동생리학, 특수체육학, 스포츠마케팅학, 스포츠산업학, 스포츠의학, 무도경호학, 스포츠비지니스학, 운동처방학, 청소년체육학, 스포츠경영학, 체육교육학, 스포츠언론학, 운동건강관리학, 노인체육복지학, 스포츠청소년지도학 ※ 전공 · 학위 · 학과명에 위 열거된 관련 분야 명칭이 포함되어 있으면 인정 ※ 근무 경력 : 국가 · 지자체 소속(산하) 기관, 영리 · 비영리 민간단체, 국제기구 또는 국제단체 등에서 근무한 경력 ※ 연구 경력 : 국가 · 지자체 소속(산하) 연구기관, 대학부설 연구기관, 석 · 박사 학위 취득 기관, 외국 국 · 공립 연구기관 등에서 연구한 경력 　－ 관련 분야 근무 · 연구 경력은 체육 분야와 직접 관련성 있는 경력만 해당
안보수사	아래의 요건 중 한 가지 이상을 충족하는 자 • 관련 학과 학사 학위 소지자 중 관련 학과 석사 학위 이상 소지자 • 관련 학과 학사 학위 이상 소지자 중 관련 분야 근무경력 2년 이상인 자 ※ 관련 학과 **[표]** ※ 근무 경력 : 국가기관 · 지자체 · 공공기관에 준하는 기관 · 법인(외국법인 포함), 민간단체에 소속되어 2년 이상 실제 관련 분야에서 근무한 경력 　－ 경력은 소속 기관 · 단체 등에서 일반 기획 · 행정업무가 아닌 실제 응시 분야와 직접적인 관련이 있는 경력을 필요 ※ 연구 경력 : 국가 · 지방자치단체 소속(산하) 연구 기관, 대학부설 연구기관, 석 · 박사 학위 취득기관, 외국 국 · 공립 연구기관 등에서 관련 분야와 직접 관련성 있는 직무 분야 연구
학대예방	아래의 요건 중 한 가지 이상을 충족하는 자 • 여성 · 아동 · 가족 · 심리 · 사회복지학 전공 관련 학사 학위 소지자 중 동일 분야 석사 학위 이상 소지자 • 여성 · 아동 · 가족 · 심리 · 사회복지학 전공 관련 학사 학위 이상 소지자 중 관련 분야 전문기관 근무(연구) 경력 2년 이상인 자 ※ 학위 : 전공 · 학위명에 '여성 · 아동 · 가족 · 심리 · 사회복지'가 명시된 경우 인정(복수전공 인정, 부전공 불인정)

안보수사 관련 학과 표:

분야	관련 학과
국제안보	국가안보학, 군사안보학, 테러안보학, 비교정치학, 국제정치학, 국제관계학, 정치외교학 등 ※ 전공 · 학위명에 '국제, 정치, 외교, 안보'가 명시되면 인정
방첩 · 대테러	국가안보학, 군사안보학, 무기체계공학, 기계공학, 방위사업학, 항공보안학, 대테러안보학, 정보보호학, 정보보안학, 산업보안학 등 ※ 전공 · 학위명에 '안보, 테러, 무기, 기계, 방위사업, 보안, 정보보호, 정보보안'이 명시되면 인정
경제안보	산업보안학, 국제경제학, 국제무역학, 경영학, 경제학, 정보보호학, 컴퓨터(소프트웨어)공학, 전기 · 전자학, 반도체공학, 원자력융합공학, 정보통신학 등 ※ 전공명 또는 학위명에 '산업, 무역, 경영, 경제, 전기, 전자, 반도체, 원자력, 통신, 정보보호, 정보보안, 컴퓨터, 소프트웨어'가 명시되면 인정

	※ 경력 : 국가기관 · 지자체 · 공공기관에 준하는 기관 · 법인(외국법인 포함), 민간단체에 소속되어 2년 이상 실제 관련 분야에서 근무(연구)한 경력 – 경력은 소속기관 · 단체에서 기획 · 행정업무가 아닌 실제 가정폭력 · 학대 분야와 관련성 있고, 상담 · 복지지원 · 정책연구 활동경력을 필요로 함 – 학교기관 및 연구기관 행정조교, 대학원 과정, 기숙사 사감 등은 경력 불인정
재난사고	• 관련 자격증 보유자 중 관련 분야 근무 또는 연구 경력 3년 이상인 자 ※ 관련 자격증 **표** – 관련 자격증은 기술사 · 기능장 · 기사만 인정되고, 산업기사 · 기능사는 불인정 ※ 관련 분야 : 〈건축〉 건축설계, 시공, 구조, 설비, 감리 관련 〈토목〉 토목구조, 시공, 감리 관련 〈기계〉 기계설계, 안전, 설비, 정비 관련 〈전기〉 전기설계, 안전, 설비, 공사 관련 ※ 근무 경력 : 국가기관, 지방자치단체, 공공기관, 기타 이에 준하는 기관 및 그 소속(산하) 기관 또는 민간기관 등에서 관련 분야와 직접 관련성 있는 직무 분야 근무 ※ 연구 경력 : 국가 · 지방자치단체 소속(산하) 연구 기관, 대학부설 연구기관, 석 · 박사 학위 취득기관, 외국 국 · 공립 연구기관 등에서 관련 분야와 직접 관련성 있는 직무 분야 연구
현장감식	아래의 요건 중 한 가지 이상을 충족하는 자 • 관련 학과 석사 학위 이상 취득자 • 관련 학과 학사 학위 취득자 중 관련 자격증 보유자 • 관련 학과 학사 학위 취득자 중 관련 분야 근무 또는 연구 경력 2년 이상인 자 ※ 관련 학과 **표** – 전공 · 학위 · 학과명에 위 열거된 관련 분야 명칭이 포함되어 있으면 인정 ※ 관련 자격증 :「국가기술자격법 시행규칙」의 화학, 전기 · 전자, 안전관리 자격증 中 화학분석기능사(기사), 위험물기능사(산업기사, 기능장), 생물공학기사, 전기기능사(기사~기능장), 가스기능사(산업기사~기술사), 화재감식평가산업기사(산업기사, 기사)/보건 · 의료 관련 국가전문자격증 중 간호사, 임상병리사, 의사, 약사 ※ 관련 분야 : 과학수사, 안전 등 위 '관련 학과'와 관련된 분야 ※ 근무 경력 : 국가기관, 지방자치단체, 공공기관, 기타 이에 준하는 기관 및 그 소속(산하) 기관 또는 민간기관 등에서 관련 분야와 직접 관련성 있는 직무 분야 근무 ※ 연구 경력 : 국가 · 지방자치단체 소속(산하) 연구 기관, 대학부설 연구기관, 석 · 박사 학위 취득기관, 외국 국 · 공립 연구기관 등에서 관련 분야와 직접 관련성 있는 직무 분야 연구

재난사고 관련 자격증 표:

분야	관련 자격증
건축	건축기사, 건축구조기술사, 건축기계설비기술사, 건축설비기사, 건축시공기술사, 건축품질시험기술사, 건설안전기술사, 건설안전기사, 산업안전기사
토목	토목구조기술사, 토목시공기술사, 토목기사, 토목품질시험기술사
기계	기계안전기술사, 건설기계기술사, 건설기계정비기능장, 건설기계정비기사, 건설기계설비기사, 메카트로닉스기사, 산업기계설비기사, 설비보전기사, 기계기술사, 기계설계기사, 일반기계기사, 산업안전기사
전기	건축전기설비기술사, 발송배전기술사, 전기공사기사, 전기기능장, 전기기사, 전기응용 기술사, 전기안전기술사

현장감식 관련 학과 표:

분야	학과
일반감식	과학수사학, 법과학, 법의학(법정의학, 법의간호학, 의학, 의과학), 범죄수사학, 범죄심리학, 범죄학, 형사학
화재감식	안전공학, 소방방재학, 소방공학, 방재공학, 물리학, 화학(공학), 전기학(공학), 건축학(공학)

의료사고	아래의 요건 중 한 가지 이상을 충족하는 자 • 의료 · 의약 · 보건 관련 자격증 취득자 중 관련 학과 학사 학위 이상 소지자 • 의료 · 의약 · 보건 관련 자격증 취득자 중 관련 경력 3년 이상 경력자 ※ 자격증 : 의사, 치과의사, 한의사, 약사, 한약사, 한약조제사, 간호사, 정신보건간호사, 방사선사, 의무기록사 ※ 관련 학과 : 전공 · 학위명에 의학, 치의학, 한의학, 간호학, 약학, 의료공학 등이 명시된 경우 인정 ※ 관련 경력 : 국가기관, 지방자치단체, 공공기관, 기타 이에 준하는 기관 및 그 소속(산하) 기관 또는 민간기관 등에서 의료 · 의약 · 보건 분야와 직접 관련성 있는 직무 분야 근무
영상분석	아래의 요건 중 한 가지 이상을 충족하는 자 • 관련 분야 석사 학위 이상 소지자 • 관련 분야 학사 학위 이상 소지자 중 근무 관련 분야에서 근무(연구) 경력 1년 이상인 자 ※ 관련 분야 및 학위 : 사진학, 영상학, 사진영상학, 멀티미디어학, 융합공학, 전자공학, 컴퓨터공학, 정보통신공학, 소프트웨어공학, 정보보호학 등 관련 계통 ※ 근무 경력 : 국가기관 · 지자체 · 공공기관에 준하는 기관 · 법인(외국법인 포함), 민간단체에 소속되어 1년 이상 실제 관련 분야에서 근무(연구)한 경력 　– 경력은 소속기관 · 단체에서 기획 · 행정업무가 아닌 실제 영상분석, 이미지분석, 영상개선, 영상처리, 신호처리, 얼굴인식 분야 활동경력을 필요로 함
사이버수사 · 안보수사 · 마약수사 (통합선발)	아래의 요건 중 한 가지 이상을 충족하는 자 • 관련 자격증 보유자 중 관련 분야 근무 또는 연구 경력 4년 이상인 자 • 관련 학과 학사 학위 취득자 중 관련 학과 석사 학위 이상 취득자 ※ 관련 자격증 : 〈기술사〉 컴퓨터시스템응용, 정보통신, 정보관리 〈기사〉 정보통신, 정보처리, 정보보안 〈산업기사〉 정보처리, 정보보안 ※ 관련 분야 : 전산, 컴퓨터, 소프트웨어, 정보통신, 정보보호, 전자, 가상통화, 블록체인, 핀테크, 디지털포렌식 등 전산 관련 기술 분야(전기 제외) ※ 근무 경력 : 국가기관, 지방자치단체, 공공기관, 기타 이에 준하는 기관 및 그 소속(산하)기관 또는 민간기관 등에서 관련 분야와 직접 관련성 있는 직무 분야 근무 ※ 연구 경력 : 국가 · 지방자치단체 소속(산하) 연구 기관, 대학부설 연구기관, 석 · 박사 학위 취득기관, 외국 국 · 공립 연구기관 등에서 관련 분야와 직접 관련성 있는 직무 분야 연구 ※ 관련 학과 : 전산학, 컴퓨터공학, 소프트웨어공학, 정보통신공학, 정보보호학, 전자공학, 블록체인, 핀테크, 디지털포렌식 등 전산 관련 기술 분야 전공자에 한함(전기 제외)
교통공학	아래의 요건 중 한 가지 이상을 충족하는 자 • 관련 분야 전공 석사 학위 이상 취득자 • 관련 학과 학사 학위 이상 취득자 중 교통 과목 45학점 이상 이수한 자 • 관련 학과 학사 학위 이상 취득자 중 교통 과목 21학점 이상 이수하고 교통기사 자격증을 보유한 자 • 관련 학과 학사 학위 이상 취득자 중 교통 과목 21학점 이상 이수하고 관련 분야 근무 또는 연구 경력 3년 이상인 자 • 관련 분야 근무 또는 연구 경력 3년 이상인 자 중 교통기사 자격증을 보유한 자 ※ 관련 분야 : 교통 · 도로 · 도시 공학(철도 · 항만 · 항공, 포장공학, 물류 관련 분야는 제외) ※ 관련 학과 : 「국가기술 자격의 종목별 관련학과 고시(고용노동부고시 제2012−49호)」에 따른 도시 · 교통 직무 분야 관련 학과 ※ 교통 과목 : 교통 · 도로 공학, 교통계획, 교통운영, 교통안전, 교통경제(정책), 교통시설, 교통법규, 교통관리, 교통행정, ITS 등의 분야를 다루는 과목으로서 교과목명만으로 교통 분야에 해당함을 유추할 수 있거나 그 내용의 대부분이 교통 분야에 대한 것임을 증명할 수 있는 과목을 말함(단, 철도 · 항만 · 항공 관련 과목, 포장공학, 물류 관련 과목은 제외) ※ 근무 경력 : 국가기관, 지방자치단체, 공공기관, 기타 이에 준하는 기관 및 그 소속(산하) 기관 또는 민간기관 등에서 관련 분야와 직접 관련성 있는 직무 분야 근무 ※ 연구 경력 : 국가 · 지방자치단체 소속(산하) 연구 기관, 대학부설 연구기관, 석 · 박사 학위 취득기관, 외국 국 · 공립 연구기관 등에서 관련 분야와 직접 관련성 있는 직무 분야 연구

법학	• 관련 학과 학사 학위 이상 취득자 중 관련 과목 35학점 이상 이수한 자 ※ 관련 학과 : 법학, 법무학, 법률학 ※ 성적증명서상 전공명 또는 학위명에 '법학' 명시(예 : 경찰법학과, 법학전공, 법학사) ※ 관련 과목(18) : 물권법, 민법총칙, 상법총칙, 채권총칙, 헌법, 경제법, 형법, 민사소송법, 행정법, 어음수표법, 보험해상법, 세법, 유가증권법, 채권각론, 친족상속법, 형사소송법, 환경법, 회사법 　－ 관련 과목 연습 · 특강 포함 과목 명칭이 일부 다르거나, 총론 · 각론을 분리하여 수강한 경우에도 관련 과목에 해당되는 경우 학점 인정
세무회계	아래의 요건 중 한 가지 이상을 충족하는 자 • 관련 자격증 보유자 중 관련 학과 학사 학위 이상 취득자 • 관련 자격증 보유자 중 관련 분야 근무 또는 연구 경력 3년 이상인 자 ※ 관련 자격 : 공인회계사, 세무사, 전산회계운용사 1급(대한상공회의소), 세무회계 · 기업회계 · 전산세무 1급 (한국세무사회), 재경관리사, 회계관리 1급(삼일회계법인), TAT 1급(한국공인회계사회) ※ 관련 학과 : 세무학과, 회계학과, 세무회계학과, 경영회계학과, 금융회계학과, 회계정보학과 경제학과, 경영학과 등(학과명에 '세무, 회계, 경영, 경제, 금융'이 명시되면 인정) ※ 관련 분야 : 담당 업무가 세무 · 회계 분야와 직접 관련성이 있는 경우만 인정 ※ 근무 경력 : 국가기관, 지방자치단체, 공공기관, 기타 이에 준하는 기관 또는 민간업체 등에서 직접 관련성 있는 직무 분야 근무 ※ 연구 경력 : 국가, 지방자치단체 소속(산하) 연구기관, 대학부설 연구기관, 석박사 학위 취득기관, 외국 국공립 연구기관 등에서 직접 관련성 있는 직무 분야 연구
경찰행정	아래의 요건 중 한 가지 이상을 충족하는 자 • 2년제 이상 대학의 경찰행정 관련 학과 졸업자 • 4년제 대학의 경찰행정 관련 학과 재학 중이거나 재학했던 사람으로서 경찰행정학 전공 이수로 인정될 수 있는 과목을 45학점 이상 이수한 자 　－「학점인정 등에 관한 법률」에 의한 전문대학 이상 졸업 학력 인정자 포함

CHAPTER 02

시험 절차

경찰공무원 시험은 다음의 과정으로 진행됩니다.

[공채] 원서접수 → 필기시험 → 신체·체력·적성검사 → 서류전형 → 면접시험 → 최종합격자 발표

[경채] 원서접수 → 서류전형 및 실기시험/필기시험 → 신체·체력·적성검사 → 응시자격 등 심사 → 면접시험 → 최종합격자 결정

01 | 공개 경쟁 채용

① 1차 시험(필기시험)
- 시험과목
  - 영어·한국사(능력검정시험), 헌법·형사법·경찰학 총 5과목 실시
- 합격자 결정 방법 : 과목별 40% 이상 득점자 중 고득점자 순으로 결정(단, 동점자는 합격자로 결정)

② 2차 시험(신체·체력·적성검사)
- 신체 검사
  - (시험방법) 국·공립, 종합병원으로부터 발급받은 '경찰공무원 채용 신체검사서'로 신체검사 합격 여부 판단
  - (합격자 결정) 국·공립, 종합병원에서 시행한 '경찰공무원 채용 신체검사서'와 '신체검사 기준표', '신체검사 세부기준' 모두 합격 시 합격 결정
- 체력 검사
  - (시험종목) 윗몸일으키기, 팔굽혀펴기, 좌·우 악력, 100m 및 1,000m 달리기
  - (불합격) 어느 하나의 종목에서 1점을 취득하거나, 총점이 19점 이하인 경우에는 불합격 처리
  - 22년 제2차 경찰(순경) 공채시험부터 악력 점수는 왼손, 오른손 각 2회씩 총 4회 측정하여 가장 높은 1회의 측정값으로 평가하는 것으로 변경

※ 비고
- 체력검사의 평가종목 중 1종목 이상 1점을 받은 경우에는 불합격으로 한다.
- 체력검사의 평가종목에 대한 구체적인 측정방법은 경찰청장이 정한다.
- 100m 달리기의 경우에는 측정된 수치 중 소수점 둘째 자리 이하는 버리고, 1,000m 달리기의 경우에는 소수점 첫째 자리 이하는 버리며, 좌·우 악력의 경우에는 소수점 첫째 자리에서 반올림한다.

구분		10점	9점	8점	7점	6점	5점	4점	3점	2점	1점
남자	100m 달리기 (초)	13.0 이내	13.1~13.5	13.6~14.0	14.1~14.5	14.6~15.0	15.1~15.5	15.6~16.0	16.1~16.5	16.6~16.9	17.0 이후
	1,000m 달리기 (초)	230 이내	231~236	237~242	243~248	249~254	255~260	261~266	267~272	273~279	280 이후
	윗몸일으키기 (회/1분)	58 이상	57~55	54~51	50~46	45~40	39~36	35~31	30~25	24~22	21 이하
	좌·우 악력 (kg)	61 이상	60~59	58~56	55~54	53~51	50~48	47~45	44~42	41~38	37 이하
	팔굽혀펴기 (회/1분)	58 이상	57~52	51~46	45~40	39~34	33~28	27~23	22~18	17~13	12 이하
여자	100m 달리기 (초)	15.5 이내	15.6~16.3	16.4~17.1	17.2~17.9	18.0~18.7	18.8~19.4	19.5~20.1	20.2~20.8	20.9~21.5	21.6 이후
	1,000m 달리기 (초)	290 이내	291~297	298~304	305~311	312~318	319~325	326~332	333~339	340~347	348 이후
	윗몸일으키기 (회/1분)	55 이상	54~50	49~45	44~40	39~35	34~30	29~25	24~19	18~13	12 이하
	좌·우 악력 (kg)	40 이상	39~38	37~36	35~34	33~31	30~29	28~27	26~25	24~22	21 이하
	팔굽혀펴기 (회/1분)	50 이상	49~45	44~40	39~35	34~30	29~26	25~21	20~16	15~11	10 이하

- 적성검사 : 성격·인재상·경찰윤리 검사(450문항, 130분)
  ※ 적성검사 결과는 면접위원에게 참고자료로만 제공

③ 3차 시험(응시자격 등 심사)
- 제출서류 검증을 통해 자격요건 등 적격성 심사
- 응시자가 제출한 서류를 기준으로 응시자격 해당 여부를 판단, 응시자격에 부합하는 응시자는 합격자로 결정
  ※ 별도의 합격자 공지는 없고, 불합격자에 한해 개별통보

④ 4차 시험(면접시험)
- 합격자 결정 : 각 면접위원이 평가한 점수를 합산하여 총점의 40% 이상 득점자를 합격자로 결정
  ※ 단, 면접위원의 과반수가 어느 하나의 평가요소에 대하여 2점 이하로 평가한 경우, 불합격 처리

단계	평가요소	배점
1단계 면접(집단면접)	의사발표의 정확성·논리성 및 전문지식	10점(1점~10점)
2단계 면접(개별면접)	품행·예의, 봉사성, 정직성, 도덕성·준법성	10점(1점~10점)
가산점	무도·운전 기타 경찰업무관련 자격증	5점(0점~5점)
계		25점

⑤ 최종합격자 결정 : 필기시험 50%, 체력검사 25%, 면접시험 25%(자격증 5% 포함)의 비율로 합산하여 고득점자 순으로 결정
  ※ 동점자는 「경찰공무원 임용령 시행규칙」 제37조의 순위에 따라 결정

02 | 경력 경쟁 채용

① 1차 시험
- 서류전형 · 실기시험

시험유형	채용분야	시험방법
서류전형	변호사 · 공인회계사	평가기준 및 배점비율에 따라 평가
실기시험 (과락 : 총점의 60% 미만)	경찰청장기 대회	(대회 실기) 경찰청장기 무도 · 사격대회 성적으로 갈음
	사이버수사(경위)	(구술실기) 정보보호 관련 사이버범죄 전문지식과 근무경력 · 연구실적 등을 통한 발전역량 평가
	안보수사	(구술 실기) 안보경찰의 역할과 업무 및 관련 분야 법규 및 절차 등 기본 · 전문지식 평가
	학대예방	(구술 실기) 가정폭력 · 아동학대 · 스토킹 등 관련 전문지식과 근무경력 · 연구실적 등을 통한 발전역량 평가
	뇌파분석	(구술실기) 뇌파 측정 및 뇌파 분석 방법 이해 등 전문지식과 근무경력 · 연구실적 등을 통한 발전역량 평가
	재난사고	(구술 실기) 산업안전관리, 산업안전보건법 및 관련 분야 기본 · 전문지식 평가
	현장감식	(구술 실기) 과학수사 직무 일반 지식과 지문 · 족적 · 미세증거 등 현장증거(일반), 화재 감식 관련 연관 지식(화재) 등을 평가
	의료사고	(구술 실기) 직무수행계획서, 기초의학, 의료 · 의약 법령 등 관련 기본 · 전문지식 평가
	영상분석	(구술 실기) 영상증거물 수집 · 보존 방법, 사진 · 영상분석 및 처리 등 전문지식과 근무경력 · 연구실적 등을 통한 발전역량 평가
	평가기준 및 배점비율에 따라 평가	

- 필기시험

시험유형	채용분야	시험방법
필기시험 (과락 : 총점의 60% 미만) ※ 응시한 시 · 도청별 시행	사이버수사 · 안보수사 · 마약수사	• 필수과목(2) : 정보보호론, 시스템네트워크보안 • 선택과목(1) : 정보보안관리 및 법규, 디지털포렌식개론, 데이터베이스론 　(10:00~11:00, 60분)
	교통공학	• 필수과목(2) : 경찰교통론, 교통공학(10:00~10:40, 40분) • 필기시험 범위 　- (경찰교통론) 교통경찰기초, 교통경찰법규, 교통사고조사, 교통지도 단속 　- (교통공학) 교통계획, 교통공학개론, 교통시설, 교통관계법규, 교통안전
	법학	필수과목(5) : 형법, 형사소송법, 경찰학개론, 민법총칙, 헌법(10:00~11:40, 100분)
	세무회계	필수과목(2) : 형법, 형사소송법(10:00~10:40, 40분)
	경찰행정	필수과목(4) : 영어(검정제), 형사법, 경찰학, 범죄학(10:00~11:40, 100분)
	그 외 분야	해당사항 없음

- 합격자 결정
  - (서류전형) 선발예정인원의 3배수를 고득점자 순으로 결정(동점자는 모두 합격 처리)
  - (실기 · 필기시험) 최종 선발인원별 정해진 비율 및 인원에 따라 고득점자 순으로 결정

② 2차 시험(신체 · 체력 · 적성검사)

시험유형	시험방법	합격자 결정
신체검사	국 · 공립 또는 종합병원에서 발급받은 '경찰공무원 채용 신체검사서'로 평가	'경찰공무원 채용 신체검사서'와 '신체검사 기준표', '신체검사 세부기준' 모두 합격 시 합격 결정
체력검사	종목 : 100m 및 1,000m 달리기, 좌 · 우 악력, 팔굽혀펴기, 윗몸일으키기	어느 하나의 종목에서 1점을 취득하거나, 총점이 19점 이하인 경우 불합격 결정
적성검사	성격 · 인재상 · 경찰윤리 검사(총 450문항, 130분)	합격 · 불합격 여부는 판정치 않고, 검사결과를 면접시험 시 면접위원에게 참고자료로만 제공

③ 3차 시험(응시자격 등 심사)
- 시험 방법 : 제출서류 검증을 통해 자격요건 등 적격성 심사
- 합격자 결정 : 응시자가 제출한 서류를 기준으로 응시요건 적격 여부를 형식 · 내용상 최종 판단하여 응시자격 부합 시 합격자로 결정

④ 4차 시험(면접시험)
- 시험방법 : 1단계 단체면접 후 2단계 개별면접 실시

단계	평가요소	배점
1단계 단체면접	의사발표의 정확성과 논리성 및 전문지식	10점(1점~10점)
2단계 개별면접	품행 · 예의 · 봉사성 · 정직성 · 도덕성 · 준법성	10점(1점~10점)
가산점	무도 · 운전 · 기타 경찰업무관련 자격증	5점(0점~5점)
계	25점	

- 합격자 결정 : 단계별 각 면접위원이 평가한 점수를 합산하여 총점의 40% 이상 득점자를 면접시험 합격자로 결정

  ※ 단, 면접위원 과반수가 어느 하나의 평가요소에 대해 2점 이하로 평가 시 불합격 처리

⑤ 최종합격자 결정

시험분야	최종합격자 결정
변호사 · 공인회계사	면접시험 합격자 중에서 체력검사 성적 25%, 면접시험 성적 75%의 비율로 합산하여 고득점자 순으로 결정
경찰청장기 무도 · 사격대회	면접시험 합격자 중에서 실기시험(대회) 성적 75%, 면접시험 성적 25%의 비율로 합산하여 고득점자 순으로 결정
기타 분야	면접시험 합격자 중에서 실기(필기)시험 성적 50%, 체력검사 성적 25%, 면접시험 성적 25%의 비율로 합산하여 고득점자 순으로 결정

MEMO

경찰공무원 면접 합격전략

CHAPTER 01

합격전략 1.
사전조사서

01 | 사전조사서란?

사전조사서는 인적성 검사 시 작성하는 면접 기초자료입니다. 각 지방청마다 1~2개 문제가 출제되며, A4용지 한 장 분량 답변지에 자신의 생각을 작성하면 됩니다.

(1) 언제 작성하나요?

보통은 인적성 검사 시 작성합니다. 다만, 일부청의 경우 또는 본청에서 선발하는 경력직 채용의 경우 면접시험 당일 작성하는 경우도 있습니다.

(2) 어떤 주제가 출제되나요?

주로 수험생의 경험이나 가치관을 묻는 질문이 출제되며, 이외에 경찰과 관련한 이슈, 공직관, 사회이슈 등도 출제됩니다. 이는 면접시험에서 자주 묻는 질문의 유형과 비슷하게 출제됩니다.

(3) 사전조사서도 점수에 반영되나요?

사전조사서 자체가 점수에 반영되지는 않습니다. 다만, 개별 면접 시 사전자소서 작성내용에 대한 질문이 간혹 있기도 합니다. 사실확인 차원의 질문이나 이를 경찰 업무에 확장시켜서 묻는 질문이 대부분입니다. 또한 글씨를 엉망으로 쓰거나 분량을 너무 적게 썼다면, 개별면접 시 "왜 이렇게 글씨가 엉망이냐?", "왜 이렇게 조금 썼냐?"와 같은 질문을 받는 경우도 있었습니다. 따라서 성심성의껏 진솔하게 작성해야 합니다.

(4) 작성시간은 어떻게 되나요?

작성시간은 약 20분 정도 주어지는데, 수험생들 대부분이 작성하는 데 시간이 많이 부족했다고 이야기를 합니다. 따라서 사전조사서 기출질문을 보면서 생각을 정리해두고 직접 작성해보는 연습을 해보는 것도 도움이 될 수 있습니다.

(5) 어떻게 작성해야 하나요?

사전조사서는 자유롭게 작성해도 좋지만, 어떤 방향으로 작성해야 할지 몰라서 어려움을 겪는 수험생이라면 질문 유형별로 글의 구조를 생각해두어야 합니다. 여러 질문에 대한 구조를 미리 연습해둔다면 실전에서 충분히 시간 안에 작성하실 수 있습니다.

(6) 이외에 작성 시 유의할 점이 있을까요?

기본적으로 수험생의 생각을 기반으로 성실하고 진솔하게 작성하는 것이 중요합니다. 단, 문제에서 요구하지 않는 본질과 다른 부정적인 이야기나 다른 사람을 폄하하는 발언, 정치 및 종교적인 신념에 대한 발언 등은 자제하는 것이 좋습니다.

02 | 필수질문&답변예시

원칙적으로는 제시된 문제의 조건에 맞춰 순서대로 작성합니다. 다만, 좀 더 풍성하게 내용을 구성하고 싶거나 논리적으로 글을 쓰고 싶은 분들은 서론 – 본론 – 결론으로 나누어 작성하면 좋습니다. 서론에서는 배경이나 현황, 필요성, 정의 등을 작성하고, 본론에서는 문제의 핵심을 작성하면 됩니다. 결론은 입직 후 포부 순으로 작성하면 더욱 짜임새 있게 작성할 수 있습니다. 다만 서론을 작성하기 어려울 때는 바로 본론부터 작성해도 무관합니다. 문제유형별 예시를 참고하여, 본인만의 생각과 스토리를 담아 작성해보시기 바랍니다. 실제 작성지에는 목록화하지 않고, 줄글로 자연스럽게 작성하면 됩니다.

(1) 경험형

수험생의 과거 경험을 묻는 질문입니다. 제시된 문제에 적합한 특정 에피소드를 "시기 – 상황 – 행동 – 결과 – 느낀 점 – 임용 후 포부"에 맞춰 작성하면 좋습니다.

질문 **Q. 사회생활이나 단체생활을 할 때, 갈등을 해결했던 경험에 대해 기술하시오.**

| 답변예시 |

A.

갈등 상황에 직면했을 때 우선 그 상황을 잘 파악하는 것이 중요하다고 생각합니다. 저는 갈등을 빚는 상대방과 충분한 소통과 대화를 바탕으로 서로의 이해와 양보를 통해 해결하려고 노력하고 있습니다.

직장에서 상사와 갈등을 겪은 적이 있습니다. 고객사에서 갑작스럽게 기존 기한보다 촉박하게 업무를 마무리해달라는 요청이었습니다. 하지만, 완성도를 위해서는 시간이 좀 더 필요한 상황이었습니다. 그래서 상사에게 이러한 부분을 상의 드렸으나, 상사는 왜 그렇게 오랜 시간이 필요하냐며 재촉하셨습니다. 저는 나름대로 최선으로 업무를 처리하려고 하는 건데, 몰라주시는 것 같아 속상했습니다.

하지만 상사도 우리 팀과 모두를 위해 빨리 성과를 내고 싶은 마음이기 때문에 그렇게 생각하신 것이라고 이해했습니다. 그리고 말보다는 직접 보여드리는 것이 좋겠다고 생각해 제가 업무 처리하는 것을 직접 지켜봐달라고 요청 드렸습니다. 그리고 실제로 생각보다 거치는 과정이 많아 시간이 걸리는 것을 보여드렸습니다. 그 결과 감사하게도 상사는 저의 고충을 이해해주셨고, 업무를 나눠 분담해주셨습니다. 그리고 팀원들과 협력하여 고객이 원하는 기한에 맞춰 마무리할 수 있었습니다. 이러한 경험을 통해 갈등 상황 속에서 회피하지 않고, 그 상황을 잘 파악하고 소통과 대화로 해결해나가는 것이 얼마나 중요한지 깨달을 수 있었습니다.

앞으로 살아가면서도 수많은 갈등 상황에 직면 할 것입니다. 저는 경찰이 되어서도 어떠한 장벽과 갈등에 부딪히더라도 피하지 않고 소통과 이해로 잘 해결해나가겠습니다. 그리고 그것을 통해 끊임없이 성장하고 발전해나가는 경찰이 되고 싶습니다.

나만의 답변 구성하기

질문 **Q. 살면서 가장 힘들었던 점과 그것을 어떻게 극복했는지 기술하시오.**

| 답변예시 |

A.

제가 살면서 가장 힘들었던 점은 군대에서 업무가 변경되었던 점입니다. 주특기 번호를 부여받고 자대배치를 받았습니다. 주특기가 익숙해질 무렵 이등병에서 일병으로 넘어가는 시기에 보급 업무를 수행하게 되었습니다. 부대가 사단 내에 위치하는 동원사단이여서 보급 업무의 강도가 높았습니다. 또한 사수의 전역이 얼마 남지 않은 상태여서 각종 창고 관리도 도맡게 되어 어려움이 있었습니다. 하지만 저는 이러한 경험이 나중에 저에게 도움이 될 수 있다고 긍정적으로 생각했습니다. 보급관과 사수에게 부탁하여 현행화부터 진행했고, 저만의 업무체크 리스트를 만들어 빠뜨리는 것 없는지 하나하나 체크하며 업무를 수행해나갔습니다. 그 결과 업무를 빠르게 숙달할 수 있었고, 연대 내에서 가장 으뜸가는 대대가 될 수 있었습니다.

이러한 경험을 바탕으로 아무리 힘들어도 성실하게 업무를 수행하면 인정받을 수 있다는 것을 알게 되었습니다. 경찰 조직의 일원이 된다면, 성실함으로 맡은 업무를 꾸준히 수행할 것입니다. 나아가 조직에 도움이 되는 경찰관이 되기 위해 노력할 것입니다.

나만의 답변 구성하기

질문 **Q. 극심한 스트레스를 받았을 때, 어떻게 해결했는지 기술하시오.**

| 답변예시 |

A.

제가 극심한 스트레스를 받았을 때는 공무원 시험준비를 할 때였습니다. 공부는 12시간 이상 꾸준히 하는데 점수들이 오르지 않아 많이 스트레스 받았습니다. 매일 비관적인 생각들을 반복하고 낮은 점수를 볼 때마다 눈물을 흘렸습니다. 그러다 계속 이런 비관적인 생각과 눈물이 점수가 오르는 데에 무슨 도움이 되냐는 생각이 들었습니다. 그래서 근본적인 문제를 해결하기 위해 제 공부방법을 재검토하기로 마음먹었습니다. 다른 수험생들의 공부법도 참고하며 저의 부족한 부분을 채워나가려고 노력했습니다. 그리고 전혀 감이 잡히지 않을 때는 합격한 사람들의 합격수기를 참고했습니다. 틀린 문제 하나하나에 연연하기보다는 틀린 문제가 나오면 부족한 부분을 알게 되고 더 공부해서 다시는 틀리지 않을 수 있다는 기회라고 생각하며 긍정적인 생각으로 임했습니다. 그렇게 초반에는 40점대이거나 50점대이던 과목들이 70점, 85점, 90점까지 오르는 것을 보고 '나도 할 수 있다'는 자신감이 생겼습니다. 실패할까봐 두려워서 아무것도 못하기보다는 실패해도 그 실패를 발판으로 더 나은 길을 찾자고 생각하자, 예전보다 스트레스도 덜 받게 되었습니다. 그렇게 더 즐겁게 공부에 임할 수 있게 되어 값진 경찰공무원 필기 합격을 얻었습니다.

이처럼 저는 긍정적인 생각과 적극적인 자세로 스트레스를 해소하고자 노력합니다. 경찰이 되어서도 처음에는 일이 익숙지 않고 여러 상황들을 겪으며 또 낙담하고 좌절할 수도 있을 것입니다. 그럴 때마다 포기하거나 아무것도 하지 않고 한탄만 하는 것이 아니라 한걸음 더 나아갈 수 있는 기회라고 생각하고 더 열심히 노력하여 계속 성장하는 경찰이 되겠습니다.

나만의 답변 구성하기

질문 **Q. 자신의 단점 3가지를 기술하고 단점을 극복하기 위해서 어떤 노력을 하였는지 기술하시오.**

| 답변예시 |

A.
저의 첫 번째 단점은 아침잠이 많았다는 것입니다. 아침잠이 너무 많아서 하루에 계획했던 것을 이루지 못했던 적이 있습니다. 아침잠을 줄이기 위해 자기 전에 스마트폰을 하지 않는다거나 혹은 운동을 해서 일찍 잠을 자려고 노력하였고, 기상스터디를 통하여 아침에 일찍 일어나려고 노력하고 있습니다.

저의 두 번째 단점은 이것저것 하려는 욕심이 많았습니다. 대학 시절 중국어와 영어자격증시험을 동시에 준비한 적이 있습니다. 의욕만 앞선 탓에 두 과목 다 좋지 못한 결과를 얻었습니다. 지금은 우선순위를 먼저 생각하고 그에 따른 계획에 맞춰서 실천하려고 노력하고 있습니다.

마지막 단점은 선택을 해야 하는 부분에서 빠른 결정을 하지 못했던 것입니다. 욕심은 많지만 어느 것 하나 선택하는 것에 대한 결정은 다른 사람들보다 조금 느린 편이었습니다. 이러한 단점을 극복하려고 우선순위가 무엇인지 빨리 찾고 행동하려고 노력하고 있습니다.

저의 단점을 장점으로 극복하려고 많은 노력을 해왔습니다. 경찰이 되어서도 저의 부족한 점을 보완하기 위해 부단히 노력하여, 단점을 장점으로 만드는 경찰이 되겠습니다.

나만의 답변 구성하기

질문 Q. 살면서 가장 자랑스러웠던 일과 실망스러웠던 일을 각각 이유와 함께 서술하시오.

| 답변예시 |

A.

대학교 때 동아리 MT를 갔던 적이 있었습니다. 같이 활동을 한 동아리원이 화장실에 들어가서 오랫동안 나오지 않아서 들어가 봤더니 입에 거품을 물고 쓰러져 있는 것을 발견했습니다. 그때 저는 침착하게 119에 전화를 하고 구급대원의 지시에 따라 구급차가 오기 전까지 응급조치를 취하여 큰일을 막을 수 있었습니다. 이후 친구에게 고맙다는 이야기를 들었고, 제가 한 행동이 친구에게 도움이 된 것 같아 스스로 침착하게 대처한 점에 대해 자랑스럽고 뿌듯함을 느낄 수 있었습니다.

그러나 이러한 자랑스러운 경험을 떠올리기 전에 저는 저의 학창 시절에 실망스러운 모습도 같이 생각납니다. 학창 시절에 학업에 최선을 다해서 전념하지 못하였다는 점이 지금도 매우 아쉽게 생각이 나곤 합니다. 또한 이러한 모습으로 부모님께 실망을 안겨드렸던 점이 자신에게도 실망스러웠습니다. 하지만, 다시는 후회하는 삶을 살고 싶지 않아 이번 경찰 시험에 최선을 다했고, 덕분에 필기합격이라는 좋은 결과를 얻을 수 있었습니다.

앞에서 말씀드렸다시피 이러한 경험들을 단순히 추억으로 남기는 것이 아니라, 앞으로 경찰로서 살아가면서 필요한 경험으로 받아들일 것입니다. 자랑스러운 점은 저의 강점으로, 실망스러웠던 점은 초심을 잃지 않기 위한 지표로 사용하여 더욱 발전하는 경찰이 되겠습니다.

나만의 답변 구성하기

(2) 공직가치형

경찰의 업무에 대한 이해 및 공직관에 대해 묻는 질문입니다. 제시된 문제 순서대로 본인의 견해를 자유롭게 작성하시기 바랍니다. 좀 더 풍성하게 작성하고 싶다면, 자신의 경험을 예시를 들어 작성해보시기 바랍니다.

질문   **Q. 경찰 지원동기와 입직 후 포부에 대해 작성하시기 바랍니다.**

| 답변예시 |

A.

제가 처음에 경찰에 관심을 갖기 시작한 것은 초등학교 때였습니다. 이후로 점점 경찰이란 직업이 궁금해졌고 경찰의 업무를 더 가까이에서 느끼고 싶어서 의무경찰에 입대했습니다. 한번은 화성행궁에서 행사경비 중 모녀 두 분께서 모르는 남자가 계속 따라온다고 하면서 제복을 입은 저에게 도움을 요청하셨습니다. 그때 저는 두 분을 목적지까지 안전하게 모셔다드렸습니다. 두 분께서 감사하다고 했을 때 뿌듯함을 느꼈고, 더욱더 경찰이란 직업에 확신을 가지게 되었습니다.

입직을 하게 되면 수험생 시절 이론으로만 공부했던 「형법」과 「형사소송법」을 실제로 경험하면서 전문성을 키울 것입니다. 경험 많으신 상사분께 많이 배우고 팀원들과도 소통과 협업을 통해 업무의 효율성을 높일 것입니다. 또한 기회가 된다면, 시민들 가까이에서 근무하는 생활안전과에 지원하고 싶습니다. 의무경찰을 통해 방범순찰을 경험해봤고, 그 경험을 살려서 시민분들의 고충을 가까이에서 빠르게 도와드리고 싶습니다.

나만의 답변 구성하기

질문 **Q. 현재 채용과정(필기, 실기, 적성, 면접)이 적합한지에 대해 서술하시오. 그리고 본인이 면접관의 입장에서 보았을 때 본인의 장단점은 무엇인지 서술하시오.**

| 답변예시 |

A.

현 채용과정은 적합하다고 생각합니다. 현 채용과정에 있어서 필기는 직무관련지식 함양수준을 판단한다고 생각하고 실기는 교대근무나 현장근무 및 범인진압에 있어 필요한 체력수준을 보기 위해 실시하는 것이라고 생각합니다. 또한 적성은 그 외 직무적이나 성격적으로 이 일에 어울리는지를 판단하고, 면접시험은 앞서 말한 내용을 종합적으로 파악하고 미처 파악하지 못한 부분을 알아내기 위한 과정이라고 생각합니다. 그렇기 때문에 이 과정들은 모두 필요하고 적합한 과정이라고 생각합니다.

다만, 개인적인 의견을 덧붙이자면 필기점수의 하한선을 두고 실기 및 면접의 비중을 늘려 채용을 한 뒤 직무와 관련된 실습기간을 더 많이 가졌으면 좋겠습니다. 스스로 본인의 직무 적합성, 그리고 동료들의 평가 등을 통해 전반적으로 판단할 수 있는 기회가 있었으면 좋겠습니다.

A.

면접관의 입장에서 보았을 때 저의 장점은 협동심입니다. 대학 시절 학생회 부원 및 부장으로서 활동하면서 다른 사람들과 협동하여 업무를 수행하는 데 익숙합니다. 또한 육군장교로써 상급자와 하급자 간에도 협동하여 업무를 수행하여 왔습니다.

저의 단점은 조급한 성격입니다. 업무를 처리하는 데 있어 조급함이 있어 다소 놓치는 부분이 있습니다. 제가 경찰조직에 들어가게 된다면 장점인 협동심을 활용하여 동료들과 원만한 관계를 유지할 것이고 이것은 좋은 시너지 효과를 낼 수 있을 것이라고 확신합니다.

단점인 조급함은 현재도 일의 우선순위 및 고려사항을 파악하기 위해 메모를 하는 등 꾸준히 보완하기 위해 노력하고 있습니다. 경찰조직에 들어가서도 이러한 저의 장점은 더욱 극대화 시키고 단점은 보완하며 장점으로 승화될 수 있도록 노력할 것입니다.

나만의 답변 구성하기

질문　Q. 경찰에게 반드시 필요한 덕목을 작성하시오.

| 답변예시 |

A.

경찰의 임무는 「경찰관 직무집행법」상 국민의 생명, 신체, 재산의 보호, 범죄예방·진압수사, 범죄피해자 보호, 경호 및 대간첩·대테러 작전 수행, 공공안녕에 대한 위험의 예방과 대응을 위한 정보의 수집·작성·배포, 교통단속, 국제협력, 그 밖의 공공의 안녕과 질서유지로 명시되어 있습니다. 따라서 경찰은 다른 직업에 비해 더 모범이 되어야 한다고 생각합니다.

경찰에게 반드시 필요한 덕목으로는 첫째, 공정성이라고 생각합니다. 만약 편파적으로 한쪽 편만 들어준다면 국민들은 경찰을 불신하게 될 것이고 이러한 불신은 후에 국민들의 협조를 얻어 원활하게 법집행을 함에 있어서 방해가 될 수 있기 때문입니다. 따라서 저는 어떤 상황에서도 공정성을 갖춘 경찰이 되고자 노력할 것입니다.

둘째, 준법정신이라고 생각합니다. 최근 몇몇 경찰들의 일탈을 뉴스에서 보면서 경찰 조직 전체에 대한 안 좋은 영향을 끼치는 것 같아 많이 안타까웠습니다. 법을 집행하는 사람으로서 경찰은 더욱 준법정신을 가져야 한다고 생각합니다.

셋째, 세심한 관찰력이라고 생각합니다. 침묵의 신고 전화를 받은 한 경찰관이 "경찰 도움이 필요하시면 전화 버튼을 눌러주세요"라고 말했고, 버튼음을 누른 것을 듣고 출동해 가정폭력현장에서 피해자를 보호할 수 있었다는 뉴스를 본 적이 있습니다. 이를 보며 사소한 전화 하나도 놓치지 않는 경찰의 대처가 국민의 안전을 보호할 수 있다는 것을 알게 되었습니다. 따라서 조그만 관심으로서 범죄를 예방할 수 있기 때문에 세심한 관찰력이라고 생각합니다.

저 역시 위에서 언급한 공정성, 준법정신, 세심한 관찰력을 발휘하여, 경찰 조직에 보탬이 되는 신입경찰이 되고 싶습니다. 감사합니다.

나만의 답변 구성하기

질문 **Q. 범인검거와 범죄예방 중 무엇이 더 중요하다고 생각하는지 서술하시오.**

| 답변예시 |

A.

경찰관으로서 범인검거와 범죄예방 중 어느 것이 더 중요하다고는 할 수 없을 것입니다. 하지만 둘 중 하나를 선택해야 한다면, 저는 범죄예방에 좀 더 중점을 두어야 한다고 생각합니다. 범죄예방을 통해 범죄가 일어날 가능성을 사전에 방지할 수 있기 때문입니다. 최근 범죄들이 다양화, 지능화되고 있기 때문에 시민 스스로 자신을 지키는 것도 중요하다고 생각합니다. 따라서 범죄의 종류나 예방법에 대해 홍보를 적극적으로 펼치고, 순찰을 강화한다면 범죄를 예방할 수 있고, 이는 사회질서 유지에 가장 효과적인 방법이라고 생각합니다.

독서실을 다닐 때 게시판에 '성범죄자 알림서'가 붙어있는 것을 본적이 있습니다. 피해자는 중학생 여자아이였는데, 너무 안타까웠습니다. 그리고 이런 피해자가 애초에 생기지 않으려면 범죄를 예방하는 경찰이 되고 싶다고 생각했습니다. 범인을 검거하는 것도 중요하지만, 범죄가 발생하지 않도록 사전에 안전한 환경을 만드는 것이 더 중요하다고 생각합니다. 제가 만약 경찰이 된다면 셉티드 등을 공부해서 실천해보고 싶고, 범죄예방진단팀 등에서도 일해보고 싶습니다.

나만의 답변 구성하기

질문 Q. 다른 조직과 비교하여 경찰 조직의 개선할 점을 2가지 작성하시오.

| 답변예시 |

A.

저는 의무경찰로 근무하였습니다. 의무경찰로 근무하기 전까지는 국민의 안녕을 위한다는 입장에서 공무원은 서로가 비슷한 조직이라고 생각했었습니다. 하지만, 의무경찰로 근무를 하면서 경찰은 다른 조직에 비해 시민과 더욱더 가까이에서 질서유지를 위해 일하고 있다는 것을 알게 되었고, 이것이 가장 큰 차이라고 생각합니다.

저는 의무경찰로 복무하면서 다양한 집회시위현장에서 일하였습니다. 현재는 「집회 및 시위에 관한 법률」로써 관리를 하고 있지만 해산하는 과정에서 많은 충돌이 발생하고 있습니다. 프랑스와 같은 해외 국가에서는 해산명령 결정시에는 시민분들로 이루어진 위원회를 결성하여 이를 통해 해산 결정을 한다고 합니다. 경찰도 이를 받아들여 충돌 상황을 줄인다면 이미지 개선에 있어서 좋을 것이라고 생각합니다.

또한 현재 경찰청 사이트나 SNS, 유튜브 등을 통해 경찰이 현재 무엇을 하는지 공지하고 있지만 대부분의 시민들이 정확하게 알지 못하고 있다고 생각합니다. 따라서 인기 TV프로그램이나 VR 등을 활용해서 더욱 흥미를 일으킨다면 일반 시민분들께서 경찰에 대해 더 큰 관심을 가지실 거라고 생각하고, 이는 신뢰로 이어지는 방향이라고 생각합니다.

아직 수험생의 입장이기 때문에 경찰조직이 어떤 점을 개선해야 할지 정확하게 알지 못합니다. 하지만, 제가 만약 경찰이 된다면 더욱더 시민에게 신뢰받고 믿음을 주는 경찰이 될 수 있도록 항상 노력하도록 하겠습니다.

나만의 답변 구성하기

(3) 상황형

경찰이 되어서 발생할 수 있는 가상의 상황에서 수험생이 어떻게 대처할지를 묻는 질문입니다. 자신의 행동의 우선순위를 세워 순서대로 작성하시기 바랍니다. 좀 더 풍성하게 작성하고 싶다면, 자신의 경험을 예시를 들어 작성해보시기 바랍니다.

질문 **Q. 민원인이 경찰 업무 외에 다른 업무를 요청한다면 어떻게 대처할 건가요?**

| 답변예시 |

A.
경찰의 업무는 공공의 안전과 질서유지, 범죄수사, 서비스입니다. 따라서 경찰은 최일선에서 국민에게 봉사하는 명예로운 일이라 생각합니다. 따라서 국민들도 위험에 처하거나 어려움이 있다면 가장 먼저 경찰을 떠올릴 것입니다. 그렇기 때문에 저는 경찰 업무가 아닌 민원 업무가 들어올 경우 서비스로서 국민에게 친절히 응대할 것입니다. 또한 국민분께서 얼마나 다급하셨으면 경찰 업무가 아닌 경우에도 경찰을 찾아오셨는지 헤아려 볼 것입니다. 그래서 저의 업무 범위에서 국민들의 민원 사항에 도움을 드릴 수 있으면 도움을 드리겠습니다. 반면에 민원인께서 요청하신 업무가 경찰의 관할이 아닌 다른 업무라고 한다면 구청이나 시청, 주민센터 등의 행정 업무라고 생각합니다. 관할 내 업무가 아닐지라도 먼저 요청하신 문의에 대해 경청하고 제가 알고 있는 선에서 친절하게 대한 안내를 해드릴 것입니다. 제가 잘 모르는 부분에 대해서는 상사분께 여쭤보고 도움을 요청하도록 하겠습니다. 그리고 평소에 관내에서 다른 업무를 이관하면서 다른 공무원분들과 그냥 지나치지 않고 얼굴을 마주하고 유연하게 도움을 요청할 수 있도록 인사를 하며 친분을 쌓는 등 주변에도 관심을 갖도록 하겠습니다. 또한, 형사사건이 아닌 민사사건에 대해서는 도움을 드리지 못하는 부분을 친절하게 말씀드리고, 도움을 받을 수 있는 방법을 설명해 드리거나 관련기관에 연계해드릴 것입니다.
경찰은 국민 가까이서 봉사하는 직업이기 때문에 국민께서 불편함이 있다면 가장 먼저 떠올리는 것이 경찰이라고 생각합니다. 따라서 저 역시 국민의 불편함에 항상 귀 기울이고 해결해드리기 위해 노력하는 사람이 되겠습니다.

나만의 답변 구성하기

질문 **Q.** 개인업무능력은 뛰어나지만 팀원들과의 마찰을 일으키는 인원을 팀장으로써 어떻게 대처할 것인지에 대해 기술하시오.

| 답변예시 |

A.

단체생활을 하다 보면 다양한 유형의 사람들이 존재하기 때문에 마찰은 발생할 수밖에 없다고 생각합니다. 특히 경찰은 팀워크가 중요하기 때문에 팀원과의 마찰은 곧 업무에도 지장을 줄 수 있다고 생각합니다. 제가 만약 팀장이라면, 저는 팀원들과 대화를 해서 원인을 파악하겠습니다. 그리고 마찰을 일으키는 인원과 상담을 하면서 경찰조직은 개인의 역량보다 팀원간의 합동과 협력이 더 중요하다는 것을 말하겠습니다. 그렇게 대화를 통해 서로 협동할 수 있는 방안을 모색할 것입니다. 또한 개인의 뛰어난 능력도 중요하기에 그 인원이 역량을 최대한 활용할 수 있는 역할을 부여하겠습니다.

제가 활동하고 있는 축구팀에서도 개인 기량이 뛰어난 선수들이 많습니다. 축구는 11명의 선수들이 합동과 협력을 통해서 손과 발이 맞는 호흡이 가장 중요한 스포츠입니다. 하지만 가끔 주어진 역할에서 벗어나거나 욕심을 내거나 소홀히 하는 팀원이 있을 때가 있었습니다. 대부분 그런 경우 팀에 좋지 않은 영향을 끼치고 조직력이 무너져서 경기가 지는 경우를 많이 봤습니다. 이처럼 각자 포지션의 역할을 잘 지키며 때로는 역량을 절제하고 팀을 위한 희생도 필요할 것입니다.

팀장으로서 각 개인들의 역량을 분석해서 능력을 적합하게 발휘할 수 있도록 역할분담을 하고, 서로가 신뢰하고 협력할 수 있는 분위기를 만든다면 높은 효율을 가져올 수 있을 것입니다. 제가 만약 경찰조직의 일원이 된다면 좋은 리더십으로 훌륭하게 조직을 이끌어 나가고 싶습니다.

나만의 답변 구성하기

질문 Q. 부당한 명령을 내리는 상관이나 구습을 강요하는 선임에 어떻게 대처할지 서술하시오.

| 답변예시 |

A.

경찰 조직에 부당한 명령을 내리거나 구습을 강요하는 선임이 있을 것이란 생각은 하지 않습니다. 하지만 만약 그런 경우라면 저는 신중하게 행동할 것입니다.

저는 초임 경찰로서 상관이나 선임에게 명령을 받았을 때 저의 업무파악능력이 부족하기 때문에 우선 그 명령이 부당한지 아닌지 구별해야 한다고 생각합니다. 그것이 부당한 명령이 아닌데도 저의 경험부족으로 그 명령이 부당하다고 생각할 수도 있기 때문입니다. 따라서 경험이 많으신 다른 상사나 선배분께 조언을 구하여 그것이 부당한지 먼저 판단하겠습니다. 만약 그 명령이 부당한 명령이라면 우선 따르겠습니다. 상사분께서는 경험이 많으시기 때문에 저에게 그러한 명령을 하시는 데에는 이유가 있으실 것입니다. 하지만 그것이 위법한 명령이라면 지시를 하신 상사분께 알리고 정중히 거절하겠습니다. 만약 그러한 지시가 반복된다면 행동강령책임관과 상담하겠습니다.

앞으로 조직생활을 하면서 많은 어려움이 있을 때, 저 혼자 판단하지 않고, 주변 동료나 상사에게 조언을 구해 현명하게 헤쳐 나가는 신입경찰이 되겠습니다.

나만의 답변 구성하기

질문 Q. 당신이 면접채용담당관인데 면접까지 올라온 수험생이 과거의 경미한 범죄로 절도 전과자임을 발견했다. 이 수험생을 어떻게 조치할 것인지 서술하시오.

| 답변예시 |

A.

제가 만약 면접채용담당관이라면, 해당 지원자를 채용하지 않을 것 같습니다. 경찰채용에서 전과자는 결격사유로 알고 있습니다. 경미한 범죄로 저지른 사소한 위법이라도 법은 공정하고 엄격하기 때문에 어떤 경우에도 법을 어겨서는 안 된다고 생각합니다. 같은 수험생의 입장에서 단 한 번의 실수로 경찰관을 꿈꾸는 사람의 채용을 하지 않는다는 건 가혹하다는 생각이 들긴 하지만, 면접관님들의 입장에서는 공정한 잣대로 수험생들을 평가해야 하는 자리이기 때문에 매우 신중하실 거라고 생각합니다. 그렇기에 제가 면접채용담당관이라면 면접 날 그 수험생의 마음가짐과 삶을 더 이해하고 거기에 맞춰 성장과정 등을 면밀히 들어볼 것 같지만 공정한 시험인 만큼 해당 지원자를 채용하지는 않을 것 같습니다. 법을 집행하는 경찰관을 채용하는 시험이기에 합격생 한 사람이 전과자인 사실이 국민에게 알려진다면 그 또한 신뢰를 잃게 되고 제대로 된 법집행을 할 수 없게 된다고 생각하기 때문입니다.

다만 그 범죄가 경미해서 결격사유에 해당되지 않는다면, 그때는 채용절차에 문제가 되지 않기 때문에 채용을 할 것입니다. 하지만 그 지원자가 진심으로 뉘우치고 반성할 수 있도록 대화를 해서 다시는 범법행위를 하지 않도록 조언을 하겠습니다.

나만의 답변 구성하기

질문

Q. 직장 동료간 다툼이 생겨 신고를 받고 출동한 경찰관 A는 현장조사를 실시하고 사건을 현장에서 종결하였다. 그 후 경찰관 A는 정확한 피해사실과 조치와 관련하여 다툼의 피해자 B(이성)에게 연락을 하여 상세히 설명을 해주었다. 이에 감사함을 느낀 B는 지속적으로 경찰관 A에게 연락을 하여 감사의 성의를 표시하고 싶다고 하였고 더 나아가 경찰관 A와 사적인 이야기를 주고받을 정도의 관계가 형성이 되었다.

질문 ① 경찰관 A의 잘못된 행동이 있으면 무엇인지 서술하시오.

질문 ② 당신이 경찰관 A라면 어떻게 하였을 것인지 서술하시오.

| 답변예시 |

A. 질문 ①

이 사안은 개정된 「형사소송법」 내용과 관련이 깊다고 생각합니다. 내용은 조금이라도 수사의 공정성을 해칠 수 있는 관계 형성을 예방하기 위해서 반드시 서면으로 출석을 요구하거나 부득이한 경우에만 기타 통신매체로 연락하여야 한다는 것입니다. 이러한 점을 비추어 보았을 때 경찰관 A는 피해자 B에게 직무관련 도움만 주고 선을 그었어야 했는데 여지를 주었습니다. 또한 위에 제시된 지속적인 연락으로 형성된 사적인 관계는 자칫 잘못하면 수사의 방향이 한쪽으로 치우칠 수 있어서 경찰관 A로서 가져야 할 공정성, 형평성, 청렴성, 객관성 등을 잃게 만드는 결과로 귀결이 됩니다.

A. 질문 ②

제가 만약 이러한 상황에 놓인다면, 사후에 문제의 소지가 될 만한 행동들을 하지 않도록 처음부터 신중하게 행동할 것입니다. 경찰관이 당연히 지녀야 할 덕목인 청렴, 중립성, 공정성 등을 잘 발휘해 대처할 것입니다. 피해자 B에게 직무와 관련하여 사건 관련 도움을 줄 수 있는 부분은 투철한 서비스 정신으로 충분히 도움을 드릴 것이고, 피해자 B가 성의 표시를 하고 싶다고 한다면 '말씀은 감사하지만 마음만 감사히 받겠습니다'라고 확실하게 의견을 전달하면서 관계의 선을 그을 것입니다. 즉, 사후에 「부정청탁 및 금품등 수수의 금지에 관한 법률」과 「경찰공무원 행동강령」 등의 위배될 만한 오해의 소지를 사전에 방지하고 경찰관으로서 가져야 할 덕목들을 잘 지켜서 사건을 중립적이고 공정하고 객관적으로 처리할 것입니다.

나만의 답변 구성하기

03 | 기출질문 리스트

(1) 경험형

- 묵묵히 자기 일을 하는 사람과 성과를 드러내는 사람 중 어느 편인지 서술하시오.
- 살면서 가장 자랑스러웠던 일과 실망스러웠던 일을 각각 이유와 함께 서술하시오.
- 살면서 가장 후회한 점과 가장 잘 했던 점을 자신의 장점과 연관 지어서 서술하시오.
- 살면서 가장 힘들었던 점과 그것을 어떻게 극복하였는지 서술하시오.
- 자신의 단점 3가지를 기술하고, 단점을 극복하기 위해 어떤 노력을 했는지 서술하시오.
- 남들보다 뛰어나다고 생각하는 나의 장점과 사례를 작성하고, 단점을 개선하기 위해 기울인 노력에 대해 구체적으로 서술하시오.
- 성격의 장점을 쓰고, 갈등이나 의견충돌이 있었을 때 어떻게 해결했는지 구체적인 사례를 들어 서술하시오.
- 꼼꼼한 준비로 일을 성공적으로 해낸 경험 또는 자신의 꼼꼼함으로 업무의 실수를 모면한 경험을 구체적으로 서술하시오.
- 지금까지 살아오면서 싫어하는 사람의 유형과 그것을 해결하기 위해 어떤 노력을 했는지 서술하시오.
- 일하고 싶은 사람과 일하고 싶지 않은 사람에 대해서 서술하시오.
- 목표를 정하고 달성해 본 경험에 대해서 서술하시오.
- 자신이 살면서 가장 후회되는 일을 작성하고, 이를 통해 배운 점을 함께 서술하시오.
- 살면서 위기상황에서 거짓말을 한 경험을 쓰고, 거짓말을 했을 때 마음이 어땠는지 서술하시오.
- 자신의 잘못된 결정으로 개인이나 집단에 피해를 끼친 경험이 있다면 구체적으로 서술하시오.
- 실수로 인해 남에게 피해를 준 경험과 그 피해의 극복 방안에 대해서 서술하시오.
- 본인이 습득한 지식이나 기술을 활용한 경험이 있다면 구체적으로 서술하시오.
- 시간이 많지 않은 상황에서 중요한 사안을 신속하게 처리했던 경험을 2가지 서술하시오.
- 양자택일을 해야 했던 상황 중 하나를 선택하여 결과가 좋았던 사례와 결과가 좋지 않았던 사례를 서술하시오.
- 공동의 목표를 노력하여 이룬 사례 혹은 어려운 점에 대한 본인만의 극복방법에 대해 구체적으로 서술하시오.
- 다른 사람과 협업하여 목표를 달성한 경험을 서술하시오.
- 공동의 목표성취를 위해 노력했으나 실패한 경험과 교훈에 대해 구체적으로 서술하시오.
- 공동의 목표에 대해 어떤 일을 추진하였으나 집단의 규율 또는 방침으로 제약을 받은 사례와 어떻게 대응했는지 서술하시오.
- 다른 사람에게 모범이 되었던 사례에 대해서 서술하시오.
- 봉사활동 경험을 작성하고, 봉사활동의 장점과 단점을 서술하시오.
- 도움을 줄 수 있었음에도 도움을 주지 못한 경험과 그때 느낀 감정을 서술하시오.
- 다른 사람의 이익을 위해 나서본 경험 또는 다른 사람 의견을 취합하여 일했던 경험을 구체적으로 서술하시오.
- 까다로운 상대를 본인만의 방법으로 설득해본 경험을 서술하시오.
- 대화하기 어려운 상대를 본인만의 방법으로 설득하거나 합리적인 조정을 한 경험이 있다면 자세히 서술하시오.
- 무임승차 하는 동료가 있었던 경험과 그를 어떻게 이끌었는지 서술하시오.
- 갈등이나 위기를 겪고 극복한 경험을 서술하시오.
- 본인이 책임지지 않아도 되는 일을 책임졌던 경험에 대해 구체적으로 서술하시오.
- 리더십을 발휘한 경험을 구체적으로 서술하시오.
- 학교나 일상 생활 중 불합리한 대우를 받은 사례와 대처방법을 서술하시오.
- 조직의 이익과 나의 이익이 상충 되었을 때 어떻게 대처할지를 서술하시오.
- 일반적인 도덕 윤리나 법에 어긋나는 행동을 했던 경험을 구체적으로 서술하시오.
- 본인의 좌우명이나 생활신조를 적고 의미를 서술하시오.
- 경찰이 되기 위해 노력한 부분을 서술하시오.
- 경찰관은 높은 청렴성과 도덕성을 요구한다. 자신이 과거에 도덕성이나 청렴성에서 벗어난 일이 있었다면, 그때 자신의 행동을 어떻게 생각하는지 말하고, 합격한다면 임용 후 경찰관으로서 앞으로 어떻게 처신할 것인지 서술하시오.

- 고등학교 졸업 후 단체생활 중에 뚜렷한 기준이나 규칙이 없는 상황에 처했을 때, 어떻게 처리했는지 서술하고, 그때 주위의 평가 내용도 서술하시오.
- 상사가 소극적이거나 책임을 회피해서 자신이 실망했다면 어떻게 대처할 것인지 본인의 경험을 예를 들어 서술하시오.
- 조직 내 어울리지 못하는 직원이 있을 때, 어떻게 할 것인지 자신의 경험을 바탕으로 서술하시오.

(2) 공직가치형

- 회복적 경찰활동에 대해서 서술하시오.
- 어느 부서에 가고 싶은지와 가고 싶은 이유, 해당 부서에서 일하기 위해 어떤 노력을 할 것인지 서술하시오.
- 경찰조직에 입직 후 목표와 10년 후 계획에 대해서 서술하시오.
- 10년 후 근무하고 있을 부서와 계급을 서술하고, 그 이유도 300자 이내로 서술하시오.
- 귀하가 일하기를 희망하는 부서가 안고 있는 당면과제를 구체적으로 서술하시오.
- 경찰조직을 다른 조직과 비교하고, 경찰조직이 개선해야 할 점 2가지를 서술하시오.
- 채용절차에서 능력과 인성 중 더 우선시 되어야 하는 것은 무엇인지 서술하시오.
- 여성경찰관이 전체에 약 13%를 차지하는 상황에서 남/여경 경찰관에 대한 본인 생각을 서술하시오.
- 경찰의 역할에 대해서 서술하시오.
- 경찰공무원의 음주운전과 관련하여 징계 정도에 대하여 자신의 생각을 자유롭게 서술하시오.
- 경찰이 국민에게 봉사하는 방법에 대해 서술하시오.
- 지원동기와 입직 후 포부를 서술하시오.
- 경찰에게 반드시 필요한 덕목을 서술하시오.
- 오늘날 국민이 경찰에게 요구하는 덕목은 무엇이라고 생각하는지 서술하시오.
- 경찰관은 직무를 수행하면서 여러 응급상황에 부딪히게 되는데 이때 필요한 능력은 경찰관의 현장상황 판단능력, 위기 대처 능력이 필요하다. 이외에 필요한 능력은 무엇이 있는지 자유롭게 서술하시오.
- 경찰이 법집행보다 서비스에 치중하고 있다는 비판에 대해 자신의 견해를 서술하시오.
- 범죄예방과 범인검거 중 무엇이 더 중요한지 서술하시오.
- 최근 경찰을 소재로 한 영화가 많이 나오고 있다. 영화 속에 경찰은 국가나 국민을 위한 영웅으로 비춰지는데 이러한 모습이 사회에 미치게 되는 영향을 세 가지 서술하시오.
- 경찰관은 높은 청렴성과 도덕성을 요구한다. 임용 후 경찰관으로서 앞으로 어떻게 처신할 것인지 서술하시오.
- 경찰이 도덕성과 윤리성이 높아야 하는 이유를 본인의 생각과 국민의 입장으로 구체적인 예를 들어 서술하시오.
- 자신이 만들고 싶은 지원청의 슬로건을 적고 이유를 서술하시오.
- 선택과목제 도입으로 인한 경찰관의 법률지식 수준에 대해 본인의 생각을 서술하시오.
- 현 채용과정(필기, 실기, 적성, 면접)이 적합한지에 대해 서술하시오. 그리고 본인이 면접관의 입장에서 보았을 때 본인의 장단점은 무엇인지 서술하시오.
- 가정과 업무 중 어느 한쪽을 선택하게 된다면, 어떻게 할 것인지 서술하시오.
- 경찰의 중요한 점은 무엇이라 생각하는지와 그 이유, 그리고 자신의 가치를 실천해왔던 경험과 이를 경찰이 되어서 어떻게 발전시킬 것인지 서술하시오.
- 1인 미디어가 젊은 사람들에게 인기 있는 이유를 작성하고, 규제가 정당한지에 대한 견해를 서술하시오.
- 공직자의 SNS 의사표현 제한에 대한 자신의 견해를 서술하시오.

(3) 상황형

- 함께 수험생활을 지낸 친구가 필기시험 합격한 뒤 과거 학교폭력 가해자였던 사실을 알게 되었다. 이 경우 어떻게 할 것인지 서술하시오.
- 친한 친구와 언쟁이 있었다면 곧바로 화해할 것인가요? 화해를 한다면 그 이유와 방법을 서술하시오.
- 당신이 면접채용담당관인데 면접까지 올라온 수험생이 과거의 경미한 범죄로 절도 전과자임을 발견했다. 이 수험생을 어떻게 조치할 것인지 서술하시오.
- 지역경찰로 활동 중 친구(친지)가 동료경찰관에게 단속되어 적발되었다. 도움을 요청한다면 어떻게 할 것인지 서술하시오.
- 부당한 명령을 내리는 상관이나 구습을 강요하는 선임에 어떻게 대처할지 서술하시오.
- 조직과 다른 동료의 이익을 위해 개인의 손해를 종용받는 경우라면 어떻게 할 것인지 서술하시오.
- 면접관의 입장에서 경찰수험생이 학교폭력 가해자, 음주운전 전과자라는 제보를 받았다. 어떻게 평가할 것인지 서술하시오.
- 경찰관으로 근무하는 당신은 한적한 곳에서 어머니와 아들이 신호를 어기는 것을 목격하였다면 어떤 조치를 취할 것인지 서술하시오.
- 개인 업무능력이 뛰어나지만, 동료들과 마찰이 많아 팀 분위기를 저해하는 직원이 있는 경우, 팀장이라면 어떻게 대처할 것인지 서술하시오.
- 다음 두 가지 상황을 읽고 질문에 서술하시오.
  - 상황 1 : 평소 활달한 성격으로 궂은일을 도맡아 하고 팀원들과 잘 화합하던 신임경찰 A에게 선배 B가 평소처럼 "이야 운동해서 몸이 더 좋아졌네! 애인이 좋아하겠어~"라고 농담을 하였다. 신임경찰 A는 어제 애인이랑 싸워서 기분이 좋지 않은 상황이었다. 며칠 뒤에 선배 B에게 "솔직하게 기분이 조금 좋지 않았다"라고 말하자 선배 B는 "너는 이성도 아닌데 이런 장난도 못치냐"라고 말하며 "그럼 같이 일 못한다"고 화를 냈다. 곧바로 신임경찰 A는 죄송하다고 사과했다.
  - 상황 2 : 며칠 뒤에 팀장 C가 "요새 젊은 사람들이 들어와서 팀 내 분위기가 다 망가졌다! 알아서 나가!"라고 공개적으로 말했다. 이런 상황에서 신임경찰 A는 팀원들에게 따돌림 당했고, 결국 전출을 가게 되었다.
    질문 ① 여기서 상사 B와 팀장 C의 잘못은 무엇이라고 생각하는지 서술하시오.
    질문 ② 내가 신임경찰 A라면 두 가지 상황에서 어떻게 행동했을지 서술하시오.

04 | 사전조사서 작성 연습

응시자 사전조사서

수험번호 :   성명 :

■ 최근에 극심한 스트레스를 받았을 때, 어떻게 행동했는지 기술하시오.

응시자 사전조사서

수험번호 :   성명 :

■ 까다로운 상대를 본인만의 방법으로 설득해본 경험을 기술하시오.

응시자 사전조사서

수험번호 :   성명 :

- 미래시대 경찰이 갖춰야 할 자질 또는 덕목에 대해 작성하시기 바랍니다.
- 본인은 소통능력이 뛰어난 상사와 업무능력이 뛰어난 상사 둘 중 누구와 같이 일하고 싶은 지 작성하시기 바랍니다.

응시자 사전조사서

수험번호 :   성명 :

■ 최근 경찰과 관련된 긍정적인 뉴스와 부정적인 뉴스에 대해 작성하고, 이와 관련한 본인의 생각을 자유롭게 작성하시기 바랍니다.

CHAPTER 02

합격전략 2.
개별면접

01 | 개별면접이란?

경찰면접은 하루에 집단면접과 개별면접이 함께 이뤄집니다. 아래 표와 같이 1단계 집단면접을 먼저 진행하고, 2단계 개별면접으로 진행됩니다. 2단계 개별면접의 경우에는 수험생 혼자 면접실에 입실하여 보는 방식으로 면접관 4명과 수험생 1명의 구조로 진행됩니다.

단계	평가요소	배점
1단계 면접(집단 면접)	의사발표의 정확성 · 논리성 및 전문지식	10점(1점~10점)
2단계 면접(개별 면접)	품행 · 예의 · 봉사성 · 정직성 · 도덕성 · 준법성	10점(1점~10점)
가산점	무도 · 운전 · 기타 경찰업무관련 자격증	5점(0점~5점)
계	25점	

(1) 개별면접 시간은 어느 정도인가요?

지원청마다 상이하지만, 약 10분에서 15분 정도 소요됩니다. 서울청과 같이 일부청에서는 최근 집단면접의 시간을 줄이고, 개별면접의 시간을 확대하고 있습니다. 또한 수험생들의 체감시간은 매우 빨랐다는 의견이 많았습니다.

(2) 개별면접에서 면접관은 어떻게 구성되나요?

면접관은 남녀 간부급 4명으로 구성됩니다. 면접실마다 상이하며, 보통 남자면접관 3명, 여자면접관 1명 또는 남자면접관 2명, 여자면접관 2명으로 구성됩니다.

(3) 주로 어떤 질문을 하나요?

개별면접에서는 주로 개인의 신상에 관한 질문을 합니다. 지원자의 가치관, 인성, 성격, 직무적응성, 윤리의식 등을 평가합니다. 또한, 사전조사서나 인적성 검사를 바탕으로 한 질문을 하기도 합니다. 따라서 솔직하고 꾸밈없게 답변하되, 경찰이라는 직업의 특성상 공무원으로 지녀야 할 자세나 국가관, 직업에 대한 사명감 등이 잘 드러나도록 답변하시기 바랍니다.

(4) 블라인드면접이면 어떤 것을 조심해야 하나요?

면접관은 수험생 인적성평가에 대한 자료와 사전조사서 등에 관한 기초자료를 참고합니다. 그 외에는 개인 신상과 관련된 자료는 제공되지 않기 때문에 블라인드로 공정하게 진행됩니다. 블라인드라고 해도 수험번호나 이름은 말해도 됩니다. 다만, 출신학교명, 부모님 직업 등 평가에 영향을 줄 수 있는 부분은 직접적으로 언급하지 않도록 합니다.

(5) 답변은 어느 정도 분량으로 하면 좋을까요?

답변은 핵심 있고 간결하게 말하는 것이 좋습니다. 사실을 기반으로 말하되, 묻는 질문에 대한 답변만 하도록 합니다. 경찰면접에는 유창하게 말을 많이 하는 것보다는 간결하게 말하기가 더 적합합니다. 질문에 따라 다르지만, 보통 30초(5~6문장)를 넘기지 않도록 대답하시기 바랍니다.

(6) 이외에 답변 시 유의할 점이 있을까요?

글과 말은 다릅니다. 따라서 어렵게 작성한 답변을 암기해서 말하려고 하다 보면, 실제 말로 내뱉을 때 어려움이 있을 수 있습니다. 따라서 답변을 작성할 때도 말하기 쉽게 두괄식으로 작성하시기 바랍니다. 그리고 모든 문장을 달달 암기하기 보다는 핵심 키워드 위주로 암기 후 직접 말을 하면서 문장을 완성해나가는 연습을 많이 해보시기 바랍니다.

02 | 필수질문&답변예시

질문 **Q. 자기소개를 해보세요.**

| 답변예시 |

> **A.**
> 안녕하십니까. 수험번호 ○번 ○○○입니다.
> 저는 제 자신을 협력성과 꼼꼼함이 강하다고 말씀드리고 싶습니다. 저는 의경에 입대하여 '강남역 방범순찰'을 나간 적이 있습니다. 직원분들과 주취자 보호조치나 불심검문 등을 하며 협력의 중요성을 배웠습니다.
> 또한 제대를 한 뒤 세무사 사무실에서 아르바이트를 한 적이 있습니다. 업무의 특성상 숫자 하나라도 틀리면 조직 전체에게 피해를 주기 때문에 항상 2~3번씩 꼼꼼하게 확인하는 습관을 가졌습니다.
> 이러한 경험을 바탕으로 시민에게 신뢰받는 모범경찰이 되겠습니다.

A.

안녕하십니까. 수험번호 ○번 ○○○입니다

끈기, 열정, 파이팅. 이 세 가지는 저의 또 다른 이름입니다.

먼저 끈기입니다. 대학 시절 근로 장학생으로 일한 적이 있습니다. 한 번 시작한 일은 끝까지 해내는 성격 덕분에 2년간 근무할 수 있었고, 이를 통해 교수님들로부터 신뢰를 얻기도 하였습니다.

둘째, 열정입니다. 저는 축구동아리 회장을 한 적이 있습니다. 서번트 리더십을 발휘하려고 노력하였고, 모두가 함께 하는 동아리를 만들 수 있었습니다.

이러한 강점을 바탕으로 불의에는 엄정하고, 국민에게는 따뜻한 파이팅 넘치는 경찰이 되겠습니다.

답변 가이드

개별면접에서 가장 많이 나오는 질문이지만, 어떻게 작성해야 할지 걱정이 많이 되는 질문이기도 합니다. 정해진 틀은 없지만 최근에는 자기소개에서 자신의 강점을 많이 어필하는 추세입니다. 따라서 자신의 강점 키워드를 1~2가지 정한 후 이를 뒷받침하는 사례를 간결하게 덧붙여서 표현하면 좋습니다. 그리고 마지막에는 입직 후 포부로 마무리하면 깔끔하게 정리할 수 있습니다.

| 연계질문 |

- 성격의 장단점을 넣어서 자기소개를 해보세요.
- 기뻤을 때와 슬펐을 때를 포함해서 자기소개를 해보세요.
- 고등학교 졸업 이후부터의 자기소개를 해보세요.
- 지원동기를 포함하여 자기소개를 해보세요.

나만의 답변 구성하기

질문 Q. 지원동기를 말해보세요.

| 답변예시 |

A.
고등학생 때 슈퍼마켓 주인의 부탁으로 아이스크림 도둑을 잡아 경찰에 인계한 적이 있습니다. 다른 사람에게 큰 도움을 주었다는 사실에 지금껏 느낄 수 없었던 벅차오름을 느꼈습니다. 이후부터 국가와 국민을 위해 봉사하는 삶을 꿈꾸게 되었습니다.
군 전역을 앞두고 제가 가장 잘 할 수 있는 일이 무엇일까 고민했을 때 경찰공무원이 떠올랐고, 저의 역량을 바탕으로 시민의 안전과 치안을 지키고 싶어서 지원하게 되었습니다.

A.
어렸을 때부터 도움을 필요로 하는 사람이 있다면 적극적으로 도와주라는 가르침을 받으며 자라왔습니다. 특히 소외된 친구들을 도와주고, 친구들이 고맙다고 하였을 때의 뿌듯함을 잊을 수 없습니다. 이러한 저의 경험을 바탕으로 누군가에게 도움이 될 수 있는 일을 하겠다고 다짐하였습니다.
경찰공무원은 어떠한 직업보다 가까이에서 시민의 치안과 안전에 도움을 주고 있기 때문에 시민을 지키고 따뜻한 세상을 만드는 데 기여하고자 지원하게 되었습니다.

A.
저는 대학을 졸업하고 관련 분야의 엔지니어링 회사에 3년 동안 근무하였지만, 과거 의무경찰에 복무하던 시절에 한 경찰관께서 사명감을 가지고 일을 하는 모습을 보며 존경심을 느꼈습니다. 누군가에게 존경을 받고 직업정신을 발휘할 수 있는 일을 찾고자 경찰에 지원하였습니다.

┌─ 답변 가이드 ─┐
자기소개만큼이나 지원동기도 개별면접에서 많이 나오는 질문이지만, 명확한 동기가 있지 않다면 답변에 어려움이 있을 수 있습니다. 우선은 경찰과 관련된 경험이 있다면 이를 활용하는 것이 좋습니다. 경찰공무원의 도움을 받아봤거나 경찰서에 신고를 해본 경험을 통하여 경찰공무원에 대해 관심을 갖게 된 계기를 표현하는 것도 괜찮습니다. 만약 이러한 경험이 없다면 TV프로그램이나 유튜브 등 매체를 통해 경찰공무원의 모습을 간접적으로 경험한 내용과 자신의 직업관이나 가치관을 언급하며 경찰의 꿈을 갖게 된 계기를 작성해보시기 바랍니다.

| 연계질문 |

• 언제부터 경찰공무원이라는 꿈을 갖게 됐나요?
• 단순히 경찰이 되고 싶은 건가요? 경찰이 되어서 이루고 싶은 무언가가 있는 건가요?
• 보람을 느끼는 직업은 많은데, 왜 경찰이 되고 싶나요?

나만의 답변 구성하기

질문 **Q. 입직 후 포부에 대해서 말해보세요.**

| 답변예시 |

A.

시민들과 가까이에서 소통하고 문제를 해결하는 경찰관이 되고 싶습니다. 그러기 위해서 많은 부서와 일을 경험하며, 민원인의 고충을 이해하도록 하겠습니다. 또한 외국인 민원인을 응대하는데 필요한 영어회화 공부를 꾸준히 하고, 운동을 통해 체력을 유지하겠습니다.

A.

오랜 수험생활을 하면서 합격을 한다면 어떤 경찰이 될지 많은 고민을 해봤습니다. 그럴 때마다 공통적으로 생각했던 것은 '귀 기울여 들어주는 경찰이 되자'였습니다. 경찰관을 찾는 국민이라면 대부분 좋지 않은 상황일거라고 생각합니다. 그럴 때마다 진심으로 민원인의 목소리에 귀 기울여 주고 도와주는 경찰이 되겠습니다.

A.

사회적 약자 보호를 위해 책임감을 가지고 업무에 임하는 경찰이 되고 싶습니다. 그래서 제가 담당하는 분야에 대해서 꾸준한 공부를 통해 전문성을 기르고, 그 분야에 전문가가 돼서 수사에 도움을 주는 경찰이 되고 싶습니다.

┌─ 답변 가이드 ─

입직 후 포부는 쉬운 말로 표현하면 '경찰이 되어서 어떻게 일할 것인가요?' 또는 '어떤 경찰이 되고 싶은가요?'입니다. 따라서 경찰공무원이 되었을 때 직무에 필요한 역량을 어떻게 발휘할 것인지, 또는 현재 부족한 점이 있다면 이를 어떻게 보완하고 계발해 나갈 것인지를 작성하면 좋습니다. 경찰공무원에게 필요한 역량은 강한 체력, 민원응대, 법적 지식, 행정역량 등 다양합니다. 신입경찰로서 이러한 부분을 발휘하기 위해 어떻게 자기계발을 해나갈 것인지 구체적으로 작성해보시기 바랍니다.

| 연계질문 |

- 합격한다면, 10년 뒤 어떤 경찰이 되어있을 것 같나요?
- 5년 후 지원자의 모습과 그에 맞는 노력을 어떻게 할 건가요?
- 최종 꿈은 무엇인가요?
- 어디까지 승진하고 싶나요?
- 희망하는 부서가 있나요?

나만의 답변 구성하기

| 질문 | **Q. 경찰에게 필요한 덕목(자세)은 무엇인가요?** |

| 답변예시 |

A.
제가 생각하는 경찰이 갖춰야 할 덕목은 준법정신입니다. 경찰이 먼저 시민들에게 모범을 보이고 법을 준수해야 시민분들도 경찰을 신뢰하고 법을 준수할 것이라고 생각하기 때문입니다.

A.
공정성이라고 생각합니다. 만약 편파적으로 한쪽 편만 들어준다면 국민들은 경찰을 불신하게 될 것이고 이러한 불신은 후에 국민들의 협조를 얻어 원활하게 법을 집행함에 있어서 방해가 될 수 있기 때문입니다.

A.
상황에 맞는 판단력이라고 생각합니다. 112상황실에 온 배달음식 주문전화를 장난전화로 넘기지 않고 모텔감금 데이트폭력으로 판단하고 대처한 강승구 경사님의 사례를 본 적이 있습니다. 순간의 부주의함이 국민의 생명과 직결될 수 있기에 경찰은 항상 상황에 맞는 판단력을 갖춰야 한다고 생각합니다.

답변 가이드

경찰은 공무원이면서도 법을 집행하는 조직인 만큼 다른 직업 및 기관보다 청렴, 준법, 친절, 소통, 봉사, 신속정확, 판단력, 협동심 등 다양한 덕목이 중요시되고 있습니다. 이중에서 자신이 생각했을 때, 경찰에게 필요한 덕목을 말하고 그렇게 생각하는 이유를 간결하게 덧붙이면 되겠습니다.

| 연계질문 |

• 경찰이 가져야 할 덕목 3가지 말해보세요.
• 경찰의 덕목 중에 본인은 무엇이 부족한가요?
• 본인이 말한 덕목과 관련한 경험을 말해보세요.
• 본인의 소통능력은 몇 점인가요?
• 청렴, 도덕, 준법 중에서 가장 우선시 되는 것은 무엇인가요?
• 청렴이란 무엇인가요?
• 경찰 청렴에 대해 어떻게 생각하나요?

나만의 답변 구성하기

질문 **Q. 수험기간동안 가장 힘들었던 점은 무엇인가요?**

| 답변예시 |

A.
전역 후 수험공부를 시작할 때는 의지가 강했지만, 점점 수험기간이 길어질수록 무기력해지는 제 자신을 볼 때 심적으로 많이 힘들었습니다. 그래서 저는 무기력을 타파하기 위해 제 자신을 더욱 채찍질하며 집중했고, 그 결과 이렇게 면접까지 올 수 있었습니다.

A.

저는 수험기간 동안 아버지께서 아프셨을 때 많이 힘들었습니다. 제가 해드릴 수 있는 게 없다고 생각하며 스스로를 자책하기도 했습니다. 하지만 재활을 열심히 하시는 아버지를 보며 저 역시 마음을 더 굳게 먹었고, 하루 동안 스톱워치로 목표한 시간을 채우며 공부해나갔습니다. 그 결과 필기시험에 합격할 수 있었습니다.

A.

미래에 대한 막연한 불안감이 가장 힘들었습니다. 주변 친구들은 취업도 하고, 결혼도 하는데 수험생활을 하는 저를 보며 뒤처지는 것 같아 불안했습니다. 하지만 가족들과 주변 지인들의 응원이 있었고, 저 역시 경찰공무원이 되었을 때를 상상하며 이겨낼 수 있었습니다.

┌─ 답변 가이드 ─

채용과정에서 쉬운 전형은 하나도 없기 때문에 최종합격이라는 영광을 얻기 위해서는 피나는 노력이 필요합니다. 그래서 수험기간 관련 질문을 개별면접에서 많이 물어보곤 합니다. 특히 힘든 수험기간을 이겨낸 수험생은 앞으로 힘든 경찰생활도 잘 이겨낼 수 있다고 보고 있습니다. 따라서 어떤 점이 힘들었는지 솔직하게 표현하되, 긍정적인 마인드로 어떻게 이겨냈는지도 함께 덧붙여 주시기 바랍니다.

| 연계질문 |

- 수험기간은 얼마나 됐나요?
- 면접은 몇 번째인가요? N번째라면 전에는 왜 떨어진 것 같나요?
- 수험기간이 오래 걸렸는데 주변에서 다른 직업을 권하지는 않았나요?
- 수험기간 동안 생활비는 어떻게 충당했나요?

나만의 답변 구성하기

질문 **Q. 성격의 장점과 단점을 말해보세요.**

| 답변예시 |

A.

저의 장점은 꼼꼼하다는 것입니다. 저는 항상 하루의 일과를 정리하고 다음 날 계획을 꼼꼼히 체크하는 편입니다. 그러다 보니 놓치는 일이나 실수하는 일이 적은 것 같습니다.

저의 단점은 선택하는 데 시간이 조금 오래 걸린다는 것입니다. 이러한 단점을 극복하기 위해 기한을 정하거나 우선순위를 정해서 빠르게 결정하려고 노력하고 있습니다.

A.

저의 장점은 친화력이 좋다는 것입니다. 저는 새로운 환경과 다양한 사람을 만나는 것을 좋아하는 편입니다. 그래서 대학 시절에는 중국 백두산을 탐방하기도 했고, 직장생활을 하면서는 각종 사내 동호회 활동을 하기도 했습니다. 이를 통해 시야를 넓힐 수 있었고 소통하는 방법을 터득할 수 있었습니다.

반면, 저의 단점은 걱정이 많은 것입니다. 발생하지도 않을 일까지 걱정하다 보니 스스로를 피곤하게 할 때가 있습니다. 이를 고치기 위해 취미생활 등을 통해 좀 더 마음의 여유를 가지려고 노력하고 있습니다.

A.

제 성격의 장점은 친절함입니다. 과거 놀이공원에서 아르바이트를 한 적이 있습니다. 친절하게 손님들을 응대하여 다수의 칭찬 카드를 받은 적이 있습니다. 제가 경찰공무원이 된다면 이러한 친절함으로 민원인들을 응대하겠습니다.

단점은 중요한 일에 몰두하다 보면 부수적인 일에 신경을 쓰지 못할 때가 있습니다. 이러한 단점을 극복하기 위해 메모를 하거나 캘린더를 활용하며 보완해나가고 있습니다.

┌─ 답변 가이드 ●

다른 면접처럼 경찰면접에서도 성격을 많이 물어봅니다. 이는 수험생이 어떤 사람인지를 파악하기 위함이면서도 경찰 업무를 수행하는 데 어려움은 없을지를 예측해볼 수 있는 질문입니다. 또한 준비된 답변이 사실인지를 파악하기 위한 꼬리질문도 많이 하기 때문에 솔직하게 표현하는 것이 좋습니다. 가끔 단점을 장점처럼 포장하는 수험생들이 있는데, 단점 없는 사람은 없습니다. 자신의 단점을 솔직하게 표현하고, 현재 어떻게 개선하려고 노력하고 있는지를 덧붙여주는 것이 좋습니다.

| 연계질문 |

• 성격의 장점을 경찰 업무에 어떻게 이용할 건가요?
• 성격의 단점으로 피해를 준 경험과 이를 극복한 경험을 말해보세요.
• 나의 성격 때문에 다른 사람에게 상처를 준 적이 있다면 어떻게 극복했나요?
• 다른 사람이 말하는 본인의 성격은 어떤가요?
• 실제 성격도 자신의 생각과 같다고 생각하나요?

나만의 답변 구성하기

Q. 희망하는 부서와 기피하는 부서에 대해 말해보세요.

| 답변예시 |

A.

저는 어느 부서에 가더라도 잘할 자신이 있습니다. 하지만 기회가 된다면, 저는 시민들 가까이에서 근무하는 생활안전과에 지원하고 싶습니다. 의무경찰을 통해 방범순찰을 하면서 업무를 경험해봤고, 그 경험을 살려서 시민분들의 고충이 생기셨을 때 도움을 드리고 싶습니다. 기피부서는 없습니다.

A.

경찰관이 된다면 제가 희망하는 부서는 형사과입니다. 그 이유는 다큐멘터리에서 형사과 형사들의 업무를 보게 되었고 그 사명감과 카리스마에 반해 처음으로 경찰관의 꿈을 가지게 되었습니다. 가능하다면 형사과에서 근무하고 싶고, 저 또한 누군가에게 꿈을 심어줄 수 있는 경찰관이 되고 싶습니다. 기피하는 부서는 없습니다. 어느 부서이든 성실히 근무하고 적응할 수 있습니다.

A.

저는 어떤 부서에 가든 맡은 바 최선을 다하겠습니다. 하지만 굳이 희망한다면 경제범죄수사팀에서 한번 근무해보고 싶습니다. 평소에 경제 관련 분야에 관심이 많아 관련 시험에 응시해 본 적도 있고 경제 관련 기사는 항상 유심히 보는 편입니다. 또한 최근 수사권 조정으로 인해 경제팀의 업무도 많이 늘어나고 있다고 알고 있는데, 저의 역량을 키워서 꼭 힘을 보태고 싶습니다. 기피부서는 없습니다. 여러 일을 경험해보는 것을 좋아하기 때문에 꼭 희망하는 부서가 아니더라도 배울 준비가 되어있습니다.

⊶ 답변 가이드 ⊷

일부 경력채용의 경우 근무부서가 정해지지만, 대부분 순경 및 간부 채용은 그렇지 않기 때문에 개별면접에서 많이 물어보는 질문입니다. 희망하는 부서의 경우 본인의 경험이나 역량 등을 잘 살릴 수 있는 부서를 선택해서 답변하거나 본인이 생각할 때 중요하다고 생각하는 부서를 말하고 그 이유를 설명하시기 바랍니다. 반면 기피하는 부서는 없다고 이야기 하는 것이 가장 무난합니다. 주어진 업무에 최선을 다하는 것이 경찰의 책임이기 때문에 기피하는 부서는 언급하지 않도록 합니다.

| 연계질문 |

• 희망하는 부서가 아닐 경우 어떻게 할 건가요?
• 희망하는 부서에 배치되면 무엇을 잘할 수 있나요?
• 희망하는 부서가 어떤 업무를 하는지 알고 있나요?
• 희망하는 부서와 관련된 자격증이나 공부하고 있는 것이 있나요?
• 희망하는 부서를 제외하고 어디에서 일하고 싶나요?

나만의 답변 구성하기

질문 Q. 어디까지 승진하고 싶나요?

| 답변예시 |

A.

저는 경감까지 승진하는 것이 목표입니다. 경감이 되어 한 지역의 지구대장을 맡고 싶습니다. 그리고 제가 맡은 지역의 지구대를 단순히 사건을 신고하러 오는 딱딱한 공간이 아닌 지역주민들의 불편과 애로사항을 쉽게 이야기할 수 있고 도움을 줄 수 있는 편안한 지구대로 만들고 싶습니다.

A.

총경까지 승진하고 싶습니다. 이유는 지역주민과 관내 경찰관들에게 존경받는 경찰서장이 되고 싶기 때문입니다.

A.

저는 계급에는 욕심이 없습니다. 다만 그래도 하나를 선택해야 한다면, 경감까지를 목표로 하고 싶습니다. 순경으로 시작하면 실직적인 승진 한계선이 경위라고 생각합니다. 따라서 저는 그보다 한 단계 위인 경감으로 정해, 남들보다 한 발 더 노력하겠습니다.

┌─ 답변 가이드 ·

우리나라 경찰 계급은 총 11개로 '치안총감 – 치안정감 – 치안감 – 경무관 – 총경 – 경정 – 경감 – 경위 – 경사 – 경장 – 순경'으로 구성되어 있습니다. 또한 우리나라 경찰 승진제도로는 근속승진, 시험승진, 심사승진, 특별승진이 있습니다. 따라서 자신의 성과를 인정받아야 승진할 수 있는 조직이므로 면접관 입장에서 자주 물어보는 질문입니다. 정답은 없습니다. 겸손하게 답변하거나 야심차게 답변하며, 자신의 생각과 성향에 맞춰 답변하시기 바랍니다.

| 연계질문 |

• 상사가 성과를 가로채서 승진의 기회가 없어진다면 어떻게 할 건가요?
• 나보다 무능한 동료가 나보다 먼저 승진을 한다면 어떻게 할 건가요?
• 경찰의 현재 승진제도가 합리적이라고 생각하나요?

나만의 답변 구성하기

질문 **Q. 스트레스 해소방안을 말해보세요.**

| 답변예시 |

A.
저는 운동을 통해 스트레스를 해소합니다. 운동을 하다 보면 잠시나마 걱정거리를 잊을 수 있고, 땀을 흘리는 만큼 기분이 상쾌해지기 때문입니다. 코로나19 이후에는 드라이브를 하며 기분전환을 하고 있습니다.

A.
저는 일주일 5회 이상 크로스핏이라는 강도 높은 운동을 하고 있습니다. 집중적으로 운동하고 땀을 비 오듯이 쏟다 보면 자연스레 스트레스도 해소됩니다. 꾸준히 운동해서 몸을 만들고 나중에 경찰 달력을 촬영하여 수익금을 기부해보고 싶습니다.

A.
저의 취미는 운동입니다. 배드민턴, 축구, 달리기 등을 즐기며 하고 있습니다. 단순히 취미를 넘어 배드민턴 지도자, 축구 심판 자격증까지 취득할 정도로 애정을 가지고 있습니다. 운동을 하면서 땀을 흘리고 나면 스트레스를 해소 할 수 있고, 아무생각 없이 이 운동에만 집중할 수 있기 때문입니다.

┌─ 답변 가이드 ─
│ 스트레스 관리는 직장생활을 할 때 매우 중요합니다. 특히 경찰 업무처럼 다양한 민원인을 상대해야 하고 고강도의 업무를 수행함에 있어서 스트레스 관리는 건강한 경찰 업무를 위해 매우 중요합니다. 따라서 이러한 질문은 스트레스를 어떻게 관리하는지 물어보는 가벼운 질문입니다. 솔직하게 평소 스트레스 해소방안을 간결하게 답변하시기 바랍니다.

| 연계질문 |

• 취미나 특기가 있나요?
• 최근에 스트레스를 받았던 경험에 대해 말해보세요.
• 경찰이 되어서 업무가 힘들면 어떻게 할 건가요?

나만의 답변 구성하기

질문 **Q. 취미는 무엇인가요?**

| 답변예시 |

A.
저의 취미는 축구입니다. 저는 어릴 적부터 축구를 하는 것과 보는 것을 모두 좋아했습니다. 축구를 하면서 공을 찰 때마다 마음속 응어리가 풀어지는 느낌이었습니다.

┌ 답변 가이드 ┐

취미 또한 특기와 마찬가지로 평소에 즐겨하는 것을 답변하면 됩니다. 취미가 스트레스 해소법으로도 응용될 수 있으니 취미 활동 시 어떻게 스트레스가 풀리는지 간단하게 답변하는 것도 좋습니다. 단, 게임이나 음주와 관련된 이야기는 자제하도록 합니다.

| 연계질문 |

• 자신만의 스트레스 해소법은 무엇인가요?
• 경찰이 되어서 취미생활을 못하게 되면 어떻게 할 건가요?

나만의 답변 구성하기

질문 **Q. 특기는 무엇인가요?**

| 답변예시 |

A.
저는 야구를 하는 것과 보는 것 모두를 좋아합니다. 대학 시절 야구동아리 회원으로 활동한 적도 있고 사회인 야구대회에 출전한 경험도 있습니다. 경찰청에도 야구동아리가 있는 것으로 알고 있는데 기회가 된다면 선배님들과 꼭 같이 해보고 싶습니다.

A.

저는 요리를 잘합니다. 실제로 요리를 어릴 때부터 좋아했고, 가족들이 맛있게 제 요리를 맛있게 먹어주었을 때 행복하였습니다. 그래서 최근에는 한식요리사 자격증을 취득하기도 하였습니다.

• 답변 가이드 •

특기는 자신이 좋아하는 것, 잘하는 것을 말씀하시면 됩니다. 꼭 경찰의 업무나 특징에 연결해서 답변하지 않아도 괜찮습니다. 자신의 특기가 무엇이고, 무엇을 잘하는지 이것이 왜 특기인지를 밝히시면 됩니다.

| 연계질문 |

• 좋아하는 것은 무엇인가요?
• 특기가 다른 사람에게 도움이 되었던 경험이 있나요?

나만의 답변 구성하기

질문 **Q. 창의력을 발휘했던 경험을 말해보세요.**

| 답변예시 |

A.

천문학 동아리에서 매년 축제 때마다 별자리 책자를 배포하였습니다. 그러나 책자를 받으러 오는 학생들도 적었고 부원들의 열정 또한 없었습니다. 그래서 별자리 책자뿐만 아니라 타로 카드를 통해 상담을 해주거나 미니전구 등을 활용하여 거대한 별자리 지도를 만들었습니다. 그 결과 축제기간 동안 많이 학생들이 찾아와 큰 호응을 얻을 수 있었습니다.

A.

같이 운동을 하는 지인이 배드민턴 구장을 운영하고 있습니다. 구장운영에 어려움이 있다는 지인의 고민을 들은 후 네이버 밴드를 통해 운동을 하고 싶은 사람들에게 대관을 하면 어떻겠냐고 제안하였습니다. 그 결과 지인은 저의 의견을 반영하였고, 현재는 활발하게 운영되고 있습니다.

A.

직장생활을 할 때 회사홍보 판촉물을 만들게 되었습니다. 당시 회사로고를 넣은 모자를 만들기로 했는데, 저는 여성분들을 위한 썬캡도 만들었으면 좋겠다고 아이디어를 냈습니다. 이런 저의 의견을 받아들여져서 남성분들은 캡모자를, 헤어스타일링을 중요시하는 여성분들은 썬캡을 선택할 수 있었고, 덕분에 고객들의 만족도를 높일 수 있었습니다.

┌─ 답변 가이드 ─

개별면접에서는 인적성결과를 바탕으로 질문이 이뤄지기도 합니다. 따라서 그 결과를 바탕으로 사실확인을 하기도 하고, 반대되는 경험을 물어 다양성을 평가하기도 합니다. 예를 들어 '도덕성'이 높게 나왔다면 일탈해본 경험을 묻는다거나 위법한 행동을 한 사람을 보았을 때 나서서 제지했던 경험을 물어볼 수 있습니다. 또한 경찰공무원 업무를 수행할 때 필요한 역량을 발휘해본 경험이 있는지 물어볼 수 있습니다. 창의력 역시 신속한 판단력을 위해 필요한 역량입니다. 따라서 자신의 경험을 바탕으로 진솔하게 표현하시기 바랍니다. 다만, 경험을 답변하다 보면 이야기가 장황해지거나 구구절절해질 수 있으니 간결하게 답변할 수 있도록 노력해야 합니다.

| 연계질문 |

• 경찰에게 창의력이 왜 중요하다고 생각하나요?
• 원칙과 융통성 중 무엇이 더 중요한가요?

나만의 답변 구성하기

질문 **Q. 인내심의 한계를 느꼈던 경험에 대해 말해보세요.**

| 답변예시 |

A.

경호학과로 재학 중이던 대학 시절에 행군을 완수했을 때입니다. 50km를 행군하면서 수없이 포기를 생각했지만 동기들과 서로 다독이며 다음날 아침 학교정문이 보였을 때 그 성취감은 저에게 가장 크게 다가왔습니다.

A.

검정고시를 하던 때가 힘들었습니다. 지방에서 서울로 이사를 오면서 검정고시를 준비하게 되었습니다. 어린 나이에 아는 사람, 친구도 없었기에 심적으로 힘들고 외로웠던 시기였습니다. 하지만 제가 선택한 것이기에 최선을 다하자는 마음으로 공부했고, 그 결과 검정고시에 합격할 수 있었습니다.

┌ 답변 가이드 ┐

경찰은 다양한 현장에 투입되다 보니, 강한 체력만큼이나 강한 정신력도 요구합니다. 최근 부정적인 경찰관련 뉴스가 언론에 보도되면서 경찰의 사명감은 더욱 중요시되고 있습니다. 따라서 인내심의 한계를 느껴봤을 정도로 어려움을 이겨낸 경험은 추후 경찰 업무에서도 밑바탕이 될 것입니다. 자신의 경험에서 힘들었던 상황에서 어떻게 이겨냈는지 덧붙여 보시기 바랍니다.

| 연계질문 |

• 살면서 가장 힘들었던 순간을 말해보세요.
• 모멸감을 느꼈던 경험을 말해보세요.
• 열등감을 느꼈던 경험을 말해보세요.
• 경찰이 되어서 어떤 일이 가장 힘들 것 같나요?
• 경찰 업무가 많이 힘들고 적성에 맞지 않는다고 생각이 들면 어떻게 할 건가요?

나만의 답변 구성하기

질문 Q. 타인의 의견을 받아 개선했던 경험을 말해보세요.

| 답변예시 |

A.

작년 경찰 시험에서 최종 불합격했습니다. 면접 준비를 열심히 하였지만, 혼자 준비한 것이 독이 된 것 같습니다. 그때 저의 친형은 혼자가 아니라 다른 사람들과 같이 공부할 것을 제안하였고, 저는 커뮤니티에서 스터디원을 모집하여 함께 면접스터디를 하였습니다. 그 결과 이번시험에는 좀 더 자신감 있는 모습으로 면접에 임할 수 있었던 것 같습니다.

A.

저희 회사 제품의 매뉴얼이 두껍고 어려워서 사용자가 쉽게 해결할 수 있는 문제임에도 불구하고 AS 전화가 많았습니다. AS부서에서 단순 문의가 너무 많아 다른 업무에 쓸 시간이 부족하다며 매뉴얼을 개선하자는 의견이 있었습니다. 저는 자주 발생하는 문제들을 그림 위주로 쉽고 간단하게 설명한 퀵매뉴얼을 만들었고, 그 결과 AS 문의를 30%나 줄일 수 있었습니다.

A.

저는 누군가의 고민을 들으면 현실적인 해결책을 제시하려는 습관이 있었습니다. 그런데 한 번은 친구가 해결책보다는 공감해주면 좋겠다고 말했고, 저의 말이 다른 사람에게 상처가 될 수 있다는 것을 알게 되었습니다. 그래서 그 이후부터는 말을 하기 전에 상대방 입장을 먼저 생각하는 습관을 갖게 되었습니다.

┌─ 답변 가이드 ─

신입경찰은 조직문화에 적응하고 업무에 익숙해지기까지 미숙한 점이 많이 있습니다. 그러다보면 상사로부터 가르침을 많이 받게 되는데, 이를 수용하고 개선하려는 자세는 매우 중요합니다. 따라서 과거에도 타인의 의견을 긍정적으로 받아들이고 이를 개선했던 경험이 있다면 어떻게 행동했는지 작성하시기 바랍니다.

| 연계질문 |

- 다른 사람에게 부정적인 피드백이나 지적을 받았던 경험에 대해서 말해보세요.
- 극복하려는 노력을 통하여 어떤 이야기를 듣게 되었나요?

나만의 답변 구성하기

질문 **Q. 살면서 가장 후회하는 경험을 말해보세요.**

| 답변예시 |

A.
고등학교 3학년 때 학교 축구팀 주장을 맡았습니다. 동시에 체대 입시 운동도 병행하고 있어서 입시 운동에 집중하기 위해 축구팀 생활을 그만두게 되었습니다. 그 이후에 팀이 시 대회에 나가 준우승을 했는데 축하하는 마음과 동시에 저도 같이 운동을 해서 저 자리에 있었더라면 하는 후회가 남았습니다.

A.
고등학교 때 한 친구가 학교폭력을 당한 일이 있었습니다. 그때 폭력을 행사한 같은 반 친구가 무서워서 아무도 말리지 못했지만, 지금 생각해보면 맞은 아이는 평생의 트라우마로 남을 만한 사건이었습니다. 다시 그 시절로 돌아간다면 그 아이를 도와주고 싶습니다.

A.
경찰시험에 좀 더 빨리 도전하지 못한 것이 후회됩니다. 경찰공무원에 꿈이 있었지만 부모님의 권유로 다른 전공을 선택하게 되었고, 관련 회사를 다니게 되었습니다. 조금 늦은 시작이지만 다시는 후회하지 않고 싶어 이번 수험공부에 더욱 집중하였습니다.

┌ 답변 가이드 •
개별면접은 수험생이 어떤 사람인가를 파악하기 위해 다양한 경험질문을 많이 합니다. 그중 후회하는 경험은 과거 반성이나 성찰을 통해 앞으로 어떤 경찰이 될 수 있을지를 파악할 수 있는 질문입니다. 따라서 과거 아쉬웠던 점이나 후회했던 점에 대해 솔직하게 표현하고, 혹시나 경험이 너무 짧다고 생각하면 이를 계기로 어떻게 달라졌는지를 덧붙여 보시기 바랍니다.

| 연계질문 |

• 고등학교 때 후회했던 경험을 말해보세요.

• 후회하는 감정을 극복하기 위하여 어떤 노력을 했나요?

나만의 답변 구성하기

질문　Q. 다른 사람을 위해 손해를 본 경험에 대해서 말해보세요.

| 답변예시 |

A.
군대에서 1년에 한 번씩 큰 규모로 차량검열을 실시했습니다. 부대 본부에서 직접 검열을 하는 것이다 보니 모든 차량의 엔진을 구석구석까지 기름으로 닦아야 했습니다. 분대에서는 제가 가장 선임이었는데, 제 차를 모두 손보고 나서 다른 분대 후임들 것까지 일과가 끝난 후에도 도와줬던 경험이 있습니다. 당시 제 개인시간이 없었지만, 덕분에 별 문제 없이 차량검열을 무사히 통과할 수 있었습니다.

A.
학창 시절 아버지께서 갑자기 돌아가셔서 가정형편이 좋지 않게 되었습니다. 형은 대학생이었고 동생은 아직 어렸기 때문에 저는 대학 진학을 포기하고 취업을 했습니다. 당시에는 조금 속상한 마음도 있었지만 어머니의 짐을 덜어드린 것 같아 뿌듯했고, 좀 더 사회경험을 일찍 했기에 자립심도 키웠다고 생각합니다.

A.
대학 시절 조별과제와 개인과제를 동시에 해야 할 때가 있었습니다. 당시 조원 중 한 명이 비전공자여서 과제를 수행하는 데 어려움을 느꼈습니다. 조장이었던 저는 그 조원의 일까지 도와주게 되었고, 그만큼 개인과제를 소홀히 하게 되어 생각보다 낮은 점수를 받게 되었습니다. 하지만 조별과제에서는 우수한 점수를 받아 모두에게 도움이 될 수 있었기에 손해라고 생각하지는 않습니다.

• 답변 가이드 •

조직생활을 하다 보면 서로 배려하고 협력하며 업무를 해야할 때가 많습니다. 특히 경찰은 그 어떤 조직보다 팀워크가 매우 중요하기 때문에 자신의 이익만을 내세우는 사람은 면접관에게 좋은 점수를 받을 수 없습니다. 따라서 손해를 보더라도 다른 사람 또는 조직을 위해 노력한 경험이 있다면 작성하시기 바랍니다.

| 연계질문 |

- 감정적으로 행동해서 피해를 본 경험에 대해서 말해보세요.
- 봉사와 희생의 차이점에 대해서 말해보세요.
- 남들이 기피하는 일을 한 경험에 대해서 말해보세요.

나만의 답변 구성하기

질문 **Q. 법을 어겨본 경험이 있나요?**

| 답변예시 |

A.
학창 시절 무단횡단을 한 적이 있습니다. 당시 아무도 다니지 않는 늦은 시간이라 안일하게 생각했던 것 같습니다. 하지만 성인이 된 후에는 사소한 법도 지키려고 노력하고 있습니다.

A.
저는 음악이나 영화를 다운받은 적이 있습니다. 이것이 저작권을 위반한 행동이라는 것을 뒤늦게 알게 되었습니다. 그 이후부터는 정식으로 사용료를 내고 음악이나 영화를 감상하고 있습니다.

┌─ **답변 가이드** ───

법을 집행하는 경찰에게 준법정신은 매우 중요합니다. 하지만 수험생도 사람이기에 한 번쯤은 경미한 법을 위반해 본 경험은 있을 겁니다. 따라서 이러한 질문에는 솔직하게 답변하되, 그 이후부터는 많이 반성하고 법을 준수하려고 노력하고 있다는 점을 덧붙이시기 바랍니다. 단, 중대한 범법행위보다는 경미한 행위, 그리고 최근 경험보다는 과거 경험을 말하는 것이 좋습니다.

└──

| 연계질문 |

• 위법한 행동을 했던 경험이 있다면 말해보세요.
• 편법 등을 활용하여 이득을 취해본 경험이 있나요?

나만의 답변 구성하기

질문 Q. 타인을 도와준 경험이 있나요?

| 답변예시 |

A.
대학 시절 동기 아버지께서 혈액암 투병 중에 수혈이 급하게 필요하셨습니다. 그래서 제가 모아 두었던 헌혈증서 10장을 기부했습니다. 다행히 그 덕에 위급상황을 넘길 수 있었고, 아직까지 그 동기 아버지께서는 만나면 고맙다고 말씀해주십니다.

A.
고등학교 시절, 꽃동네에서 봉사활동을 한 적이 있습니다. 그 당시 저는 치매에 걸리신 어르신들을 돌보는 일을 맡았는데 함께 산책을 하기도 하고 말벗이 되어 드리기도 했습니다. 저에게는 별거 아닌 일이었지만 즐거워하시는 어르신들을 보면서 뿌듯함을 느낄 수 있었습니다.

A.

대학교 때 동아리 MT를 갔던 적이 있었습니다. 그때 동아리원 중 한명이 화장실에 들어가서 오랫동안 나오지 않아 들어가 봤더니 입에 거품을 물고 쓰러져 있는 것을 발견했습니다. 저는 침착하게 119에 전화를 하고 구급대원의 지시에 따라 구급차가 오기 전까지 응급조치를 취하여 큰일을 막을 수 있었습니다

┌─ 답변 가이드 ─

타인이 어려움에 처했을 때, 이를 지나치지 않고 적극적으로 도와준 경험이 있다면 구체적으로 답변합니다. 봉사활동도 좋고, 생활 속에서 다른 사람을 도와준 경험도 좋습니다. 이를 사실에 입각하여 작성하고 답변이 짧다면, 그때 느낀 감정을 덧붙여 보시기 바랍니다.

| 연계질문 |

• 사회적 약자를 도와주었던 경험이 있나요?
• 학창 시절 친구를 도와주었던 경험이 있나요?
• 봉사활동을 해 본 경험이 있나요?

나만의 답변 구성하기

질문 **Q. 두려움을 느껴본 경험이 있나요?**

| 답변예시 |

A.

의경 복무 시절 오토바이를 타시는 분을 상대로 검문을 했던 경험이 있습니다. 당시 한 수배자가 검문을 피해 도망치려 했고, 저는 오토바이를 몸으로 막아 수배자를 검거할 수 있었습니다. 순간 두렵기도 했지만 제가 해야하는 일이었기 때문에 두려움보다는 사명감이 더 컸던 것 같습니다.

A.

주점에서 아르바이트를 할 때 손님들끼리 크게 싸움이 난 적이 있습니다. 한 손님이 크게 흥분하셨고 몸싸움까지 벌어졌습니다. 이성을 잃은 손님을 제지할 때 두렵기도 했지만 침착하게 싸움을 중재하려고 노력했고, 출동한 경찰관분들의 도움으로 사건을 마무리할 수 있었습니다.

답변 가이드

두려움은 인간이 느끼는 여러 감정 중 하나입니다. 경찰 개별면접에서는 프로파일러 면접관이 들어오기도 합니다. 수험생에 솔직한 감정에 대해 묻기 위한 질문이니 거짓 없이 진솔하게 답변하시기 바랍니다.

| 연계질문 |

• 정의로움을 느꼈던 경험이 있나요?
• 범죄를 신고 해봤던 경험이 있나요?

나만의 답변 구성하기

질문   **Q. 협동심을 발휘해 본 경험이 있나요?**

| 답변예시 |

A.

아르바이트를 하던 매장 본사에서 분기마다 위생검사를 했습니다. 마감 후 본인이 맡은 구역청소를 하면 먼저 퇴근할 수 있었지만, 자발적으로 먼저 끝난 사람이 남은 사람의 구역청소를 도와주며 함께 으쌰으쌰하는 분위기에서 매장청소를 했습니다. 그 결과 위생검사에서 저희 지점은 1등을 할 수 있었습니다.

A.

군 복무 기간 중 부대평가 때였습니다. 장교인 저부터 부사관, 막내 병사까지 모두들 각자 자리에서 본인들의 역할을 잘 수행하였습니다. 그 결과 지역 우수중대 선발이라는 좋은 평가를 받을 수 있었습니다.

A.

대학생 때 학과 교수님의 영재수업을 동기들과 도와드린 적이 있습니다. 200명의 학생들이 참여하는 큰 프로젝트였지만 당시에 교수님도 처음 하는 일이었기에 시스템이 불완전하였습니다. 그때 도우미로 참가한 저와 20명 정도의 학생들이 각기 자신들이 맡은 일을 분담하여 주차요원, 학부모 상담 및 접수원, 복도 대기팀 등으로 나누어 협력하였고, 그 프로젝트를 성공적으로 완수했던 적이 있습니다.

┌─ 답변 가이드 ●───────────────────────────────

단체생활이나 조직생활을 하면서 다른 사람과 협력하여 문제를 해결했거나 목표를 달성한 경험을 답변하면 됩니다. 나의 역량만 내세우기보다는 다른 사람들과 어떻게 역할분담을 해서 힘을 합쳐 문제를 해결했는지 구체적으로 작성하시기 바랍니다.

| 연계질문 |

• 리더십을 발휘해본 경험이 있나요?
• 본인은 그룹에서 리더인가요? 팔로어인가요?

나만의 답변 구성하기

질문 **Q. 다른 사람과 적극적으로 소통해본 경험을 말해보세요.**

| 답변예시 |

A.
저는 다른 사람의 입장을 먼저 생각하고 행동하는 편입니다. 아르바이트를 할 때 손님이 불만이 무엇인지, 또는 무엇을 원하는지 먼저 파악해 응대한 경험이 있습니다. 또한 동료가 손님과 마찰이 있었을 때 제가 손님에게 다가가서 손님이 무엇을 원하는지 대화를 통해 해결한 경험이 있습니다. 이러한 역지사지의 자세로 국민의 입장에서 먼저 생각하는 경찰이 되겠습니다.

A.
저는 학창 시절 자해를 하는 장애인 친구를 1년 동안 보살핀 경험이 있습니다. 처음에는 친구가 마음을 열지 않아 많은 어려움이 있었지만, 지속적인 관심과 대화를 시도하였고 1년이 지난 후에 그 친구는 정신적으로 많이 안정될 수 있었습니다. 다른 친구들과도 잘 어울리는 모습을 보고 이를 통해 따뜻한 마음이 큰 위로가 된다는 걸 배울 수 있었습니다.

A.
이삿짐 아르바이트를 한 적이 있습니다. 처음 시작하였을 때 업무방식에 대해 잘 알지 못하여 우물쭈물하다가 직원분에게 피해를 준 경험이 있습니다. 그 후로는 직원분들의 일하시는 모습을 옆에서 지켜보면서 적극적으로 궁금한 점을 여쭤보았고, 그렇게 요령을 하나둘씩 터득하게 되었습니다. 경찰이 되어서도 모르는 것을 부끄러워하지 않고, 적극적으로 소통하는 신입경찰이 되겠습니다.

┌ 답변 가이드 ┐
최근 경찰은 인권경찰로 국민과 더 가까이 소통하기 위해 다양한 노력을 하고 있습니다. 이 때문에 많은 수험생들이 면접에서 소통역량을 많이 어필하곤 합니다. 면접관은 수험생의 소통역량에 대해 사실확인 차원에서 구체적인 예시를 요구합니다. 다른 사람의 입장에서 생각했거나 눈높이에 맞춰 설명했던 사례 등 자신의 소통역량을 구체적으로 어필하시기 바랍니다.

| 연계질문 |
• 소통과 관련하여 후회한 경험을 말해보세요.
• 본인만의 소통 노하우를 말해보세요.
• 소통으로 갈등을 해결한 경험을 말해보세요.

나만의 답변 구성하기

질문 **Q. 책임감을 발휘했던 경험을 말해보세요.**

| 답변예시 |

A.

아르바이트를 할 때 항상 최선을 다하자는 마음으로 임했습니다. 맡은 일은 그날 끝내려고 노력을 했고 퇴근 시간이 늦어지더라도 바쁜 동료들을 돕거나 중요한 일은 도맡아 하는 등 함께 헤쳐 나가려고 노력했습니다. 이를 통해 동료들과 좋은 분위기 속에서 일을 할 수 있게 되었고 아르바이트를 그만 두었을 때도 계속 일을 같이 하자는 연락을 받곤 했습니다.

A.

이번 체력시험을 준비하면서 SNS를 통해 1,000m 달리기 훈련모임을 만들었습니다. 조장으로써 매일 훈련에 참여하면서 조원들을 독려했고, 다 같이 좋은 결과를 이루어 냈습니다. 저를 포함한 6명 모두 ○○청 지원자들이지만 경쟁의식보다는 함께한 동기의 마음으로 모두가 최종합격의 결과를 받았으면 합니다.

A.

사내 댄스동호회 활동을 한 적이 있습니다. 회원 중 한 분이 결혼식 축하 댄스를 요청해서 연습을 하는 과정에서 실수로 발가락이 부러지는 사고가 있었습니다. 저는 약속을 지키기 위해 깁스를 하고도 연습에 참여했고, 다행히 결혼식장에서는 붕대를 풀고 무대에 올라서 잘 마무리한 경험이 있습니다.

┌ 답변 가이드 ┐

성실함과 책임감은 경찰이 갖춰야 할 기본 덕목 중 하나입니다. 따라서 개별면접에서 이에 대한 구체적인 경험을 묻는 질문이 있곤 합니다. 단체생활이나 조직생활에서 책임감을 발휘한 경험을 구체적으로 답변하시기 바랍니다. 다만 자신이 당연히 해야 하는 일을 열심히 한 것은 책임감 사례로는 조금 약할 수 있습니다. 따라서 하지 않아도 되는 일을 했다거나 자신이 맡은 역할을 더 열심히 하기 위해 노력한 부분을 어필하시기 바랍니다.

| 연계질문 |

- 열정을 발휘한 경험에 대해서 말해보세요.
- 살면서 가장 잘했던 일에 대해서 말해보세요.
- 최근에 칭찬을 받았던 일이 있으면 말해보세요.

나만의 답변 구성하기

질문　**Q. 갈등을 해결한 경험에 대해서 말해보세요.**

| 답변예시 |

A.
서버관리업무를 하다 보니 고객사나 일반고객을 응대해야 할 경우가 종종 있습니다. 가끔은 무리한 요구를 하는 고객이 있을 때가 있었는데, 그때마다 그분의 입장을 공감해 드리고 기술적인 내용을 설명해야 할 때는 최대한 알아듣기 쉽게 설명하려고 노력했습니다. 또한 사고로 불안해하는 고객을 응대할 때는 침착함을 유지하면서 안심을 시켜드리려고 노력했습니다. 경찰이 되어서도 민원인의 입장에서 경청하고 소통하는 자세로 일하겠습니다.

A.
저는 군 제대 후에 지인분의 유튜브 영상 편집 아르바이트를 했던 경험이 있었습니다. 그 당시에 지인분께서는 영상을 최대한 많이 올리고 싶어 하셨지만 저는 신중하게 한 개씩 마무리해서 올려야 한다는 의견 차이가 발생했던 경험이 있습니다. 그래서 저는 한 달 동안은 지인분의 의견에 따라 운영하기로 하였고, 다음 달에는 저의 의견에 맞추어 채널을 운영할 것을 제안하였습니다. 그 과정 속에서 서로의 의견 차이를 좁힐 수 있었고 갈등 또한 해결했던 경험이 있습니다.

A.

대학교 때 뜻이 맞는 친구들과 함께 오케스트라 동아리를 신설하였습니다. 오케스트라인 만큼 모두가 모일 수 있는 연습 시간을 정하는 것이 가장 중요했습니다. 하지만 각자의 사정이 있기에 연습 시간을 정하는 데 어려움이 있었고, 이런 과정에서 의견 충돌도 발생했습니다. 저는 부악장으로서 모든 부원들의 일정을 조사해 강의가 끝나는 시간과 통학버스 운행 시간을 고려한 시간을 제안하였고, 부원들과 회의를 통해 의견을 조율하여 모두가 만족할 수 있는 연습 시간을 정할 수 있었습니다. 그 결과 저희 오케스트라는 30여 명의 중앙동아리로 거듭나 학내 행사 연주를 담당하고 대학아마추어오케스트라연합에 소속될 정도로 성장할 수 있었습니다

┌─ 답변 가이드 ●

조직생활을 하다 보면 다양한 유형의 사람들을 마주하게 됩니다. 업무방식의 차이, 성격의 차이, 이해관계의 차이 등 다양한 이유로 갈등이 발생하기 마련입니다. 팀프로젝트, 동아리활동, 아르바이트, 군생활, 회사생활 등등 다양한 활동을 하면서 어떤 갈등이 있었고, 이를 어떻게 해결했는지 구체적으로 작성하시기 바랍니다.

| 연계질문 |

• 갈등을 해결하고 느꼈던 감정에 대해 말해보세요.
• 의사소통이 잘 되지 않는 사람과 함께해 본 경험이 있다면 말해보세요.
• 악성고객을 응대해 본 경험이 있다면 말해보세요.

나만의 답변 구성하기

질문 Q. 본인이 뽑혀야 하는 이유에 대해서 말해보세요.

| 답변예시 |

A.

저는 철저한 보안의식을 가지고 있습니다. 군생활 당시 인원보안, 문서보안을 다루며 상급부대와 연계하여 여러 보안 업무를 경험하였습니다. 이를 통해 보안은 철저한 강조와 반복에 있다는 것도 깨달았습니다. 만약 보안업무를 맡게 된다면, 누구보다 빠르게 적응할 자신이 있습니다.

A.

저는 공감능력을 갖추고 있습니다. 초임장교 시절 소대장을 역임하였을 때, 매일 소대원 1명씩 개인면담을 진행하였습니다. 이를 통해 이등병의 적응을 돕고, 도움병사는 인사과의 빠른 조치를 받을 수 있게 하였습니다. 또한 정훈교육을 도맡아 진행하며 소대원들이 즐거워할만한 컨텐츠를 찾아내어 재밌게 수업을 했던 경험이 있습니다. 이러한 능력을 바탕으로 시민들에게 따뜻하고 적극적으로 다가설 수 있는 경찰이 되겠습니다.

A.

저는 준비된 인재이기 때문입니다. 저는 인생의 절반 이상을 경찰관이 되겠다는 꿈을 안고 준비해왔습니다. 경찰이 되기 위해 무도 수련과 거기에 맞는 자격증 취득, 그리고 경호업무와 의경 복무까지 하면서 남들에 비해 경찰이 되기 위한 더 많은 노력을 해왔다고 자신합니다. 이러한 경험을 바탕으로 어떤 임무가 주어져도 해내는, 조직에 꼭 필요한 경찰이 되고 싶습니다.

A.

저는 회사에서 트래픽 분석업무를 해봤습니다. 사이버수사관은 트래픽 분석을 통해 사이버범죄 증거를 수집하는 것으로 알고 있습니다. 따라서 이 업무를 맡게 된다면 빠르게 적응하여 기여할 수 있다고 생각합니다. 또한 조직에서 다른 부서와 협업을 통해 업무를 수행해온 경험이 있습니다. 경찰 역시 팀으로 업무를 수행하기 때문에 저의 협업 능력이 도움이 될 것입니다.

┌ 답변 가이드 ●

면접관에게 본인의 강점을 어필하라는 질문입니다. 경찰에게 필요한 역량이나 덕목 중 본인이 가지고 있는 점을 구체적으로 답변해보고, 마지막에는 이러한 강점을 바탕으로 어떻게 경찰 업무에 활용할 것인지 포부도 표현해보시기 바랍니다.

| 연계질문 |

• 지원청에 인재상은 무엇이라고 생각하나요?
• 본인의 자랑을 해보세요.
• 필기, 체력 말고 본인의 강점을 이야기해보세요.

나만의 답변 구성하기

질문 **Q. 부모님은 어떤 분인가요?**

| 답변예시 |

A.

저희 아버지께서는 한 직장에서 30년 이상을 넘게 근무하셨습니다. 항상 책임감을 가지고 가장의 역할을 다하기에 최선을 다하신 분입니다. 또한 저희 어머니는 가족을 위해 희생과 헌신을 하셨습니다. 이러한 부모님 덕분에 저 역시 항상 책임감 있고, 주변을 살피는 사람이 되기 위해 노력하고 있습니다.

A.

부모님께서는 맞벌이를 하셔서 항상 바쁘셨습니다. 그럼에도 자신들에게 소홀함이 없는지 항상 걱정하셨고 저를 위해 희생하셨습니다. 그런 부모님의 모습을 보며 항상 바르게 성장해야 된다고 생각했습니다. 이러한 부모님 덕분에 저 역시 예의 있고, 주변 사람들을 위해 베풀 수 있도록 노력하고 있습니다.

┌─ 답변 가이드 ·

성장과정과 배경은 수험생의 가치관에 큰 영향을 끼칩니다. 특히 부모님은 절대적인 영향력을 끼치는 사람입니다. 따라서 부모님은 어떤 분인지를 묻는 질문이 가끔 나오곤 합니다. 이에 대해 솔직하게 표현하고, 이를 통해 본인이 갖게 된 장점은 무엇인지 덧붙이시기 바랍니다.

| 연계질문 |

• 고민이 있으면 누구와 상담을 많이 하는 편인가요?
• 가족 중에 누구와 가장 친한가요?
• 경찰공무원을 준비한다고 했을 때, 주변 반응은 어땠나요?
• 시험을 보기 위해 가장 영향을 끼친 인물은 누구였나요?

나만의 답변 구성하기

질문   Q. 좌우명은 무엇인가요?

| 답변예시 |

A.
'실패를 두려워하지 말자'라는 좌우명을 가지고 있습니다. 저는 연금술사라는 책을 읽은 적이 있습니다. 그 책에서 '꿈을 이루지 못하는 것은 딱 하나, 바로 실패할지도 모른다는 두려움 때문이다.'라는 구절이 인상 깊었습니다. 그 책을 읽은 후 도전에 망설였던 저 자신을 돌아보았고, 실패할지도 모르는 두려움보다는 할 수 있다는 마음가짐으로 모든 일에 최선을 다하려고 노력하고 있습니다.

A.
저의 좌우명은 '천재는 노력하는 자를 이기지 못 하고 노력하는 자는 즐기는 자를 이기지 못한다.'입니다. 이 말처럼 저는 매사에 어떤 일이든 긍정적인 자세로 임하기 위해 노력해왔습니다. 가령 학창 시절에 학업스트레스를 받기보다는 그 자체를 꿈을 이루어 나가는 과정으로서 즐기려 노력했고 군입대 후에는 '특급전사'와 '자격증 취득'과 같은 작은 목표를 이루며 전역할 수 있었습니다. 경찰이 되어서도 어떤 어려운 상황이 오더라도 긍정적인 자세로 이겨낼 자신이 있습니다.

┌─ **답변 가이드** ─

좌우명은 수험생이 무엇을 중요하게 생각하는지 파악할 수 있는 중요한 지표입니다. 인생의 모토가 되었던 말이나 유명인사가 했던 명언 중 자신에게 울림이 있었던 말 또는 부모님이 항상 강조하셨던 이야기나 책에서 감명 깊었던 구절 등 자신의 좌우명과 그 이유를 표현해보시기 바랍니다.

| 연계질문 |

• 감명 깊게 읽은 책이나 영화가 있나요?
• 존경하는 인물이 있나요?

나만의 답변 구성하기

Q. 존경하는 인물은 누구인가요?

| 답변예시 |

A.

저는 조장현 경찰관님을 존경합니다. EBS 다큐멘터리에서 조장현 경찰관님을 보았습니다. 시민들에게는 부드럽고 친절하게 대하다가도 치안을 위협하는 사람들에게는 강력하게 법을 집행하는 모습이 멋있었습니다. 그런 모습이 경찰공무원을 꿈꾸던 저에게는 모범이 되어 롤모델로 존경하게 되었습니다.

A.

저는 축구선수 박지성을 존경합니다. 박지성 선수는 평발이라는 불리한 신체조건에도 불구하고 노력을 통해 뛰어난 선수가 되었습니다. 불리한 조건에 좌절하지 않고 노력을 하면 극복할 수 있다는 것을 박지성 선수를 통해 배울 수 있었습니다. 저도 경찰이 된다면 어려운 상황이 다가와도 좌절하지 않고 노력을 통해 극복할 수 있는 경찰이 되겠습니다.

A.

저는 김구 선생님을 존경합니다. 임시정부 초대 경무국장으로서 임시정부를 지키셨으며, 한인애국단 활동을 통해 실질적 리더로 활약하시고, 한국광복군을 창설하시는 등 대한민국 설립에 아낌없는 희생정신과 봉사정신을 바탕으로 최고의 독립운동가로 인정받고 있기 때문입니다. 김구 선생님의 봉사정신을 본받아 국민들을 향한 적극적인 서비스를 행하고 싶습니다.

A.

저는 정종수 경사님을 존경합니다. 종로 경찰서 자하문 고개에서 거동수상자(공비)를 최초로 발견하여 그들의 진군을 막는 공로를 통해 경찰관으로서 최선의 임무를 다한 모습을 보며 뛰어난 희생정신을 배워야 한다고 생각합니다. 사소한 것이라도 지나치지 않으며, 원칙에 입각하여 절차대로 임무수행을 하는 모습도 크게 배울 점이라고 생각합니다.

┌─ 답변 가이드 ●─────────────────────────────────

사실 존경하는 인물이라고 하면 평소에 생각을 해둔 사람이 아니면 떠올리기가 쉽지는 않습니다. 그래서 대부분은 부모님 등 가족을 떠올리기 마련입니다. 하지만 면접에서 존경하는 인물이 부모님인 것은 식상할 수 있기 때문에 다른 인물을 찾아보는 연습이 필요합니다. 부모님, 정치인 등을 제외하고 존경하는 인물의 이름과 왜 그 사람을 존경하는지 답변하면 됩니다.

| 연계질문 |

• 존경하는 인물에 대해서 더 설명해보세요.
• 존경하는 인물과 대화를 해본다면 어떤 이야기를 하고 싶나요?

나만의 답변 구성하기

_____

_____

_____

_____

_____

_____

_____

질문 **Q. 주량은 어떻게 되나요?**

| 답변예시 |

A.
저의 주량은 소주 반병입니다. 술을 자주 마시는 편은 아니지만, 회식 자리나 술자리는 빠지지 않습니다. 왜냐하면 사람들과 어울리는 것을 좋아하기 때문입니다.

A.
저의 주량은 소주 2병입니다. 자주 마시지는 않지만 필요한 자리에서는 꼭 마십니다. 지금까지 실수한 적은 없으며 마지막까지 남아서 모두 챙기고 귀가를 시킵니다.

· 답변 가이드 ·

특별한 요령이 있는 것이 아니라 실제로 자신의 주량을 말하면 됩니다. 주량에 상관없이 경찰로서의 이미지에 해가 되는 행동을 하지 않는다는 점, 업무에 영향을 주지 않는다는 뜻을 표현하셔도 좋습니다. 반대로 주량이 적으면 그 외의 부분에서도 분위기를 잘 맞출 수 있다는 말을 하셔도 좋습니다.

| 연계질문 |

• 회식자리에서 음주를 어떻게 생각하나요?
• 상사가 3일마다 회식을 하자고 한다면 어떻게 할 건가요?

나만의 답변 구성하기

질문 **Q. 마지막으로 하고 싶은 말이 있다면 해보세요.**

| 답변예시 |

A.
저는 영웅이 되고 싶습니다. 사회적으로 추앙받는 영웅이 아니라 도움이 필요한 사람들에게 영웅이 되고자 합니다. 정의가 사라진 곳에서 정의를 외치고, 부당한 대우를 받는 사람들의 편에 서서 그들을 도와주고 싶습니다. 뽑아주신다면 현재 이 마음으로 초심을 잃지 않는 경찰이 되도록 하겠습니다. 감사합니다.

A.
우리의 일상이 얼마나 소중한 것인지 깨닫게 되는 요즘입니다. 과학수사관도 현장의 증거로 범죄를 재구성하여 국민의 안전과 국가의 치안을 지켜 정의로운 일상을 지키는 직업이라고 생각합니다. 제 이름의 뜻처럼 과학수사 분야에 지혜를 퍼트리고, 정의로운 일상을 지킬 수 있도록 꼭 과학수사관이 되고 싶습니다. 감사합니다.

A.

저는 '열정은 가장 강력한 무기이다.'라는 말을 좋아합니다. 열정은 제가 가지고 있다고 가장 자신 있게 말할 수 있으며 이 자리에 오기까지 저를 지탱해 준 단어이기 때문입니다. 101단의 구성원이 되어 이 열정을 국가와 국민을 위해 바치겠습니다. 감사합니다.

A.

지난 4년이라는 수험기간 동안 많이 힘들었습니다. 특히 최종 불합격을 했던 순간은 더욱 힘들었습니다. 그때마다 저를 매번 다잡아주었던 문구가 있습니다. 그것은 '바다는 비에 젖지 않는다.'입니다. 제가 힘들었던 순간마다 초심을 잃지 않도록 도와주었습니다. 경찰이 되어서도 어떤 시련이 와도 꿋꿋이 이겨내는 열정적인 경찰관이 되겠습니다. 경청해주셔서 감사합니다.

┌─ 답변 가이드 ─

개별면접에서 면접 마지막에 많이 물어보는 질문입니다. 제대로 답을 못했던 자신의 의견을 다시 전달해보라는 의미일 수도 있지만, 면접관에게 합격해야 하는 이유를 어필해보라는 기회일 수도 있습니다. 자신의 간절함을 담아 입직 후 어떤 마음으로 경찰생활을 해나갈지 잘 답변하시기 바랍니다.

| 연계질문 |

• 마지막으로 본인을 뽑아야 하는 이유를 설득력 있게 말해보세요.
• 마지막으로 못했던 말이 있으면 해보세요.

나만의 답변 구성하기

질문 **Q. 경찰의 부정적인 사례와 해결방안에 대해서 말해보세요.**

| 답변예시 |

A.

12만 경찰관 모두 다 좋은 경찰이라고 생각합니다. 하지만 최근에 뉴스에서 음주운전을 한 경찰을 볼 때 많은 안타까움을 느꼈습니다. 누구보다 준법정신이 투철해야하고 시민의 안전을 지켜야 할 사람이 경찰입니다. 또한 음주운전은 본인뿐만 아니라 피해자 및 피해자의 가족의 생명까지 빼앗아 가는 일이라고 생각합니다. 따라서 경찰 스스로 더욱 준법정신을 갖추기 위해 노력해야 하며, 조직차원에서 교육과 엄격한 처벌이 필요하다고 생각합니다.

A.

2019년 당진식당 칼부림 사건에서 경찰의 안일한 대응을 TV프로그램을 통해 본 적이 있습니다. 칼부림 상황에서도 뒷짐을 지고 가게 밖에서 멀뚱멀뚱 방관하던 모습은 경찰관의 신분을 잊은 너무나 아쉬운 대처였다고 생각합니다. 저는 이러한 상황을 해결하기 위해 상황대처능력을 키울 수 있는 다양한 시뮬레이션 교육이 필요하다고 생각합니다. 실제 범죄자를 직면했을 때, 어떻게 대처해야 하는지 정확한 매뉴얼과 반복훈련을 한다면 어떤 경찰도 국민의 생명과 신체를 보호하는 데 주저하는 일은 없을 것이라고 생각합니다.

A.

경찰이 법집행 시 피소되는 경우가 많아 적극행정을 하는데 어려움이 있다는 뉴스를 본 적이 있습니다. 저는 공권력이 바로잡혀야 시민의 안전과 생명도 지킬 수 있다고 생각합니다. 따라서 바디캠을 보급하여 경찰관들의 업무에 정당성을 보장하고, 공무집행방해죄 처벌을 강화하여 경각심을 심어줘야 한다고 생각합니다.

┌─ 답변 가이드 ─

경찰은 준법정신이 매우 요구되는 직업이다 보니 경찰개인의 일탈은 곧 경찰 조직의 문제로 비난받는 경우가 많습니다. 따라서 신입경찰로서 뉴스를 통해 본 경찰의 부정적인 사례나 경찰이 더 발전하기 위해 필요한 요소를 말하고 이를 해결하기 위한 노력에 대해 객관적인 시선에서 답변하시기 바랍니다.

| 연계질문 |

• 평소 시민으로서 경찰에 대해 어떤 이미지를 가지고 있었나요?
• 본인이 생각하는 좋은 경찰과 나쁜 경찰에 대해 말해보세요.
• 경찰이 범죄를 저지르는 이유는 무엇이라고 생각하나요?
• 경찰 부패에 대해서 말해보세요.
• 경찰관의 범죄에 대한 생각을 말해보세요.
• 본인이 경찰청장이라면 하고 싶은 것을 말해보세요.

나만의 답변 구성하기

질문 **Q. 동료와 갈등이 발생한다면 어떻게 할 건가요?**

| 답변예시 |

A.
저는 동료와 갈등이 발생한다면 우선 대화를 해보겠습니다. 대화를 통해 갈등의 원인을 파악하여 서로가 원만하게 해결할 수 있도록 노력하겠습니다. 그럼에도 갈등이 해소되지 않는다면 주변 동료나 상사에게 조언을 구해서 해결하도록 하겠습니다.

A.
저는 우선 갈등의 원인이 저에게 있는지 저를 돌아보겠습니다. 저에게 문제가 있거나 오해의 소지가 있다면, 동료에게 먼저 다가가 저의 잘못을 인정하고 사과할 것입니다. 또한 저의 생각도 솔직하게 표현하여 서로간의 오해를 허심탄회하게 풀어나가도록 하겠습니다.

┌─ 답변 가이드 ·
  경찰은 팀워크가 중요한 조직인 만큼 동료나 상사와 갈등이 발생했을 때, 현명하게 대처하는 것이 매우 중요합니다. 따라서 제시된 상황에 어떻게 대처할 것인지 우선순위를 정해서 답변해보시기 바랍니다. 다만 상황질문에서는 본인의 경험을 덧붙이면 답변이 길어질 수 있습니다. 이는 되도록이면 추후 꼬리질문에서 어필하시기 바랍니다.

| 연계질문 |

• 상사와 갈등이 발생한다면 어떻게 할 건가요?
• 싫어하는 유형의 사람과 같이 일하게 된다면 어떻게 할 건가요?
• 동료가 자꾸 일을 떠넘긴다면 어떻게 할 건가요?
• 상사가 자꾸 나에게 힘든 일을 시키면 어떻게 할 건가요?
• 상사가 말이 잘 통하지 않는 사람이라면 어떻게 할 건가요?
• 조직 내에서 갈등이 발생하면 어떻게 할 건가요?

나만의 답변 구성하기

질문 **Q. 경찰관이 되면 가정생활과 양립하기 어려울 텐데 어떻게 할 건가요?**

| 답변예시 |

A.

저는 괜찮습니다. 저는 제 개인의 이익을 위함이 아니라 국민에게 봉사하고자 하는 사명감을 가지고 지원했습니다. 또한 업무에서 얻는 만족감이 삶의 만족감으로 이어진다고 생각합니다. 따라서 업무를 우선하며 최선을 다하고 일과 시간 이후에 여가생활이나 자기계발을 통해 보완해나가도록 하겠습니다.

A.

경찰에 도전할 때부터 이 부분은 어느 정도 각오가 되어 있습니다. 또한 배우자와도 충분히 이야기를 했고, 배우자도 제가 얼마나 경찰을 하고 싶어 하는지 잘 알고 있기 때문에 서로 배려하며 어려움을 이겨나갈 것입니다.

┌ 답변 가이드 ●

경찰은 교대근무를 하고 신속한 출동을 해야 하는 조직인 만큼 일과 삶의 균형을 맞추는 데 어려움이 있을 수 있습니다. 하지만 최근 MZ세대의 경우 개인의 삶을 중요시 여기는 경우가 많고, 결혼을 한 수험생이라면 일과 가정의 양립이 매우 중요할 수 있습니다. 따라서 면접관의 입장에서는 조직에 잘 적응해서 오랫동안 근무할 수험생을 뽑고 싶기에 물어볼 수 있는 질문입니다. 경찰에 사명감에 맞춰 현명하게 답변하시기 바랍니다.

| 연계질문 |

• 경찰업무를 이성친구 또는 배우자가 반대하면 어떻게 할 건가요?
• 중요한 업무 도중 가족이 다쳤다는 연락을 받게 되면 어떻게 할 건가요?

나만의 답변 구성하기

질문 **Q. 업무할 때 실패를 할 경우 어떻게 극복할 건가요?**

| 답변예시 |

A.
저는 업무를 할 때 최선을 다하기에 매우 속상할 것 같습니다. 하지만 다시는 이런 일이 일어나서는 안 되기 때문에 업무 실패를 한 이유가 무엇인지 되돌아보겠습니다. 그 이유를 찾아서 이런 일이 반복되지 않도록 반성하여 극복하겠습니다.

┌─ 답변 가이드 ─

좌절, 실패 등의 질문에서 포인트는 자신이 얼마나 그 상황에서 반성 및 성찰을 하는지 입니다. 그래서 이런 일이 또 일어나지 않게 다시 되돌아보고, 반성 후에 극복하겠다는 의지를 답변하시기 바랍니다.

| 연계질문 |

- 어렵게 만든 성과가 수포로 돌아가면 어떻게 할 건가요?
- 본인의 실수로 인해서 작전이 실패한다면 어떻게 할 건가요?

나만의 답변 구성하기

Q. 상사가 부당한 지시를 내린다면 어떻게 할 건가요?

| 답변예시 |

A.

저는 먼저 지시내용을 듣고 판단하겠습니다. 만약 법적으로 문제가 되지 않는다면 지시를 따르겠습니다. 왜냐하면 상사는 저보다 경험이 훨씬 많으시기 때문에 지시를 내리는 데는 이유가 있다고 생각합니다. 하지만 법적으로 문제가 되는 지시라면 정중히 거절하겠습니다.

A.

저는 아직 초임 순경이기 때문에 제가 잘못 알고 있는 경우가 많을 것이라 생각합니다. 불법한 명령이 아니라면 따르도록 하겠습니다.

┌─ 답변 가이드 ·

가장 많이 묻는 상황형 질문 중 하나입니다. 여러 가지 부당한 상황들이 있겠지만, 부당한 지시는 크게 보면 불법적인 지시와 그 외의 지시로 생각해볼 수 있습니다. 각각의 상황에 따라 지원자가 어떻게 행동할지를 이야기해주시면 됩니다. 불법적인 지시 외에는 상사의 지시는 따르는 답변을 하는 것이 좋고, 어떠한 상사라도 신입경찰관보다 경험이 많다는 것을 생각해 두어야 합니다.

| 연계질문 |

• 상사의 나이가 나보다 어리다면 어떻게 할 건가요?
• 업무 중 불성실한 상사에 대해 어떻게 대처할 것인가요?
• 상황근무 중 상사가 졸고 있습니다. 어떻게 할 건가요?
• 순찰차에서 상사가 무전을 안 받고 자고 있다면 어떻게 할 건가요?
• 상사가 부당하게 혼자 성과를 독차지하면 어떻게 할 건가요?

- 상사가 위법한 행동을 했을 때 어떻게 할 건가요?
- 상사가 밥을 같이 먹고 계산을 안 하고 갑니다. 어떻게 할 건가요?

나만의 답변 구성하기

| 질문 | Q. 경찰로서 일할 때 힘들 것 같은 업무는 무엇인가요? |

| 답변예시 |

A.

힘들 것 같은 업무는 없습니다. 신입경찰관으로서 맡은 일에 최선을 다하겠습니다. 하지만 혹시라도 업무를 하는 도중 힘든 상황이 있다면 잘 극복하도록 하겠습니다.

A.

저는 교대 근무가 힘들 것이라 생각합니다. 교대 근무시에는 체력이 가장 우선시 되어야 하기에 항상 운동을 꾸준히 하면서 체력을 기르도록 하겠습니다.

답변 가이드

실제로 합격생이 이 질문을 받았을 때 난감하였다고 합니다. 혹시나 잘못 말해서 면접관이 눈살을 찌푸릴까 두려웠다고 하지만 힘든 상황에서 자신만의 극복방법을 잘 답변하여 합격을 할 수 있었습니다. 어떤 직군이든 힘들지 않은 업무는 없습니다. 그렇기 때문에 예상되는 어려운 점을 대답하되, 어떻게 극복할 것인지를 답변하면 됩니다. 하지만 민원응대, 업무 과중과 같은 문제보다는 다른 점을 이야기하는 것이 좋고, 신입경찰관으로서 어떤 업무든 잘 할 수 있다는 의지를 보여주는 것도 좋습니다.

| 연계질문 |

- 자신만의 스트레스 해소법은 무엇인가요?
- 상사가 야간근무를 매일 시켜서 힘든 상황입니다. 어떻게 대처할 건가요?
- 근무를 할 때 걱정되는 점은 무엇인가요?

나만의 답변 구성하기

질문 **Q. 좋은 경찰과 안 좋은 경찰은 어떤 경찰인가요?**

| 답변예시 |

A.

저는 자신의 일에 최선을 다하는 경찰관이 좋은 경찰이라고 생각합니다. 중학생 시절 PC방에 핸드폰을 놓고 나온 적이 있습니다. 이때 금전을 요구하며 핸드폰을 가져간 사람이 있었습니다. 저는 파출소를 찾아가 상황설명 후에 도움을 요청하였습니다. 당시 담당 경찰관이 제 핸드폰을 가져간 사람과 만나기로 한 곳에 동행해 주셨습니다. 이후 발생할 수 있는 상황에 대비하여 저를 차에 대기하게 하시고 핸드폰을 찾아주셨습니다. 저는 매우 감사했던 기억이 있습니다.

A.

저는 모든 경찰관이 국민의 안전을 위해 밤낮없이 일하시고 있다고 생각합니다. 다만 뉴스 기사에서 위험한 상황에서 시민의 안전보다 자신의 안전을 더 걱정하는 경찰을 본 적이 있습니다. 경찰은 시민의 안전을 지켜야 하는 의무가 있다고 생각합니다. 자신도 중요하지만 경찰이라면 위험 속에서 시민의 안전을 먼저 지켜야 한다고 생각합니다.

┌─ 답변 가이드 ─

자신이 생각하는 좋은 경찰과 안 좋은 경찰의 상을 답변하면 됩니다. 또한 실제 자신이 겪었던 사례를 작성해도 좋고, 언론이나 미디어를 통해서 본 사례를 쓰셔도 좋습니다. 안 좋은 경찰의 경우에는 경찰이 앞으로 개선해야 할 점도 덧붙이면 좋겠습니다.

| 연계질문 |

• 좋은 경찰의 실제 사례를 이야기해보세요.

• 경찰의 좋지 못한 모습은 무엇이고, 해결방안으로 무엇이 있나요?

• 언론에서 보여지는 경찰의 문제점은 무엇이라고 하나요?

나만의 답변 구성하기

질문 **Q. 경찰이 하는 일의 장점과 단점에 대해 말해보세요.**

| 답변예시 |

A.
경찰의 장점은 시민들을 위해 봉사하며 보람을 느낄 수 있다는 점입니다. 하지만 경찰 한 명이 담당해야 하는 시민의 수가 매우 많다는 것이 단점입니다. 더 다양한 채용기회를 통해서 인원보충을 하는 것도 하나의 방법이라 생각합니다.

A.
경찰의 장점은 국가와 국민을 위해서 일을 할 수 있다는 점입니다. 하지만 교대근무를 하는 것이 단점이라 생각합니다. 체력적으로 힘들 수는 있겠지만, 저는 평소에 운동을 통해 체력을 보강하고 있기 때문에 문제가 없을 것이라고 확신합니다.

┌─ 답변 가이드 ─
│ 경찰의 장점은 매우 많습니다. 자신이 생각하는 장점을 아낌없이 말해주시면 됩니다. 반면에 단점 부분은 어떤 말을 해야 할지 고민이 많이 있을 것이라고 생각합니다. 단점을 말하되, 개선해야 할 점을 같이 전달하는 것이 좋습니다.
└

| 연계질문 |

• 경찰업무의 단점은 무엇인가요?

• 단점을 극복할 수 있는 다른 방법은 무엇이 있나요?

나만의 답변 구성하기

질문 **Q. 경찰이 되면 조직에 잘 적응할 수 있나요?**

| 답변예시 |

A.
네. 잘 적응할 수 있습니다. 저는 평소 아르바이트를 통해 다양한 조직을 경험해 보았습니다. 당시 조직에서 윤활유의 역할을 한다는 평을 들었습니다. 앞으로 입직을 해서도 빠르게 적응하고 어려운 부분이 있다면 선배님들에게 조언을 구해서 노력하도록 하겠습니다.

┌─ 답변 가이드 ─
적응을 못하겠다는 이야기를 할 지원자는 없다고 생각합니다. 여기서는 면접관들은 어떻게 실질적으로 잘 적응해 나갈 것인지를 알고 싶어 하기 때문에 자신만의 적응 방법을 말하며, 입직 후 포부를 함께 답변하면 됩니다.

| 연계질문 |

• 자신만의 적응 방법은 무엇인가요?
• 다른 사람들이 꺼려하는 상사가 있습니다. 어떻게 친해질 건가요?

> **나만의 답변 구성하기**

질문 | **Q. 경찰에 대한 국민의 불만은 무엇이 있을 것 같나요?**

| 답변예시 |

A.

최근 언론에서 비춰지는 일부 비리 경찰의 행동으로 불만이 쌓인다고 생각합니다. 왜냐하면 청렴을 지켜야 할 공직자로서 위배된 행동을 하였기 때문입니다. 이러한 경우는 실제로 0.01%밖에 차지하지 않는 것으로 알고 있습니다. 하지만 경찰은 국민의 신뢰도가 높은 기관인 만큼 많이 부각되어서 나타난다고 생각합니다. 이러한 일이 발생하지 않도록 동료평가 방식으로 미리 불안한 요소를 제거하는 것도 하나의 방법이라 생각합니다.

┌─ 답변 가이드 ─

여러분들이 국민의 입장에서 경찰관을 보았을 때 떠오르는 아쉬운 점들이 있을 것이라 생각합니다. 그러한 점을 말씀하시되, 항상 아쉽거나 부족한 부분은 개선해야 할 점을 같이 이야기해주시는 것을 잊지 마시기 바랍니다.

| 연계질문 |

• 비리 경찰에 대한 해결방안을 이야기해보세요.
• 경찰에 대한 국민들의 신뢰도는 어느 정도인 것 같나요?

나만의 답변 구성하기

질문 **Q. 경찰에 대한 언론 보도를 찾아보나요?**

| 답변예시 |

A.

저는 매일 경찰 관련 기사를 접하였습니다. 경찰의 역할과 잘하고 있는 점 등을 보며, 저 또한 이러한 경찰이 되어야겠다고 다짐하였습니다. 하지만 일부 좋지 못한 경찰관의 모습을 기사에서 접하여 아쉬웠습니다. 시민들이 신뢰도를 요구하는 기관인 만큼 모두가 공정하고 청렴한 모습을 유지할 수 있도록 하였으면 합니다.

┌ 답변 가이드 ┐

얼마나 경찰과 관련된 이슈를 찾아보고 지식을 가지고 있는지 알아보는 질문입니다. 이는 곧 예비 경찰관으로서 관심도를 확인할 수도 있는 부분입니다. 따라서 경찰의 좋은 점, 아쉬운 점들을 두루두루 익히고 기억해두고 있는 것이 좋습니다.

| 연계질문 |

• 언론에서 비춰지는 경찰의 이미지는 어떤가요?
• 어떤 매체를 통해서 찾아보나요?

나만의 답변 구성하기

질문 **Q. 악성민원, 주취자 등 대민 업무에 있어서 경찰의 어떤 마인드와 전문성이 필요하다고 생각하나요?**

| 답변예시 |

A.

저는 모두가 경찰이 보호해야 하는 시민이기 때문에 항상 보호하자는 마인드로 대화를 통해서 해결하도록 하겠습니다. 또한 혹시 모를 상황에 대비하여 법적인 지식이 있어야 한다고 생각합니다. 법 조항을 꼼꼼히 확인하여서 상황이 악화되지 않도록 미리 경각심을 가지도록 하겠습니다.

┌ • 답변 가이드 • ─────────────

악성민원, 주취자 등과 마주하는 상황은 힘들겠지만 경찰관이라면 도와줄 임무가 있습니다. 하지만 실질적으로 대민 업무는 쉽지 않기 때문에 어떤 마음으로 임할 것인지 질문하는 것입니다. 어떻게 대응할지와 상황이 악화되었을 경우 등 여러 가지 방안에 대해 생각을 해두어야 합니다.

| 연계질문 |

• 주취자를 만나면 어떻게 할 건가요?
• 주취자가 지구대에서 난동을 부린다면 어떻게 할 건가요?
• 여성 주취자를 상대하게 되면 어떻게 할 건가요?

나만의 답변 구성하기

질문 Q. 경찰이 스트레스를 많이 받는 이유는 뭐라고 생각하나요?

| 답변예시 |

A.

저는 사건 해결에 최선을 다하겠지만, 피해자에게 도움을 충분히 주지 못하였을 때의 죄책감이 스트레스로 올 것이라고 생각합니다. 그러한 경우 스스로 되돌아보고 앞으로 똑같은 일이 일어나지 않도록 더욱더 최선을 다해서 업무에 임하도록 하겠습니다.

┌─ 답변 가이드 ─

경찰 업무를 하는 도중에 올 수 있는 스트레스는 여러 가지가 있을 것입니다. 악성민원을 상대하는 난처함과 업무에 대한 피로감, 피해자에게 도움을 충분히 못 주었을 때의 죄책감 등에서 오는 스트레스 등이 그 예입니다. 이러한 점에서 자신은 어떻게 극복해 나갈 것인지 이야기해주시면 됩니다.

| 연계질문 |

• 본인이 민원인에게 욕을 들었다면 어떻게 할 건가요?
• 스트레스와 피로감으로 근무에 지장을 준다면 어떻게 할 건가요?

나만의 답변 구성하기

Q. 최근 경찰관에게 욕을 하는 사람들을 모욕죄로 처리한 사례들에 대해서 어떻게 생각하나요?

| 답변예시 |

A.

실제 「형법」 판례를 본 적이 있습니다. 저는 과도한 선을 넘었을 경우 모욕죄로 처벌하는 것이 맞다고 생각합니다. 하지만 민원인의 경우에는 화가 나셨을 수도 있기 때문에 대화를 통해서 해결하거나 일정한 계도 조치가 필요하다고 생각합니다.

┌ 답변 가이드 ┐

경찰관에게 욕설이나 폭행을 하는 등 위협을 가했을 때는 그 정도가 심하다면 처벌을 하는 것이 맞지만, 국민을 응대하는 경찰관으로서는 대화 또는 다른 방법으로 해결할 수 있는 것도 중요합니다. 엄중한 법집행도 있어야 하지만 친절한 서비스를 제공하는 경찰의 모습도 필요하기 때문입니다.

| 연계질문 |

- 신고를 받고 현장을 갔는데, 시민이 늦게 왔다고 욕을 한다면 어떻게 할 건가요?
- 모욕죄에 대해서 말해보세요.

나만의 답변 구성하기

질문 Q. 상사가 교통위반을 하였습니다. 어떻게 할 건가요?

| 답변예시 |

A.
저의 상사께서는 법을 위반하실 분은 아니라고 생각합니다. 하지만 만약 교통위반을 하셨다면, 절차대로 진행하겠습니다. 경찰관 또한 우리나라 국민이고 법을 지켜야 하는 사람이기 때문입니다.

● 답변 가이드 ●

경찰관은 공무원으로서 법을 지키고 모범을 보여야 하는 사람입니다. 자신의 상사가 위반된 행동을 하였다면 솔직한 심적으로는 난감하겠지만 면접관들은 이러한 심리를 바탕으로 자신의 기준을 잘 지킬 수 있는 사람인지를 판단합니다. 따라서 법에 위반된 행동을 하였다면 정해진 절차대로 행동하는 것이 중요합니다.

| 연계질문 |

• 경찰청장님이 음주위반 단속에 걸린다면 어떻게 할 건가요?
• 단속에 걸린 상사가 한 번만 봐달라고 한다면 어떻게 할 건가요?

나만의 답변 구성하기

질문   Q. 아버지께서 음주운전 단속에 걸렸습니다. 본인만 눈감으면 아무도 모른다면, 어떻게 할 것인가요?

| 답변예시 |

A.

저는 절차대로 행동하겠습니다. 왜냐하면 경찰은 법을 준수해야 하는 공무원이기 때문입니다. 한번 눈을 감게 된다면 이런 일이 계속 반복될 가능성이 높아질 수도 있습니다.

┌ 답변 가이드 ─────────────────────────────

면접관에게 들었을 때 난감한 질문들 중 하나입니다. 양심과 관련된 문제이지만 항상 법을 지켜야 하는 경찰관으로서의 신분과 기준으로 답변하시는 것이 좋습니다.

| 연계질문 |

• 새벽에 신호위반을 한 차량을 발견하였는데 운전자가 친한 친구입니다. 어떻게 할 건가요?

• 퇴근하고 집에 왔는데 방에서 아버지가 마약을 한 것을 발견했다면 어떻게 할 건가요?

나만의 답변 구성하기

질문   Q. 할머니가 길을 찾아 달라고 하는데, 뒤에서 오토바이가 신호위반을 하는 것을 보았습니다.
어떻게 할 건가요?

| 답변예시 |

A.
우선 저는 할머니의 길 안내를 도와드리겠습니다. 또한 동료와 함께 팀으로 이동하기 때문에 동료에게 도움을 요청하여 신호위반 단속을 하겠습니다.

┌─ 답변 가이드 ─
할머니의 길을 안내해주는 서비스적인 부분과 오토바이의 신호 단속을 하는 부분은 모두 중요합니다. 혼자 모든 일을 동시에 해결할 수 없지만, 현장에 나갔다는 것은 다른 동료와 함께 있다는 뜻이기 때문에 동료에게 도움을 요청하여 해결할 수 있습니다. 동료와 함께 협동하는 상황에 대해서도 생각해 두어야 합니다.

| 연계질문 |

• 동료가 신호위반 차량을 무리하게 쫓으면 어떻게 할 건가요?
• 동료가 연락을 받지 않으면 어떻게 할 건가요?

나만의 답변 구성하기

질문 **Q. 강아지를 잃어버렸다는 신고가 들어왔다면 어떻게 할 건가요?**

| 답변예시 |

A.
저는 신고하신 분이 많이 흥분하신 상태일거라고 생각합니다. 그래서 그분이 진정하실 수 있도록 기다리겠습니다. 이후에 상황에 대하여 정확하게 들은 이후에 관련 기관을 연결하는 등의 행동을 통해 강아지를 찾을 수 있도록 최선을 다해 도와드리겠습니다.

┌ 답변 가이드 ●
민원이 들어온 상황입니다. 경찰은 민원을 해결해주는 역할도 수행하기 때문에 민원인의 이야기를 듣고 공감을 하여 해결할 수 있는 부분인지 판단하고, 만약 해결할 수 없는 범위라면 관련 기관을 연결해주거나 매뉴얼대로 행동하겠다는 말로 풀어가시면 좋습니다.

| 연계질문 |

• 불법체류자 신고가 들어왔다면 어떻게 할 건가요?
• 경찰이 해결할 수 없는 민원이 들어오면 어떻게 할 건가요?

나만의 답변 구성하기

질문 **Q. 패싸움이 벌어지는 현장에서 한 시민이 경찰인 나에게 밀면서 가라고 한다면, 어떻게 할 건가요?**

| 답변예시 |

A.
먼저 지원요청과 증거자료를 확보하여 신중하게 대처하겠습니다. 만약 위협만 하는 상황이라면 동영상 등을 통해 증거확보를 하고 상황을 주시하겠습니다. 하지만 위급한 상황이라면 신분을 밝히고 위급한 사람을 구하도록 하겠습니다.

┌─ 답변 가이드 ·
패싸움이라는 단어를 듣게 되면 무조건 제지를 해야 하는 것인가 아닌가에 고민이 생길 수 있을 것입니다. 하지만 위급한 정도에 따라 행동해주시는 것이 필요합니다. 또한 동료에게 빠르게 연락하고, 현장에서 자신의 역할을 완수하도록 사명감에 대한 이야기를 해도 좋습니다.

| 연계질문 |

• 비번인데 골목에서 사람들이 싸우는 것을 보았다면 어떻게 할 건가요?
• 상대방이 흉기를 들고 있다면 어떻게 할 건가요?

나만의 답변 구성하기

질문 **Q. 절도신고를 받고 출동했는데 점주는 강력한 처벌을 원하는 상황입니다. 하지만 피해액이 10만 원이라면 어떻게 할 건가요?**

| 답변예시 |

A.
저는 우선 점주의 화가 가라앉을 때까지 기다리겠습니다. 그 마음을 충분히 공감해 드리고, 절도범을 찾도록 하겠습니다. 이후에는 금액에 따라서 절차를 진행하고 원만하게 갈등을 중재하도록 하겠습니다.

┌─ 답변 가이드 ·
피해액에 따라 규정대로 행동하는 것이 필요합니다. 점주는 피해액과 관계없이 강력한 처벌을 원하는 상황이기 때문에 우선 화를 가라앉히고, 정해진 규정과 친절한 대응으로 원만하게 갈등을 중재할 수 있도록 답변을 하는 것이 좋습니다.

| 연계질문 |

• 14세 미만 소년이 자전거를 훔쳤는데, 자전거 주인이 강력한 처벌을 원한다면 어떻게 할 건가요?
• 범죄 피해액이 몇 천만 원을 넘어간다면 어떻게 할 건가요?

나만의 답변 구성하기

Q. 지인이 다른 사람의 개인정보를 알려달라고 부탁하면 어떻게 할 건가요?

| 답변예시 |

A.
저는 정중히 거절하겠습니다. 아무리 지인이더라도 개인정보를 알려주는 것은 위법이기 때문입니다. 지인에게 위법이라는 점을 잘 설명해 준다면 충분히 이해해 줄 것이라 생각합니다.

┌─ 답변 가이드 ─┐

개인정보를 알려주는 것은 정보를 유출하는 행위와 동일합니다. 따라서 경찰관으로서 더욱 신경을 써야 하는 부분입니다. 개인정보와 관련된 정보는 알려줄 수 없음을 확실하고, 단호하게 대답하시면 됩니다.

| 연계질문 |

• 지인이 체포된 후 자신의 사건을 잘 봐달라고 부탁한다면 어떻게 할 건가요?
• 지인의 부정청탁을 목격한다면 했다면 어떻게 할 건가요?

나만의 답변 구성하기

질문 **Q. 본인이 팀장인데 팀원 개인의 능력은 뛰어납니다. 그런데 팀원들 간의 마찰이 심한 경우라면 어떻게 할 것인지 구체적인 방안을 말해보세요.**

| 답변예시 |

A.
우선 그 팀원들과 대화의 자리를 마련하겠습니다. 어떤 점 때문에 마찰이 일어나고, 불만이 있는지 들어보겠습니다. 이후에 그 점을 해결하도록 하겠습니다. 또한 팀원들의 개인 능력이 뛰어나기 때문에 제가 배울 점은 배우도록 하겠습니다.

┌─ 답변 가이드 ─
팀장은 리더로서 팀원들을 이끌어 갈 수 있어야 합니다. 또한 팀원들의 분위기를 잘 형성해서 좋은 팀을 만드는 것도 중요한 역할입니다. 하지만 업무 상황에서 팀원들 간의 갈등은 언제나 생길 수 있을 수 있습니다. 다른 비슷한 상황에서도 문제를 해결할 수 있도록 여러 가지 방법을 미리 생각해보는 것도 중요합니다.

| 연계질문 |

• 부서 간의 갈등이 생긴다면 어떻게 할 건가요?
• 대화를 통해서도 문제가 해결되지 않는다면 어떻게 할 건가요?

나만의 답변 구성하기

질문 **Q. 경찰차량을 운전 중인데 유치원생들이 반갑게 인사를 합니다. 어떻게 할 건가요?**

| 답변예시 |

A.
저는 운전에 집중을 하도록 하겠습니다. 전방주시를 놓치면 사고로 이어질 수 있기 때문입니다. 하지만 제 옆에는 동료가 있을 것입니다. 동료에게 부탁하여 아이들에게 손을 흔들어 인사하도록 하겠습니다.

┌ 답변 가이드 ┐

경찰 업무를 수행하고 있지만 친절한 경찰의 모습도 보여줄 필요가 있다고 생각됩니다. 하지만 운전 중이기 때문에 전방주시가 가장 우선이 되어야 합니다. 어떻게 해야 할지 고민이 될 테지만, 혼자 있는 상황이 아니라는 것을 가정하고 동료에게 인사를 해달라고 부탁하여 친절한 모습을 보여주도록 하는 것이 좋습니다.

| 연계질문 |

• 경찰차량에 낙서를 하는 아이를 발견하면 어떻게 할 건가요?
• 경찰차량을 운전하던 중 사고가 발생했다면 어떻게 할 건가요?

나만의 답변 구성하기

| 질문 | **Q. 지구대 근무시 민원인이 고맙다며 음료수를 건네준다면 어떻게 할 건가요?** |

| 답변예시 |

A.
저는 마음만 받겠다고 하고 정중히 거절하겠습니다. 왜냐하면 아무리 작은 것이어도 다른 사람에게는 오해의 소지가 있을 수 있기 때문입니다.

A.
저는 정중히 거절하겠습니다. 왜냐하면 처음에는 작은 선물이었지만, 이는 곧 점점 더 큰 욕심으로도 이어질 수 있기 때문입니다.

┌ 답변 가이드 ·

지구대, 파출소 등 근무상황에서 가끔씩 고맙다며 음료수를 주시는 사람이 있을 수 있습니다. 하지만 다른 사람들이 보았을 때에는 오해의 소지가 될 수 있기 때문에 정중하게 거절하는 모습이 필요합니다.

| 연계질문 |

• 민원인이 고맙다며 음료수를 그냥 놓고 간다면 어떻게 할 건가요?
• 민원인이 수고비라며 돈을 쥐어준다면 어떻게 할 건가요?

나만의 답변 구성하기

질문 **Q. 횡단보도에서 유모차를 밀고 가던 일가족이 차에 치이는 안타까운 사고가 있었습니다. 피해자 가족을 어떻게 위로할 것인가요?**

| 답변예시 |

A.
저는 피해자 가족에게 충분히 공감하고 위로해 드리겠습니다. 또한 피해자 가족에게 심리적인 어려움이 있다면 상담전문가 연계를 통해 극복할 수 있도록 도와드리고, 할 수 있는 선에서 최선을 다해서 힘을 드리겠습니다.

┌ 답변 가이드 ┐

매우 안타까운 상황에서 공감하고 피해자의 마음을 위로해 드리는 것은 필요하지만 이때 경찰로서 어떻게 해야 실질적인 도움을 줄 수 있을지도 생각해보아야 합니다. 관련 기관을 통해 지원을 받을 수 있도록 연계해주고, 깊은 공감과 위로의 말도 함께 전달하도록 합니다.

| 연계질문 |

• 피해자 가족이 감정적으로 난동을 부린다면 어떻게 할 건가요?
• 경찰이 할 수 없는 부분도 도와줄 건가요?

나만의 답변 구성하기

질문　Q. 여성 성범죄 피해자를 발견했다면 어떻게 할 건가요?

| 답변예시 |

A.
저는 우선 상황을 파악하겠습니다. 또한 피해자의 신변 보호를 하고, 가해자의 인상착의를 파악하여 동료에게 지원을 요청하겠습니다. 그 이후에는 피해자의 의견을 듣고 관련 센터로 연계시켜 보호조치를 하도록 하겠습니다.

답변 가이드

성범죄는 정확한 피해사실과 피해자의 의견이 중요합니다. 우선 피해자의 신변 보호를 도와야하고, 가해자를 찾아서 피해자의 의견에 따라 정해진 규정대로 처벌할 수 있도록 해야 합니다. 또한 구체적인 방법을 통해 보호하겠다는 의지를 보여주시는 것도 좋습니다.

| 연계질문 |

• 동료가 상사에게 성희롱을 당한 것을 보았다면 어떻게 할 것인가요?
• 보호조치 중인 피해자가 극심한 공포에 떨고 있으면 어떻게 할 건가요?

나만의 답변 구성하기

질문 **Q. 휴가를 나갔는데 대규모 출동신고가 들어온다면 어떻게 할 건가요?**

| 답변예시 |

A.

저는 출동신고가 들어온다면 바로 업무에 복귀하도록 하겠습니다. 업무가 매우 시급한 상황이고, 휴가는 다음에 또 가도 되기 때문입니다. 근무지와 멀리 있는 상황이라면 상사나 동료께 양해를 구하고 빠른 시간 내에 복귀하도록 하겠습니다.

● 답변 가이드 ●

비상업무가 발생하여 휴가 중이라도 복귀해야 하는 상황이 있을 수 있습니다. 현재 자신의 위치나 상황을 밝히고, 최대한 업무에 복귀를 할 수 있도록 답변하는 것이 좋습니다.

| 연계질문 |

• 쉬는 날인데 동료가 업무를 부탁한다면 어떻게 할 것인가요?
• 휴가계획이 잡혔는데 상사가 근무를 지시하면 어떻게 할 것인가요?

나만의 답변 구성하기

질문 Q. 경찰서장이 지인과 관련된 사건이라고 잘 봐달라며 나한테 일을 맡겼다면, 어떻게 처리할 건가요?

| 답변예시 |

A.
경찰은 공정함을 바탕으로 사건을 처리해야 한다고 생각합니다. 그렇기 때문에 저는 서장님의 지시와 상관없이 공정하게 사건을 진행하도록 하겠습니다.

┌ 답변 가이드 ┐

앞서 답변정리를 하였던 상사의 교통위반을 어떻게 할 것인지와 비슷한 상황입니다. 경찰관은 항상 법적인 범위 안에서 공정하게 행동하셔야 한다는 점을 잊지 마시기 바랍니다. 따라서 공정하게 일을 처리하는 모습을 보여주어야 합니다.

| 연계질문 |

• 상관이나 주변 지인들의 부당한 청탁을 본다면 어떻게 할 건가요?
• 민원인이 경찰서장과 친분이 있다고 만나게 해달라고 한다면 어떻게 할 건가요?

나만의 답변 구성하기

Q. 장발장 사례와 같이 생계형 범죄가 발생하면 어떻게 할 건가요?

| 답변예시 |

A.
생계형 범죄의 경우에는 정말 안타까운 상황입니다. 피해자와 대화를 하여 이러한 상황을 해결할 수 있도록 중간자 역할을 하겠습니다.

A.
안타깝지만 법대로 처리해야 한다고 생각합니다. 다만 생계형 범죄는 근본적인 문제가 해결되지 않는다면 재발할 가능성이 높습니다. 따라서 지자체나 관련 기관과 연계하여 도움을 드릴 수 있는 방법을 강구하겠습니다.

┌ 답변 가이드 ┐

생계형 범죄는 안타까운 상황이지만 어떠한 상황에서도 범죄는 해서는 안 되는 행동입니다. 경찰관은 이러한 상황을 정확하게 판단하고 도움이 줄 수 있는 부분을 도와주되, 피해에 대한 규정 또한 지켜야 합니다.

| 연계질문 |

• 배가 고파서 편의점에서 물건을 훔친 학생이 자수를 한다면 어떻게 할 건가요?
• 먹고 살기가 힘들다고 찾아온 사람이 있다면 어떻게 할 건가요?

나만의 답변 구성하기

질문 Q. 여경과 함께 근무를 나간다면 어떻게 할 건가요?

| 답변예시 |

A.
저는 여경과 함께 나가더라도 최선을 다해 업무를 보겠습니다. 또한 동료가 어려워하는 점이 있다면 그 부분을 도와주도록 하겠습니다.

A.
저의 동료이므로 함께 업무를 잘 수행하겠습니다. 또한 여자 동료는 업무에 있어 섬세하고 꼼꼼한 부분이 있다고 생각합니다. 이러한 강점으로 서로 보완해 가며 업무에 임하겠습니다.

┌ 답변 가이드 ●
여경과 관련하여 뉴스 보도 등 이슈가 되는 경우가 많기에 남자 지원자들에게 많이 묻는 질문입니다. 하지만 남경, 여경 구분 없이 모두 같은 동료이고, 함께 업무를 수행할 분들입니다. 동료로서 함께 업무를 잘 수행할 수 있다는 의지를 보여주고, 서로 부족한 점을 보완하며 발전해나가겠다는 다짐 등을 이야기하는 것도 좋습니다.

| 연계질문 |

• 상사가 근무지를 이탈한다면 어떻게 할 건가요?
• 동료가 고민을 털어놓는다면 어떻게 할 건가요?

나만의 답변 구성하기

질문 **Q. 초등학생이 아이스크림을 들고 있었는데 어떤 아저씨가 모르고 쳐서 떨어졌습니다. 본인이 이 상황을 보았다면 어떻게 할 건가요?**

| 답변예시 |

A.
우선 우는 아이를 달래주도록 하겠습니다. 또한 이런 상황이 발생했음을 아저씨에게 말씀드리고 둘의 갈등을 중재하도록 하겠습니다. 하지만 그분이 그냥 무시하고 가신다면 제가 사비를 쓰더라도 아이를 달래도록 하겠습니다.

• 답변 가이드 •

이러한 상황이 펼쳐진다면 정해진 재량 안에서 대처하는 것이 좋습니다. 업무에 지장이 가지 않는 선에서 아이의 속 상함을 풀어주고 친절한 경찰의 모습과 소통하는 모습을 보여주시면 좋겠습니다.

나만의 답변 구성하기

안심Touch

질문 **Q. 쇼핑몰에서 사기를 당했다는 민원이 발생한다면 어떻게 처리할 건가요?**

| 답변예시 |

A.

저는 민원인의 상황을 파악하겠습니다. 어디에서 어떻게 사기를 당하게 되었는지 파악한 후에 담당 부서로 연결시켜서 도와주도록 하겠습니다.

┌ 답변 가이드 ┐

민원이 발생했다면, 피해사실에 대한 조사와 피해당한 사람의 억울함을 풀어주고 해결해 주는 것이 필요합니다. 정확한 상황을 판단하여 담당하는 부서로 연계시켜서 도와주는 등과 같은 방안을 생각해주시면 좋겠습니다.

나만의 답변 구성하기

_____

_____

_____

_____

_____

_____

질문 **Q. 친한 친구의 조문을 가야 하는데 승진시험과 날짜가 겹치게 되었다면 어떻게 할 건가요?**

| 답변예시 |

A.

저는 친한 친구의 조문을 가겠습니다. 왜냐하면 친한 친구가 매우 슬픈 상황에 있고 저의 위로가 필요할 거라고 생각하기 때문입니다. 승진시험은 아쉽겠지만 다음에 기회가 있다고 생각하기 때문에 다음 시험을 더 열심히 준비하도록 하겠습니다.

┌─ 답변 가이드 ─
│
│ 질문의 포인트를 파악해주셔야 합니다. 이 질문은 자신의 이익을 중요시 생각하는 사람인지 아닌지를 판단하는 질문
│ 이라고 생각하시면 됩니다. 승진시험의 경우에는 다음에 기회가 또 있으니 더 노력해서 준비할 수도 있기 때문에 친
│ 구의 슬픈 상황을 옆에서 지켜주는 모습을 보여주는 것이 좋습니다.
│
└──────────────

| 연계질문 |

• 최종면접을 보러 가는 도중 쓰러진 사람을 발견하였습니다. 이 사람을 구하게 되면 면접을 못 보게 됩니다. 어떻게 할 건가요?
• 동료와 함께 열심히 어려운 업무를 수행하였습니다. 하지만 동료만 특진을 하게 된다면 어떻게 할 건가요?

나만의 답변 구성하기

질문 **Q. 상사의 자녀가 자전거를 훔치고 적발되었습니다. 어떻게 처리할 건가요?**

| 답변예시 |

A.
저는 원칙에 따라 처리하겠습니다. 왜냐하면 상사의 자녀 역시 국민의 한 사람이기 때문입니다. 경찰은 공정하게 법을 집행할 의
무가 있기 때문에 상사의 자녀인 것과는 상관없이 원칙에 따라 처리하겠습니다.

┌─ 답변 가이드 ─
│
│ 같은 조직의 상사나 동료, 그들의 가족이 불법을 저지른 상황에서는 관계에 대한 걱정 때문에 선뜻 답하기 어려울 수
│ 있습니다. 하지만 경찰은 공정하게 법을 집행할 의무가 있습니다. 따라서 어떤 상황이나 관계가 주어지더라도 법과
│ 원칙에 근거하여 처리할 것이라는 경찰의 자세를 보여주어야 합니다.
│
└──────────────

나만의 답변 구성하기

질문 **Q. 치매 노인에 대한 조치 방법을 20초 내로 말해보세요.**

| 답변예시 |

A.
먼저 집 주소나 보호자 이름 등을 알고계신지 묻겠습니다. 알고계신다면 경찰차로 안전하게 데려다 드리겠습니다. 하지만 기억하지 못하신다면 치매 노인 배회감지기나 정보가 적힌 물품을 가지고 계신지 확인하여 보호자에게 바로 연락을 취해 인계하겠습니다. 만약 이마저도 가지고 계시지 않다면 일단 경찰서로 안전하게 모셔가겠습니다. 그리고 주변 치매 병원이나 센터에 연락하여 노인분의 신상을 파악하여 보호자를 찾도록 하겠습니다.

• 답변 가이드 •
최근 치매환자가 늘어나면서 현장에 갔을 때 이런 상황을 마주할 수 있습니다. 20초 내로 말하라는 것은 20초를 지키라는 말이 아니고, 그만큼 간결하게 답하라는 뜻이니 급하지 않게 대처할 순서대로 답하면 되겠습니다.

나만의 답변 구성하기

질문 **Q. 상사가 자꾸 머리를 쓰다듬는 등 신체적 접촉을 한다면 어떻게 할 건가요?**

| 답변예시 |

A.

일단 제가 오해한 것일 수도 있기 때문에 신중하게 생각하겠습니다. 하지만 이런 일이 반복된다면 하지 말아달라고 말씀드릴 것입니다. 계속하신다면 더 높은 상사에게 말씀을 드려 도움을 요청할 것입니다.

┌─ 답변 가이드 ─

최근 성관련 문제들이 지속적으로 발생하면서 꾸준히 나오는 질문입니다. 이런 직장 내 성문제는 신중히 접근할 필요가 있습니다. 신중하게 판단하여 조심스럽게 대화를 나누는 등 조율해나가는 태도를 보여주는 답변이 좋겠습니다.

| 연계질문 |

• 회식자리에서 동료가 성추행을 당했다면 어떻게 할 건가요?

나만의 답변 구성하기

| 질문 | **Q. 동료가 야간수당을 받으려고 근무는 하지 않고 지문만 찍고 가는 모습을 보았다면 어떻게 할 건가요?**

| 답변예시 |

A.

동료에게 그런 행동은 하면 안 된다고 기분이 상하지 않도록 이야기하겠습니다. 왜냐하면 야간수당 역시 국민의 세금으로 운용되는 예산의 일부분이고 허투루 쓰여서는 안 되기 때문입니다. 그럼에도 지속적으로 한다면 상사분께 조심스럽게 이야기해보겠습니다.

답변 가이드

이런 상황을 마주하면 동료의 행동을 내가 어떻게 할 수 있나 고민이 될 수 있습니다. 하지만 국민을 위해 봉사하는 경찰로써 해서는 안 될 행동을 마주했을 때 바른 공직관과 소통능력으로 해결할 수 있음을 보여주면 되겠습니다. 최대한 대화로 같은 일이 발생하지 않게 이야기해보고, 지속적으로 발생한다면 믿을 수 있는 상사에게 조심스럽게 조언을 구하는 등의 방법도 있습니다.

나만의 답변 구성하기

질문 **Q. 지인이 불법 촬영 영상물을 나에게 보냈다면 어떻게 할 건가요?**

| 답변예시 |

A.

열어보지 않겠습니다. 그리고 지인에게 불법 촬영 영상물을 보내는 것은 범죄라고 단호하게 이야기하겠습니다. 지난해 「성폭력처벌법」이 개정되면서 불법 촬영물을 소지, 구매, 시청만 해도 3년 이하의 징역 또는 3천만 원 이하의 벌금형에 처해지게 됩니다. 이런 부분을 알려주면서 다시는 불법 촬영 영상물을 접하지 말 것을 이야기하겠습니다.

답변 가이드

N번방 등의 사건으로 불법 촬영 영상물에 대한 심각성이 사회적 이슈가 되었습니다. 단순히 촬영하는 것만 범죄라고 생각하는 사람들이 많지만 소지, 구매, 시청, 유포 역시 범죄로 처벌받을 수 있습니다. 따라서 이 부분을 정확하게 알고 있음을 드러내면 좋겠습니다.

나만의 답변 구성하기

질문 **Q. 오지근무 파견을 가야하는데 같은 팀 여경은 임신했다는 이유로 자신만 보내려 합니다. 정당하다고 생각하나요?**

| 답변예시 |

A.
정당하다고 생각합니다. 오지근무는 근무 인원이 적어서 한사람이 많은 일을 해야 할 수 있습니다. 또한 병원이 가깝지 않아 주기적으로 병원을 가야하는 임산부에게는 더욱 힘이 듭니다. 그렇기 때문에 당연히 제가 가는 것이 맞다고 생각합니다.

┌ 답변 가이드 ┐
경찰은 팀으로 업무를 수행하기 때문에 조직의 협력을 중요하게 생각합니다. 따라서 동료의 어려움이 있다면 적극적으로 도와주는 자세도 필요합니다. 또한 동료의 업무지만 국민을 위한 경찰의 일이고 이것은 곧 나의 일이라고 생각하는 책임감을 보여주는 것이 좋습니다. 따라서 어떤 상황이더라도 동료를 배려하고 경찰로써 업무를 성실히 수행하겠다는 자세를 보여주면 좋겠습니다.

나만의 답변 구성하기

질문   Q. 악성민원인과 일반민원인이 동시에 지구대를 찾아왔다면 어떻게 할 건가요?

| 답변예시 |

A.
만약 동료와 함께있다면 각각 하나씩 처리하겠습니다. 하지만 저 혼자 있다면 어떤 민원인지 여쭤보고 더 급한 민원부터 처리하도록 하겠습니다.

┌─ **답변 가이드** ─

현장에서 충분히 겪을 수 있는 상황이지만 악성민원인이라고 해서 차별된 대응을 한다거나 미루면 안 됩니다. 악성민원인은 어려움이 큰 민원인이라고 생각하고 응대하면 되겠습니다. 따라서 어떤 조건이 붙더라도 시급성이나 중요도 같은 업무 처리 기준을 바탕으로 답변하면 됩니다.

나만의 답변 구성하기

_____

_____

_____

_____

_____

_____

질문   Q. 청소년들이 모여서 경찰을 욕하는 모습을 발견한다면 어떻게 할 건가요?

| 답변예시 |

A.
속은 조금 상하겠지만 그냥 지나가도록 하겠습니다. 그리고 청소년들이 모범으로 삼을 수 있는 경찰이 될 수 있도록 업무나 행실에 더 노력하겠습니다.

A.
어떤 부분에서 욕을 하는지 들어보겠습니다. 그리고 오해가 있는 부분이 있다면 가서 친절하게 알려주겠습니다.

┌─ 답변 가이드 ●─
│
│ 이런 이야기를 듣게 되면 속상하겠지만 감정적으로 대응하는 건 좋지 않습니다. 그냥 지나가거나 만약 청소년들의 이
│ 야기에 오해가 있다면 친절하게 설명해주는 정도의 모습을 보여주는 답변이 좋겠습니다.
└──

나만의 답변 구성하기

_____

_____

_____

_____

_____

_____

질문 **Q. 옆집에 성폭행범이 사는데 그 성폭행범 가족들과는 아주 친한 이웃이었습니다. 성폭행범이 옆집에 살고 있다는 사실을 알고 난 후에 어떻게 대처할 건가요?**

| 답변예시 |

A.
성폭행범의 가족들과는 계속 친하게 지내겠습니다. 가족들은 죄가 없고, 오히려 힘든 시간을 보내고 있을 수 있기 때문입니다. 하지만 경찰로써 성폭행범의 거동을 유심히 관찰하겠습니다. 전자발찌는 잘 차고 있는지, 재범의 우려는 없는지 근거리에서 지켜보며 다시 범죄를 저지르지 않도록 관리하겠습니다.

┌─ 답변 가이드 ●─
│
│ 범죄자의 가족들은 여러 가지 이유로 2차 피해를 당할 수 있습니다. 이런 문제가 발생하지 않도록 대처하는 것이 필
│ 요합니다. 하지만 경찰로서 또 다른 범죄가 발생하지 않도록 주의하는 모습도 좋습니다.
└──

나만의 답변 구성하기

질문 **Q. 피의자가 피해자와 합의하고 싶다고 번호를 알려달라고 합니다. 어떻게 할 건가요?**

| 답변예시 |

A.

저는 알려주지 않겠습니다. 피의자가 원하지 않을 수 있고, 합의 과정에서 또 다른 사고가 발생할 수도 있기 때문입니다. 따라서 피의자에게 정해진 절차에 따라 합의할 수 있도록 안내하겠습니다.

답변 가이드

경찰은 범죄피해자가 동의한 경우를 제외하고 어떠한 정보도 피의자 혹은 제3자에게 알려주어서는 안 됩니다. 또 다른 피해가 발생할 수 있기 때문에 이러한 이유를 명확하게 들어 답변하면 되겠습니다.

나만의 답변 구성하기

질문 Q. 조폭들이 패싸움 중이라는 신고가 들어왔습니다. 그런데 여경과 자신만 현장 근처에 있다면 어떻게 할 건가요?

| 답변예시 |

A.

먼저 지원요청을 한 후 여경과 함께 출동하겠습니다. 그리고 여경에게 증거 확보를 맡기고 저는 제지하도록 하겠습니다. 만약 부상자가 있다면 119에 신고하도록 하고, 여경에게 응급처치를 하도록 하겠습니다. 그렇게 증거 확보를 하면서 싸움을 제지하도록 하겠습니다.

┌ 답변 가이드 ┐

여경 역시 현장에서 할 수 있는 일이 있고, 그런 역량을 갖춘 사람일 것입니다. 따라서 각자의 역할을 분담한 후 더 큰 피해가 발생하지 않도록 침착하고 빠르게 대처하는 방법을 답변하시는 게 좋습니다.

나만의 답변 구성하기

질문 Q. 음주단속 상황에서 운전자가 계속 물을 달라고 하면서 음주 측정을 거부한다면 어떻게 할 것인가요?

| 답변예시 |

A.

운전자에게 음주 측정을 거부할 경우 처벌을 받을 수 있다는 점을 알리겠습니다. 「도로교통법」 제148조에 의하면 음주 측정을 거부할 시 5년 이하의 징역 또는 2,000만 원 이하의 벌금에 처해질 수 있습니다. 이 부분을 명확히 알려드리며 운전자가 음주 측정에 협조할 수 있도록 하겠습니다.

┌─ 답변 가이드 ─┐

음주단속에서의 거부는 많이 발생하는 상황입니다. 하지만 음주 측정을 거부하는 것은 위법행위입니다. 따라서 이 부분을 정확하게 알려주고 협조를 요청하는 것이 바람직한 대응입니다.

나만의 답변 구성하기

질문 **Q. 아동학대의 해결방안을 말해보세요.**

| 답변예시 |

A.

아동학대는 보호자를 포함한 성인이 18세 미만자의 건강, 복지를 해치거나 정상적 발달을 저해할 수 있는 신체적, 정신적, 성적 폭력행위를 하거나 유기, 방임하는 것을 말합니다. 최근 구미 여아 사망사건, 정인이 학대 사건 등 많은 아동학대 사건이 발생하여 국민의 공분을 일으켰습니다. 이 문제를 해결하기 위하여 아동학대를 발견하거나 의심이 있는 경우를 발견한다면 반드시 아동보호 전문기관이나 수사기관에 신고할 수 있도록 국민들에게 홍보하고 이행하겠습니다.

┌─ 답변 가이드 ─┐

아동학대와 관련된 문제는 집단면접에서 자주 나오는 주제로, 개별면접에서도 가끔 물어볼 수 있습니다. 집단면접과 개별면접에 대비해서 자신만의 해결방안을 준비하시기 바랍니다.

나만의 답변 구성하기

질문 **Q.**「보호수용법」에 대해 어떻게 생각하나요?

| 답변예시 |

A.

저는 필요하다고 생각합니다.「보호수용법」이란 형기 후에도 수용이 필요하다고 판단되는 아동 성폭행범, 상습성 폭력범, 연쇄살인범 등 흉악범을 일정기간 사회와 격리하여 별도시설에 수용하는 법입니다. 조두순 출소로 인해 필요성이 다시 제기되었지만, 현재 인권침해 논란으로 2014년 입법을 예고한 이후 현실화되지 못하고 있습니다. 하지만 낮 시간에는 자유롭게 활동하고 밤시간이나 혼자 있을 때만 지정된 시설에 머무르게 하는 것이기 때문에 자유를 침해하는 것은 아니라고 생각합니다. 또한 전자발찌를 차고도 다시 아동 성폭력을 저지르는 범죄자가 1년에 50~60건이나 된다고 합니다. 즉 전자발찌로는 범죄자 관리가 어렵다고 볼 수 있기 때문에「보호수용법」으로 보완하는 것이 좋다고 생각합니다.

• 답변 가이드 •

조두순 출소로 인해「보호수용법」이 큰 이슈가 되었습니다. 이에 대한 자신의 생각을 간결하게 작성해보시기 바랍니다.

나만의 답변 구성하기

질문 **Q. 즉결심판에 대해서 어떻게 생각하나요?**

| 답변예시 |

A.
저는 경미한 사건의 경우 실시하면 좋다고 생각합니다. 즉결심판이란 경범죄에 대해 지방법원 판사가 경찰서장의 청구에 의해 공판 절차를 거치지 않고 간단한 절차로 행하는 재판을 말합니다. 주로 「도로교통법」 위반이나 「경범죄 처벌법」 위반에서 실시하고 있습니다. 이는 장시간의 행정절차로 인해 발생하는 비효율성을 최대한으로 줄여준다는 장점이 있습니다. 또한 사회적 약자의 경미한 사건의 경우 신속히 정상적인 사회생활을 할 수 있도록 해준다는 장점도 있기 때문에 사안에 따라 잘 활용하면 좋은 제도라고 생각합니다.

┌ 답변 가이드 ●
질문 그대로 즉결심판에 대해 어떻게 생각하는지는 정해진 답변이 없습니다. 자신의 생각을 정리해보시기 바랍니다.

나만의 답변 구성하기

질문 **Q. 「착한 사마리아인의 법」에 대해 어떻게 생각하나요?**

| 답변예시 |

A.
저는 필요하다고 생각합니다. 우리나라에서 「착한 사마리아인의 법」은 「응급의료에 관한 법률」에서 볼 수 있습니다. 긴급한 위기에 처한 타인을 선의로 구조행위를 했을 때, 재산이나 신체적 손해를 입히더라도 과실에 대한 책임을 면책, 감경하는 것입니다. 의료인뿐만 아니라 누군가가 위험에 처했을 때 위험을 무릅쓰고 도왔는데, 그 과정에서 발생한 피해에 대한 책임을 묻는다면 그 누구도 위험에 처한 사람을 도우려 하지 않을 것이기 때문에 저는 필요하다고 생각합니다.

> **답변 가이드**
>
> 사고를 당해 목숨이 위태로운 사람을 구해주려다 결과가 잘못되면 구호자가 소송에 휘말리거나 죄를 덮어쓰는 경우가 많아 위험에 처한 사람을 봐도 도움을 주저하거나 외면하는 경우가 많다는 지적이 있습니다. 이와 관련하여 「착한 사마리아인의 법」에 대해 어떻게 생각하는지 자신의 생각을 정리해보시기 바랍니다.
>
> 「착한 사마리아인의 법」
> 자신에게 특별한 위험을 발생시키지 않는데도 불구하고 곤경에 처한 사람을 구해 주지 않은 행위를 처벌하는 법을 말한다.

나만의 답변 구성하기

질문 **Q. 일반예방과 특별예방의 차이에 대해서 말해보세요.**

| 답변예시 |

A.

일반예방주의는 범죄예방의 대상을 일반인으로 두는 경우입니다. 예를 들어 「형법」에 어떤 범죄에 대한 형벌이 규정되어 있거나 또는 어떤 범인에 대하여 실제로 형벌이 부과되고, 집행되기만 해도 일반 시민들은 잘못을 저질렀을 때 형벌을 받는다는 점을 인지하게 되어 잠재적으로 범죄를 예방할 수 있는 효과를 가지게 됩니다.

특별예방주의는 범죄예방의 대상이 범죄인 그 자신인 경우입니다. 범죄인 자신으로 하여금 다시 죄를 범하지 않도록 만드는 것입니다. 이를 위해서는 범죄인을 대상으로 교육하고 개선시켜 다시는 사회의 안전을 침해하지 않도록 범죄인을 재사회화하는 과정이 필요합니다.

┌─ 답변 가이드 ·

일반예방과 특별예방의 차이에 대해 간결하게 답변하시기 바랍니다.

일반예방과 특별예방
형법은 일정한 행위를 한 자를 벌하는 것을 예고하거나 현재에 처벌함으로써 일반인들에게 경고를 발하여 일반인들로 하여금 죄(罪)를 범(犯)하지 아니하도록 하는 예방의 효과를 거둘 수 있다는 것이 일반예방의 사상이다. 이에 대하여 형법은 현재 죄(罪)를 범한 특정인에 대하여 그를 개선하는 작용을 영위하도록 하여야 한다는 것이 특별예방주의(特別豫防主義)이다.

나만의 답변 구성하기

질문 Q. 촉법소년 연령하향 조정에 대한 의견을 말해보세요.

| 답변예시 |

A.
저는 필요하다고 생각합니다. 청소년 범죄가 꾸준히 증가하고 있고 범죄의 질이 갈수록 나빠지고 있습니다. 범죄행위도 단순 절도나 폭력뿐만 아니라 강도, 강간, 살인까지 성인과 다름없는 범죄를 저지르고 있기 때문에 단순 수치인 나이가 어리다고 처벌이 약하면 안 된다고 생각합니다. 촉법소년의 나이를 만 14세로 규정한 「소년법」은 1963년에 제정되었습니다. 그때와 비교해서 지금 경제는 급속도로 발전했고 인터넷의 발달로 청소년 인식 수준이 비교할 수 없을 정도로 달라져 있기 때문에 연령을 조절하고 처벌 수위를 높여야 합니다.

A.
저는 신중하게 접근해야 한다고 생각합니다. 「소년법」 자체가 미성년자들의 개선 가능성이 성인들보다 크기 때문에 형사처벌에서 배제시키는 것인데 처벌을 강화하는 방식의 해결은 맞지 않습니다. 촉법소년들의 범죄는 개인보다 집단이나 단체에 속해 함께 행동하면서 과격하고 난폭한 행동이 나타납니다. 그렇기 때문에 단순히 연령을 조정하는 것보다 범죄 유혹으로 빠져나올 수 있고 적절하게 방어할 수 있는 인성교육과 제도가 먼저 선행되어야 합니다.

• 답변 가이드 •

최근 소년범죄가 많이 발생하면서 촉법소년 연령 하향에 대한 조정 여론이 크게 일어나고 있습니다. 이에 대해 자신의 의견을 간결하게 답변하시기 바랍니다.

촉법소년

촉법소년은 형벌을 받을 범법행위를 한 만 10세 이상~14세 미만의 형사미성년자로, 「형법」 제9조는 '14세가 되지 아니한 자의 행위는 벌하지 아니한다.'고 규정하고 있다. 이들은 형사책임능력이 없기 때문에 형법에 저촉되는 행위를 하더라도 형사처벌을 하지 않고, 가정법원이 소년원으로 보내거나 보호관찰을 받게 하는 등 보호처분을 할 수 있다.

나만의 답변 구성하기

질문 **Q. 많은 CCTV로 인해 사생활 침해가 우려된다면 꼭 설치할 필요가 있을까요?**

| 답변예시 |

A.

저는 필요하다고 생각합니다. CCTV로 인해 범죄 증거자료를 확보하기 용이하고, CCTV가 있다는 자체로 범죄예방효과도 있기 때문입니다. 따라서 CCTV 자료를 더욱 철저히 관리한다면 사생활 침해 문제는 발생하지 않을 것이라고 생각합니다.

• 답변 가이드 •

손정민 사건(2021년 4월 25일 새벽 3~5시경 중앙대학교 의과대학 남자 재학생 손정민이 반포한강공원에서 밤새 친구 A와 함께 음주를 하고 잠을 자다가 실종된 지 5일이 지난 4월 30일 반포한강공원 한강 수상택시 승강장 인근의 수면에서 시신으로 발견된 사건)을 계기로 CCTV 설치에 대한 여론이 형성되고 있습니다. 이와 관련하여 자신의 생각을 정리해보시기 바랍니다.

질문 **Q. 경찰의 공권력에 대해서 현행유지, 강화, 약화 중 하나를 고르고 이유를 말해보세요.**

| 답변예시 |

A.
저는 강화해야 한다고 생각합니다. 경찰의 공권력은 국민의 안전을 지키기 위해 존재하는 것입니다. 그러나 불법 시위나 폭력 시위, 그리고 경찰의 공무집행방해를 하는 경우들이 발생했을 때 인권침해의 우려로 인해 강하게 제한하지 못하는 것으로 알고 있습니다. 하지만 이로 인해 더 많은 국민들이 피해를 입을 수 있습니다. 그렇기 때문에 경찰의 공권력을 강화하여 더 다양한 상황에서 국민의 생명과 안전을 지키도록 해야 한다고 생각합니다.

A.
저는 인권과 공권력 둘 다 중요하고, 공존할 수 있다고 생각합니다. 공권력은 일반 시민에게 적용되는 것이 아니라 법을 어긴 사람에게 적용되는 것입니다. 물론 법을 어긴 사람의 인권도 중요하지만 그로 인해 피해를 보는 다른 시민들의 인권 또한 중요합니다. 그렇기 때문에 절차에 맞게 인권과 안전 모두를 지킬 수 있도록 해야 한다고 생각합니다.

— 답변 가이드 —

인권 경찰을 지향하고 있는 상황에서 경찰의 공권력이 침해되는 사례가 빈번이 발생하고 있습니다. 면접에서도 공권력에 대해 어떻게 생각하는지에 대한 질문이 자주 출제되고 있기 때문에 이에 대해서 자신의 생각을 간결하게 표현하시기 바랍니다.

| 연계질문 |

• 인권과 공권력 중에 어떤 것이 더 중요한가요?
• 공권력이 지금보다 약화된다면 어떨 것 같나요?

나만의 답변 구성하기

질문 **Q. 조현병 환자에 대한 처벌을 강화하는 것을 어떻게 생각하나요?**

| 답변예시 |

A.

저는 찬성합니다. 조현병은 스스로 감정을 조절하기 어렵고, 돌발 행동을 하는 병으로 알고 있습니다. 이런 분들은 적극 치료가 필요한 사회적 약자에 해당합니다. 하지만 일부 조현병 환자들의 묻지마 범죄로 인해 국민의 불안감이 커지고 있습니다. 스스로 제어가 어렵기 때문에 범죄예방을 위해서라도 처벌을 강화하고, 적극 치료할 수 있도록 관리하는 것이 가장 좋은 방법이라고 생각합니다.

A.

저는 반대합니다. 조현병은 스스로 감정을 조절하기 어렵고, 돌발 행동을 하는 병으로 알고 있습니다. 이런 분들은 적극 치료가 필요한 사회적 약자에 해당합니다. 그렇기 때문에 처벌을 강화하기보다는 범죄를 저지르지 않도록 보호할 수 있는 제도를 도입하는 것이 좋다고 생각합니다.

┌─ 답변 가이드 ─

조현병 환자들의 묻지마 범죄가 발생하면서 심신미약자에 대한 감형처벌이 이슈가 되고 있습니다. 이와 관련하여 자신의 입장을 간결하게 표현하시기 바랍니다.

조현병

조현이란 현악기의 줄을 고른다는 뜻으로 뇌의 신경구조의 이상으로 마치 현악기가 제대로 조율되지 않은 것처럼 혼란을 겪는 상태를 말한다. 2010년 3월 이전엔 정신분열증 혹은 정신분열병이라 불렸으나, 조현병으로 공식 명칭을 변경하였다.

나만의 답변 구성하기

질문 **Q. 여경과 남경의 비율은 어느 정도가 가장 적합하다고 생각하나요?**

| 답변예시 |

A.

저는 7대 3 정도가 적당하다고 생각합니다. 아무래도 경찰 업무 특성상 힘과 체력을 필요로 하는 업무들이 많습니다. 그렇기 때문에 상대적으로 신체적 능력이 좋은 남경 비율을 7 정도로 하는 게 좋다고 생각합니다. 하지만 여성범죄자나 피해자를 대할 때 여경의 역할이 필요한 경우가 있어서 3 정도의 비율로 여경의 인력도 충분히 확보해야 한다고 생각합니다.

┌─ 답변 가이드 ·

남녀통합채용 실시와 여경체력논란이 이슈가 되는 가운데 면접에서 나온 질문입니다. 자신의 생각을 간결하게 표현하시기 바랍니다.

나만의 답변 구성하기

질문 **Q. 불심검문에 응하지 않는 사람에 대해서 어떻게 대처할 건가요?**

| 답변예시 |

A.

「경찰관 집무집행법」 제3조에 의거하여 경찰관은 거수자를 정지시켜 질문할 수 있습니다. 갑작스러운 상황에 당황하여 불심검문에 응하지 않을 수 있기 때문에 소속과 성명을 밝히고 질문이나 동행의 목적과 이유를 구체적으로 설명드릴 수 있을 것 같습니다.

A.

불심검문은 강제절차가 아닌 임의절차이고, 법률에도 답변을 강요당하지 않는다고 명시되어 있습니다. 또한 행동을 멈추게 하는 것도 강제수단을 동원하는 것도 허용되지 않습니다. 따라서 이행하지 않는다고 하여 처벌할 수 없습니다. 하지만 수상한 행동을 하며 도망치는 경우, 경찰관에게 욕을 하거나 폭행을 하는 경우에는 현행범으로 체포할 수 있습니다.

— 답변 가이드 —

의무경찰 복무경험이 있는 수험생에게 자주 출제되는 질문입니다. 아래의 조항을 참고하여 자신의 생각을 정리해보시기 바랍니다.

「경찰관 직무집행법」 제3조(불신검문)

① 경찰관은 다음 각 호의 어느 하나에 해당하는 사람을 정지시켜 질문할 수 있다.
 1. 수상한 행동이나 그 밖의 주위 사정을 합리적으로 판단하여 볼 때 어떠한 죄를 범하였거나 범하려 하고 있다고 의심할 만한 상당한 이유가 있는 사람
 2. 이미 행하여진 범죄나 행하여지려고 하는 범죄행위에 관한 사실을 안다고 인정되는 사람
② 경찰관은 제1항에 따라 같은 항 각 호의 사람을 정지시킨 장소에서 질문을 하는 것이 그 사람에게 불리하거나 교통에 방해가 된다고 인정될 때에는 질문을 하기 위하여 가까운 경찰서·지구대·파출소 또는 출장소(지방해양경찰관서를 포함하며, 이하 "경찰관서"라 한다)로 동행할 것을 요구할 수 있다. 이 경우 동행을 요구받은 사람은 그 요구를 거절할 수 있다.
③ 경찰관은 제1항 각 호의 어느 하나에 해당하는 사람에게 질문을 할 때에 그 사람이 흉기를 가지고 있는지를 조사할 수 있다.
④ 경찰관은 제1항이나 제2항에 따라 질문을 하거나 동행을 요구할 경우 자신의 신분을 표시하는 증표를 제시하면서 소속과 성명을 밝히고 질문이나 동행의 목적과 이유를 설명하여야 하며, 동행을 요구하는 경우에는 동행 장소를 밝혀야 한다.
⑤ 경찰관은 제2항에 따라 동행한 사람의 가족이나 친지 등에게 동행한 경찰관의 신분, 동행 장소, 동행 목적과 이유를 알리거나 본인으로 하여금 즉시 연락할 수 있는 기회를 주어야 하며, 변호인의 도움을 받을 권리가 있음을 알려야 한다.
⑥ 경찰관은 제2항에 따라 동행한 사람을 6시간을 초과하여 경찰관서에 머물게 할 수 없다.
⑦ 제1항부터 제3항까지의 규정에 따라 질문을 받거나 동행을 요구받은 사람은 형사소송에 관한 법률에 따르지 아니하고는 신체를 구속당하지 아니하며, 그 의사에 반하여 답변을 강요당하지 아니한다.

나만의 답변 구성하기

질문   **Q. 범죄 피의자의 신상을 공개해야한다고 생각하나요?**

| 답변예시 |

A.
저는 공개해야 한다고 생각합니다. 피의자의 신상을 공개함으로써 국민의 알권리를 충족하고, 피해자나 그 가족의 억울한 심정을 위로할 수 있다고 생각합니다. 또한 국민들에게 경각심을 주기 때문에 범죄예방효과도 있습니다. 출소 후에도 얼굴이 알려졌기 때문에 다시 범죄를 저지르기 힘들게 됩니다. 그렇기 때문에 피의자의 신상을 공개하는 것이 좋다고 생각합니다. 다만 무죄일 가능성이 있고, 가족이나 주변에 2차 피해를 줄 수 있기 때문에 공개시기를 신중하게 결정해야 한다고 생각합니다.

┌ **답변 가이드** ┐
피의자 신상공개 질문은 집단면접뿐만 아니라 개별면접에서도 자주 출제되는 질문입니다. 자신의 생각을 간결하게 정리하시기 바랍니다.

나만의 답변 구성하기

질문 **Q. 유기묘에게 먹이를 주는 것으로 분쟁이 자주 일어납니다. 어떻게 해결할 건가요?**

| 답변예시 |

A.

유기묘에게 먹이를 주는 행위는 법적으로 위배되는 행동은 아니기 때문에 제지할 수 없습니다. 하지만 '캣맘 폭행'사건과 같이 폭력이 일어나거나, 고양이 밥그릇을 부수는 행동은 폭행죄나 재물손괴죄로 처벌받을 수 있기 때문에 이런 부분을 홍보하여 사건이 발생하지 않도록 방지할 수 있을 것이라고 생각합니다.

A.

고양이를 좋아하는 사람도 있지만 그렇지 않은 사람도 있기 때문에 서로 양립할 수 있는 방법을 찾아야 한다고 생각합니다. 아파트 관리사무소나 주민자치단체와 협력하여 유기묘에게 밥을 주는 장소를 지정해 놓는 등의 방법을 마련할 수 있다고 생각합니다.

─ 답변 가이드 ─

일상생활에서 발생할 수 있는 다양한 갈등상황에서 중재자의 역할을 하는 것도 경찰의 역할입니다. 따라서 여러 상황에 대비하여 자신의 답변을 준비하시기 바랍니다.

나만의 답변 구성하기

질문 **Q. 자율방범대에 대해서 말해보세요.**

| 답변예시 |

A.

자율방범대는 지역사회 주민분들이 지역경찰과 협력하여 범죄예방을 하고자 결성한 자율적인 봉사조직입니다. 경찰관 제반 업무 협력활동으로 취약지역 범죄예방, 관내 중요 행사 시 안전을 위한 안내, 교통 환경, 치안유지를 위한 활동 등을 하고 있습니다. 우리 경찰의 치안활동의 협력체로서 적극 소통하며 일할 수 있도록 해야 한다고 생각합니다.

┌─ 답변 가이드 ·

자치경찰 시행과 공동체와 관련된 치안이 중요해지면서 자율방범대의 역할도 강조되고 있습니다. 이와 관련한 자신의 생각을 간결하게 답변하시기 바랍니다.

나만의 답변 구성하기

질문 **Q. 음주 단속 기준치에 대해 말해보세요.**

| 답변예시 |

A.

음주운전은 「도로교통법」 제44조에 따라 '운전이 금지되는 술에 취한 상태의 기준은 운전자의 혈중 알코올 농도가 0.03퍼센트 이상인 경우로 한다.'라고 규정하고 있습니다. 음주운전이 적발되면 5년 이하의 징역 또는 2천만 원 이하의 벌금의 형사처분을 받습니다. 혈중 알코올 농도가 0.03에서 0.08퍼센트 미만 음주운전자는 형사처분과 100일간 면허정지가 추가되고, 0.08퍼센트 이상은 형사처분과 면허가 취소됩니다. 측정 불응시에는 형사처분과 면허취소가 됩니다.

「윤창호법」 시행으로 강력해진 음주단속 기준치에 따라 답변하시면 됩니다. 특히 0.03퍼센트부터 적발이 가능하고, 0.08퍼센트 이상이면 면허가 취소된다는 점을 알아두시기 바랍니다.

나만의 답변 구성하기

질문 **Q.「형사소송법」의 실체진실주의와 절차주의 중에 무엇이 더 중요한가요?**

| 답변예시 |

A.

저는 실체진실주의가 더 중요하다고 생각합니다. 실체진실주의란 소송 당사자의 사실상의 주장, 증거에 구속되지 않고 사안의 진상을 규명하여 진실을 발견하려는 것입니다. 경찰 또한 사건의 정확한 진실을 찾기 위해 모든 노력을 기울여야 한다는 점에서 가장 중요하다고 생각합니다. 다만 실체적 진실만 추구하다 보면 재판이나 수사가 너무 길어질 수 있고, 형평성에 어긋날 수 있으며 피고인의 기본권을 침해하는 경우가 발생할 수 있습니다. 따라서 적법절차를 따르되, 그 안에서 사건의 진실을 최우선으로 삼도록 노력해야 한다고 생각합니다.

답변 가이드

우리나라와 대부분의 국가의 「형사소송법」은 적법절차의 원칙을 더 우선시하게 됩니다. 법언에는 1명의 무고한 자를 만드는 것보다 10명의 범죄자를 풀어주는 것이 더 좋은 선택이라는 것이 있습니다. 이는 위법수집증거배제법칙, 무죄추정의 원칙 등과 같은 원칙으로 「형사소송법」의 주요 원칙으로 자리 잡아 있습니다. 위법수집증거배제는 적법절차를 지키지 않은 경우, 설사 해당 증거가 범죄의 증거가 확실하다고 하더라도 해당 증거를 아예 사용할 수 없게 함으로써 다른 많은 무고한 사항을 만들지 않도록 원천적으로 금지하고 있다는 점을 기억해두어야 합니다.

나만의 답변 구성하기

---

03 | 기출질문 리스트

(1) 개별면접(공채, 경채, 간부 공통)

- 자기소개를 해보세요.
- 지원동기를 말해보세요.
- 자신의 고등학교 시절은 어땠나요?
- 자신이 면접관이 된다면 주로 어떤 사항을 평가할 것인가요?
- 본인의 첫인상은 어떤 것 같나요?
- 경찰이 되기 위해 어떤 노력을 했나요?
- 수험기간이 얼마나 됐나요?
- 이번 면접이 몇 번째인가요?
- 직장을 다녔던 경력을 경찰 업무에도 활용할 수 있나요?
- 본인이 공익을 위해서 한 일을 1분 내로 말해보세요.
- 경찰 면접은 처음인가요?
- 체력은 어떤가요?
- 면접학원에서 준비했었나요?
- 힘들었던 일과 극복한 경험까지 말해보세요.
- 진로를 정하게 된 계기를 말해보세요.
- 자신의 부족한 점과 보완할 점을 말해보세요.
- 언제부터 경찰관이 되고 싶다고 생각했나요?
- 경찰의 덕목은 무엇인가요?
- 경찰이 청렴해야 하는 이유는 무엇인가요?
- 경찰의 덕목 중 본인이 부족한 것은 무엇인가요?
- 다른 지원자와 달리 꼭 합격해야하는 이유가 있다면 말해보세요.
- 생각했던 경찰의 이미지와 수험공부를 하면서 달라진 이미지가 있다면 말해보세요.
- 좋은 경찰과 안 좋은 경찰에 대한 생각을 말해보세요.
- 공정에 대해 설명해보세요.

- 사명감에 대한 정의를 말해보세요.
- 경찰관 6대 의무 중 어떤 것이 가장 중요하다고 생각하나요?
- 본인의 소통능력은 몇 점인가요?
- 본인의 장점 2가지를 경찰 업무와 연관 지어서 말해보세요.
- 성격의 단점을 3가지 말해보세요.
- 최근에 스트레스를 받은 경험과 해소법을 말해보세요.
- 최근에 느꼈던 감정 3가지를 말해보세요.
- 지원부서와 기피부서에 대해 말해보세요.
- 어느 계급까지 진급하고 싶나요?
- 본인은 리더인가요? 팔로어인가요?
- 리더의 역할이 무엇이라고 생각하나요?
- 매번 새로운 업무가 낫나요? 지속되고 반복되는 업무가 낫나요?
- 열정이 앞서는 편인가요? 차분한 편인가요?
- 행동이 빠른데 실수하는 편인가요? 아니면 행동은 느린데 실수하지 않는 편인가요?
- 본인은 냉철한 편인가요? 아니면 따뜻한 편인가요?
- 인적성 평가를 스스로 속이는 경우가 있는데 어떻게 생각하나요?
- 듣고 싶은 질문이 있나요?
- 같이 일하기 싫은 사람과 팀이 된다면 어떻게 할 건가요?
- 어떤 상사가 싫은가요?
- 경찰이 하는 업무에 대한 장단점을 말해보세요.
- 술을 마시고 실수한 적이 있나요?
- 자신을 동물에 비유한다면 어떤 동물이며, 그 이유는 무엇인가요?
- 최근에 읽었던 책에 대해 말해보세요.
- 좌우명이 있나요?
- 5년 후 어떤 경찰이 되고 싶고, 어떤 노력을 할 건가요?
- 마지막으로 하고 싶은 말이 있나요?
- 감정적으로 행동해서 본인이 피해본 경험이 있다면 말해보세요.
- 범죄를 신고했던 경험이 있나요?
- 자신의 성격 때문에 남에게 상처를 준 적이 있나요?
- 가장 괴로웠던 경험에 대해서 말해보세요.
- 가장 화가 났던 경험에 대해서 말해보세요.
- 모멸감을 느낀 경험에 대해서 말해보세요.
- 최근에 후회한 적이 있으면 말해보세요.
- 협동심을 발휘한 경험을 말해보세요.
- 가장 두려웠던 경험에 대해서 말해보세요.
- 남들이 기피하는 일을 했던 경험에 대해서 말해보세요.
- 책임감을 발휘했던 경험에 대해서 말해보세요.
- 갈등을 중재했었던 경험에 대해서 말해보세요.
- 법을 어긴 경험이 있나요?
- 인간관계가 나빴던 적이 있나요?
- 노인과 같은 사회적 약자를 도와준 경험이 있나요?
- 문화적인 차이를 경험한 적이 있나요?
- 소통이 잘 안되어서 후회했던 경험이 있나요?
- 평소 타인을 잘 돕는 편인가요?
- 인내심의 한계를 느꼈던 경험에 대해서 말해보세요.

- 타인의 의사를 받아들여서 개선되었던 일이 있다면 말해보세요.
- 창의력을 발휘한 경험에 대해서 말해보세요.
- 규칙을 어겨본 적이 있으면 사소한 것이라도 말해보세요.
- 리더십을 발휘한 경험에 대해서 말해보세요.
- 갈등을 해결했던 경험에 대해서 말해보세요.
- 부조리를 개선한 경험에 대해서 말해보세요.
- 상사가 일은 가르쳐주지 않고, 시키기만 한다면 어떻게 할 건가요?
- 묵묵히 일하는 후임하고 능력 있는 후임 중 누가 더 좋은가요?
- 본인은 묵묵히 일하는 편인가요?
- 성과를 냈는데 아무도 알아주지 않는다면 어떨 것 같나요?
- 2인1조 근무시 동료가 소극적으로 행동한다면 어떻게 할 건가요?
- 청소년을 선도하는데 욕하고 침을 뱉으면 어떻게 할 건가요?
- 패싸움이 벌어지는데 경찰인 나한테 밀면서 가라고 하면 어떻게 할 건가요?
- 범인 처벌이 중요한가요? 계도가 중요한가요?
- 국민이 원하는 경찰의 모습은 무엇인가요?
- 자치경찰이 하는 사무는 무엇인가요?
- 경찰 업무가 아닌 다른 기관과 관련된 신고가 들어오면 출동할 건가요?
- 조직에 부조리나 악습 등이 많으면 어떻게 할 건가요?
- 동료가 민원인에게 음료수를 받았다면 어떻게 할 건가요?
- 절도범을 잡아 돈을 찾아드렸는데, 그 돈의 20%를 보상으로 주신다고 하면 받을 건가요?
- 혼자 계시는 할머니께서 같이 밥을 먹자고 한다면 어떻게 할 건가요?
- 동료와 트러블이 생기면 어떻게 해결할 건가요?
- 본인의 가치관과 다른 직무명령을 받으면 어떻게 할 건가요?
- 나이 어린 상사를 만난다면 어떻게 할 건가요?
- 승진기회가 있다면 동료에게 양보할 건가요? 본인이 승진할 건가요?
- 개인의 성과가 중요한가요? 집단의 성과가 중요한가요?
- 유능한 상사와 성격 좋은 상사 중에 누구랑 일하고 싶나요?
- 동료의 실수를 목격하면 어떻게 할 건가요?
- 불법시위에서 큰 부상을 당해서 소송을 준비하는데 사건을 덮으라는 지시가 있다면 어떻게 할 건가요?
- 철로에 노인이 빠져 위험한 상황에 어떻게 대처할 건가요?
- 할머니가 길을 찾아달라고 하는데 뒤에서 오토바이가 신호위반하는 것을 보았다면 어떻게 할 건가요?
- 강아지를 잃어버렸다는 신고가 들어왔다면 어떻게 할 건가요?
- 얼마 전 횡단보도에서 일가족이 차에 치이는 안타까운 사고가 있었는데, 피해자 가족을 어떻게 위로할 것인가요?
- 경찰이 근무시간 외에 주점에 가서 여성도우미를 부르는 것을 어떻게 생각하나요?
- 경찰의 업무가 자신의 가치관이 맞지 않는다면 어떻게 할 건가요?
- 경찰서장이 단속에 걸린 사람을 훈방조치하라고 한다면 어떻게 할 건가요?
- 상관의 아들이 자전거를 훔치다 적발됐으면 어떻게 처리할 것인가요?
- 체포 중 불성실한 사람에 대해서 어떻게 대처할 건가요?
- 순찰차에서 상사가 무전은 안 받고 자고 있다면 어떻게 할 건가요?
- 상황근무 중 상사가 졸면 어떻게 할 건가요?
- 조직 내에서 갈등이 발생하면 어떻게 할 건가요?
- 출근을 했는데 사무실 분위기가 좋지 않다면 어떻게 할 건가요?
- 상사가 가해자인 지인에게 유리하게 사건을 전개하면 어떻게 할 건가요?
- 상사의 명령으로 유흥업소단속기간을 사전에 알려주어서 업주가 돈을 준다면 어떻게 할 건가요?
- 동료의 비리를 본다면 어떻게 할 건가요?

- 막다른 길에서 범인을 체포했는데, 알고 보니 사촌동생이라면 어떻게 할 건가요?
- 아버지가 음주운전 단속에 걸리면 어떻게 할 건가요?
- 절도신고를 받고 출동했는데, 점주는 강력히 처벌을 원하지만 피해액이 2만 원이라면 어떻게 할 건가요?
- 즉결심판에 대해서 어떻게 생각하나요?
- 자신과 반대되는 의견을 내는 동료가 있다면 어떻게 할 건가요?
- 동료들끼리 말다툼을 하는 모습을 봤다면 어떻게 할 건가요?
- 지인이 타인의 개인정보를 부탁하면 어떻게 할 건가요?
- 악성민원인이 터무니없는 민원을 제기하면 어떻게 할 건가요?
- 경찰이 카페에서 커피를 사고 있는데 시민이 경찰한테 와서 근무 중에 이래도 되나?, 세금이 아깝다고 한다면 본인은 어떻게 할 건가요?
- 경찰차량을 운전 중인데 유치원생들이 반갑게 인사한다면 어떻게 할 건가요?
- 황색등 신호에서 어떻게 교통단속을 할 건가요?
- 훈방조치에 대해 알고 있다면 신입경찰이 되었을 때 어떻게 활용할 것인지 말해보세요.
- 훈방조치시 선임 경찰관의 도움을 받을 수 없는 상황이라면, 어떻게 해결할 건가요?
- 근무 중 아이가 실종됐다는 신고를 받으면 신입경찰관으로서 어떻게 할 건가요?
- 여성 성범죄 피해자를 발견하면 어떻게 할 건지 말해보세요.
- 상사가 부당한 지시를 했을 때는 어떻게 대처할 건지 말해보세요.
- 동료가 시위자에게 얼굴을 맞고 그만두겠다고 한다면 어떻게 할 건가요?
- 쇼핑몰에서 사기를 당한 민원인이 찾아온다면 어떻게 처리할 건가요?
- 친한 친구의 조문을 가야하는데 승진시험과 날짜가 겹친다면 어떻게 할 건가요?
- 업무 중에 체력적으로 한계에 도달하면 어떻게 극복할건가요?
- 휴가를 나갔을 때 긴급출동신고가 들어온다면 어떻게 할 건가요?
- 휴무인 날에 폭행사건을 목격했다면 어떻게 할 건가요?
- 휴가 중인데 소매치기 만난다면 어떻게 할 건가요?
- 처음 현장에 나가면 어떻게 행동할 것인지 말해보세요.
- 주취폭력자에 대해서 어떻게 대처할 건가요?
- 다른 사람들이 꺼려하는 직장상사가 있다면 어떻게 친해질 건가요?
- 주취자가 길가에 있는데 집에 데려다 달라고 한다면 순찰차로 데려다 줄 건가요?
- 주취자가 지구대를 찾아와서 지난번에 김순경은 집에 바래다줬는데 왜 안 데려다 주냐면서 떼를 쓰면 어떻게 할 건가요?
- 초등학교 6학년 여학생이 성추행 신고를 했다면 어떻게 할 것인가요?
- 아동학대 신고를 받으면 어떻게 대처할 건가요?
- 경찰생활을 하면 가정과 양립하기 어려운데 어떻게 할 것인가요?
- 민원인을 대할 때는 엄격해야 할까요? 친절해야 할까요?
- 신고를 받고 현장에 나갔는데 시민이 욕을 한다면 어떻게 할 건가요?
- 경찰로서 일을 할 때 힘들 것 같은 업무는 무엇인가요?
- 상사가 자신에게 야간근무를 반복적으로 시킨다면 어떻게 할 건가요?
- 생계형 범죄는 어떻게 처리할 건가요?
- 선배가 많은 시민에게 맞고 있는 상황입니다. 어떻게 할 건가요?
- 근무상 오지로 가야 하는데, 여경은 임신했다는 이유로 본인을 보낸다면 정당하다고 생각하나요?
- 동료가 업무 공유를 하지 않는다면 어떻게 할 건가요?
- 코로나19에 걸린 친구와 카페에서 만났다면 어떻게 할 건가요?
- 초등학생이 아이스크림 들고 있었는데 어떤 사람이 모르고 쳐서 아이스크림이 떨어진 상황을 보았다면 어떻게 할 건가요?
- 시골에 가면 나이가 많은 선배님들이 답답하게 느껴질 수 있을 텐데 어떻게 대처할 건가요?
- 어렵게 만든 성과가 수포로 돌아간다면 어떻게 할 건가요?
- 팀원들 중 본인만 성과가 좋고 다른 팀원들은 성과가 좋지 못하다면 어떻게 할 건가요?

- 잔인한 범죄를 저지른 피의자에게 경찰권을 행사하는데, 인권침해의 소지가 따른다면 어떻게 할 건가요?
- 동료가 야간수당만 받으려고 업무는 하지 않고 지문만 찍고 퇴근할 때는 어떻게 할 건가요?
- 지인이 불법 촬영 영상물을 본인에게 보내줬다면 어떻게 할 건가요?
- 상사가 자꾸 머리를 쓰다듬고 신체적 접촉을 한다면 어떻게 할 건가요?
- 여행일정을 잡아놨는데 선배와 휴가기간이 겹친다면 어떻게 할 건가요?
- 해당청에서 시행하고 있는 사회적 약자를 위한 정책을 말해보세요.
- 지방경찰청장님의 계급은 무엇인가요?
- 지원한 지역의 청장님 계급과 성명을 말해보세요.
- 지원청이 원하는 인재상에 대해 알고 있나요?
- 경찰이 언론에 보도된 최근 사례에 대해 말해보세요.
- 최근 경찰 이슈에 대해서 하나만 정하고, 본인의 생각을 말해보세요.
- 경찰이 고쳤으면 하는 점은 무엇인가요?
- 음주운전을 하는 경찰관은 어떻게 처벌해야 할까요?
- 경찰 부패에 대해서 말해보세요.
- 경찰이 범죄를 저지르는 이유는 무엇이라고 생각하나요?
- 시위현장에서 경찰의 문제점은 무엇인가요?
- 현재 가장 큰 사회적 이슈는 뭐라고 생각하나요?
- 「부정청탁금지법」의 장점과 단점에 대해서 말해보세요.
- 성차별이란 무엇이라고 생각하나요?
- 성인지감수성이란 무엇인가요?
- 「경찰관 직무직행법」 제3조를 말해보세요.
- 아동학대범죄의 해결방안에 대한 본인의 의견을 말해보세요.
- 「보호수용법」을 어떻게 생각하는지 말해보세요.
- 일반예방과 특별예방의 차이를 말해보세요.
- 촉법소년 연령하향 조정에 대한 의견을 말해보세요.
- 많은 CCTV로 인해 사생활 침해가 우려되는데, 어떻게 생각하나요?
- 인권과 공권력 중에 어느 것이 더 중요한가요?
- 경찰은 사회적 약자를 보호하는 것과 공권력을 강화시키는 것 중 무엇을 더 신경써야 할까요?
- 현재 이슈가 되고 있는 수사권 조정에 대해서 말해보세요.
- 피해자 보호 절차에 대해서 알고 있나요?
- 여경과 남경의 비율 어느 정도가 가장 적합하나요?
- 음주운전 기준치를 알고 있나요?
- 해당 지역의 경찰서 위치를 알고 있나요?
- 어느 서에서 일하고 싶은지 이유와 함께 말해보세요.
- 자치경찰의 장단점을 1개씩 말해보세요.
- 행정심판과 행정소송이란 무엇인가요?
- 치안서비스와 민생안전, 행정서비스는 결국 같은 일인지 다른 일인지 말해보세요.
- 지구대에서 하는 일이 무엇이라고 생각하나요?
- 강력한 공권력이라고 하면 뭐가 떠오르나요?
- 요즘 경찰공권력이 많이 약해졌다고 하는데, 그 이유가 무엇이라고 생각하나요?
- 미래에 경찰이 어떤 역할을 해야 할지 말해보세요.
- 헌법을 법률로 막을 수 있나요?
- 「경찰법」에 대해서 아는 대로 말해보세요.
- 사회적 약자에 대해서 설명하고, 경찰로서 도울 수 있는 방안을 말해보세요.
- 사회적 약자를 위한 새로운 아이디어가 있나요?

- 아동학대 신고가 들어온다면, 어떻게 조치할 건지 말해보세요.
- 우리나라 국민 의식에 대해 어떻게 생각하는지 말해보세요.
- 「형사소송법」의 실체진실주의와 절차주의 중에 무엇이 더 중요한가요?
- 성과주의에 대해서 어떻게 생각하나요?
- 경찰이 할 수 있는 피해자 보호 및 지원제도를 다하였는데 계속 보호해달라면 우기면 어떻게 할 건가요?
- 연좌제에 대해서 어떻게 생각하나요?
- 경찰에게 제일 필요한 공직성이 무엇이라고 생각하나요?
- 최근에 경찰에게 욕을 하는 사람들을 모욕죄로 처리한 사례들에 대해서는 어떻게 생각하나요?
- 1~4차 산업혁명에 대해 알고 있나요?
- 3D프린팅 기술을 악용하여 불법 사제총기를 만들어 범죄를 일으킨다면 어떻게 할 건가요?
- 「형사소송법」 제312조의 대해서 알고 있나요?
- 성선설과 성악설 중 무엇을 믿나요?

(2) 경채 및 특채

① 토목직

- 본인을 뽑아야 하는 이유에 대해서 말해보세요.
- 이직 사유에 대해서 말해보세요.
- 본인의 전문성을 어떤 식으로 활용할 것인지 말해보세요.
- 멘탈은 강한가요?
- 재난사고현장의 참혹한 상황을 보고 버틸 수 있나요?
- 가장 어려웠던 일에 대해서 말해보세요.
- 성격의 장단점을 말해보세요.

② 무도특채

- 악성민원인이 소리를 지르며 난동을 부리면 어떻게 할 것인지 말해보세요.
- 상사가 지시를 내리는데 자신의 신념과 맞지 않는 것 같다면 어떻게 할 것인가요?
- 무도특채를 뽑는 이유는 무엇이라고 생각하나요?
- 다른 사람과 의견이 맞지 않을 때 해결방안을 말해보세요.
- 사회적 약자에 대해서 말해보세요.
- 평소에도 운동을 많이 하나요?
- 왜 경찰직을 지원했나요?
- 마지막으로 하고 싶은 말이 있으면 해보세요.

③ 항공기정비

- 자기소개를 해보세요.
- 후배한테 부당한 지시를 한 적이 있나요?
- 자신의 단점을 말해보세요.
- 군 생활 중에 힘들었던 점을 말해보세요.
- 싫어했던 사람이 있었나요?
- 동료가 정비를 하다가 다친 걸 목격하면 어떨 것 같나요?
- 술을 마시고 블랙아웃이 된 적이 있나요?

④ 관현악

- 경력기간이 어떻게 되나요?
- 음악을 시작하게 된 계기를 말해보세요.
- 멤버들을 위해 손해를 감수할 수 있나요?
- 본인의 악기가 고장 났다면 어떻게 할 건가요?
- 공연날 몸이 아프면 어떻게 할 건가요?
- 멤버들과의 갈등을 해결한 사례에 대해서 말해보세요.
- 소속되어있는 곳이 있나요?
- 상사의 불합리한 지시에 어떻게 대처할 건가요?

⑤ 안보수사/외국어

- 자기소개와 지원동기를 1분 동안 말해보세요.
- 현재 생활비는 어떻게 충당하나요?
- 경찰의 공정성은 몇 점이라고 생각하나요?
- 안보수사 말고 근무하고 싶은 곳이 있나요?
- 전혀 관련이 없는 부서에서 지원요청이 온다면 어떻게 할 건가요?
- 외국인 체류인이 증가하고 있는데 긍정적으로 생각하나요?
- 국가안보에서 제일 중요한 것은 무엇이라고 생각하나요?
- 본인의 성격은 어떤가요?

⑥ 안보수사/방첩대테러

- 자기소개를 해보세요.
- 힘들었던 경험에 대해서 말해보세요.
- 직업이 바뀌면 시민을 대하는 자세도 변화되어야 할 것 같은데 잘 할 수 있나요?
- 북한이탈주민을 어떻게 조치할 것인가요?
- 친한 친구가 음주운전으로 적발되었다면 어떻게 할 것인가요?
- 능력 있는 팀원이 업무를 대충한다면 어떻게 대처할 것인가요?
- 물리력, 강제력을 행사할 수 있는 요건에 대해 알고 있나요?
- 마지막으로 할 말이 있다면 해보세요.

⑦ 과학수사

- 자기소개를 해보세요.
- 가장 힘들었던 경험에 대해서 말해보세요.
- 타인을 위해 희생한 적이 있나요?
- 화재현장에서 불은 거의 꺼졌는데, 형사팀장은 증거가 소실되니 들어가자고 하고, 과학수사팀장은 아직 불이 다 안 꺼져서 위험하니 들어가면 안 된다고 한다면 어떻게 할 건가요?
- 최근 경찰의 논란에 대해서 말해보세요.
- 경찰의 덕목 3가지를 말해보세요.
- 경찰의 덕목 중 가장 중요한 것은 무엇인가요?
- 과학수사와 관련해서 최신기술이 있다면 설명해보세요.
- 본인의 성격을 한마디로 표현해보세요.
- 현장감식을 하는데 감식이 잘못되어 민원이 들어왔다면 어떻게 할 건가요?
- 마지막으로 할 말이 있나요?

⑧ 변호사

- 자기소개 및 지원동기에 대해서 말해보세요.
- 보이스피싱 범죄에 대해서 어떻게 대처할 건가요?
- 맡은 사건에 대한 결과는 대부분 어땠나요?
- (성공적인 사건의 경우) 비결이 무엇이라고 생각하나요?
- 본인이 팀장이라면 강력범죄 사건은 어떻게 처리할 것인가요?
- 운칠기삼이라는 말이 있는데 본인이 합격할 경우 운이 몇이고 노력이 몇이라 생각하나요?
- 불합격하면 다시 지원할 생각이 있나요?
- 본인은 업무를 잘하는데 팀원이 따라오지 못하는 경우라면 어떻게 할 건가요?
- 팀원과의 소통에서 답답한 부분이 생기면 어떻게 할 건가요?
- 다른 사람의 실수로 본인이 피해를 본 경험이 있나요?

⑨ 교통경채

- 자기소개를 해보세요.
- 본인의 강점에 대해서 말해보세요.
- 교통경찰에 가장 부족한 부분을 말해보세요.
- 도덕, 청렴, 준법 중 가장 중요하게 생각하는 것을 말해보세요.
- 고가도로와 지하차도 중 하나를 골라서 설치해야 한다면 그 이유는 무엇인가요?
- 교통 시설이나 관련 업체에서 부정 청탁이 들어오면 어떻게 할 것인가요?
- 신호위반을 한 사람이 아버지라면 어떻게 할 건가요?
- 적발된 사람을 상사가 지인이라고 그냥 보내라고 한다면 어떻게 할 건가요?
- 마지막으로 하고 싶은 말이 있으면 해보세요.

⑩ 사이버수사

- 상사가 자신의 공을 가로챈다면 어떻게 할 건가요?
- 사명감이 무엇이라고 생각하나요?
- 좌절을 한 경험과 극복한 경험에 대해서 말해보세요.
- 자신의 실무경험을 사이버수사에 어떻게 적용할 수 있나요?
- 사이버수사대에 지원하기 위해 어떤 노력을 했나요?
- 해커와 크래커의 차이를 말해보세요.
- 블랙 해커와 화이트 해커의 차이점을 말해보세요.
- 경찰의 덕목을 말해보세요.
- 사이버 수사기법에 대해서 말해보세요.
- 부당한 지시를 받아본 적이 있나요?
- 고소와 고발의 차이를 설명해보세요.
- 사이버 수사의 문제점에 대해서 들어본 적이 있나요?
- 너무 피곤한 상황에서 연달아서 근무를 해야 한다면 어떻게 할 건가요?
- 어린아이가 절도를 한 경우 어떻게 대처할 건가요?
- 다른 경험 많고 스펙 좋은 지원자들 말고 본인이 사이버수사관으로서 꼭 뽑혀야 하는 이유가 있나요?
- 본인만의 스트레스 해소법이 있나요?
- 사이버수사대의 업무가 무엇이라 생각하나요?
- 사이버수사 홈페이지에 접속해 본 적이 있나요?
- 청소년들을 위해서 찾아가는 사이버 수사대를 꾸린다면 운영이 잘 될 것 같나요?
- 경찰 수사를 인공지능으로 대체한다면 우려되는 점을 말해보세요.

⑪ 특공대

- 자기소개를 해보세요.
- 경찰관의 덕목에 대해서 말해보세요.
- 민원인이 자신의 사건을 부탁한다면서 돈을 쥐어주는데 아무도 본 사람이 없다면, 어떻게 할 건가요?
- 동료가 조직생활을 버거워 한다면 어떻게 할 건가요?
- 동료가 본인의 실수를 뒤집어씌운다면 어떻게 할 건가요?
- 친해지기 어려운 상관이 있다면 어떻게 할 건가요?
- 상관과의 불화가 있을 때, 자신만의 해결방법이 있나요?
- 상관이 하루마다 총기를 닦으라고 한다면 어떻게 할 건가요?
- 대회 수상경험이 있나요?
- 경찰특공대하면 무엇이 생각나나요?
- 팀원 중 한명이 파면을 당해서 생활고를 겪고 있으면 도와줄 건가요?
- 본인이 원하지 않는 일을 해야 했을 때 어떻게 해결했나요?
- 경찰특공대원으로써 목표를 말해보세요.
- 팀원간의 분열이 있을 때 중재한 경험이 있나요?
- 워라밸에 대해서 알고 있나요?
- 팀원 중 한명이 업무가 많이 남아 있는데도 바로 퇴근을 하려고 한다면 어떻게 할 건가요?
- 최근 가장 화났던 일에 대해서 말해보세요.
- 특진할 수 있는 기회가 생겼는데 후임에게 양보가 가능하다면 어떻게 할 건가요?
- 특공대임무에 대해서 말해보세요.
- 경찰특공대를 한마디로 말해보세요.
- 패배한 경험과 감정에 대해서 말해보세요.
- 경찰특공대 말고 다른 부서로 가게 되면 어떻게 할 건가요?

CHAPTER 03

합격전략 3.
집단면접

01 | 집단면접이란?

1단계 집단면접은 한 조에 4~6명이 함께 면접실에 입실하여 보는 방식으로 다대다 구조로 진행됩니다. 대부분의 지방청에서는 수험생들끼리 토론하는 방식으로 진행되지만, 강원청, 경북청, 충북청 등 일부지역에서는 토론형식이 아닌 면접관이 주도하는 문답형식으로 진행됩니다.

단계	평가요소	배점
1단계 면접(집단 면접)	의사발표의 정확성 · 논리성 및 전문지식	10점(1점~10점)
2단계 면접(개별 면접)	품행 · 예의 · 봉사성 · 정직성 · 도덕성 · 준법성	10점(1점~10점)
가산점	무도 · 운전 · 기타 경찰업무관련 자격증	5점(0점~5점)
계	25점	

(1) 집단면접 절차와 방법

① 집단면접 시간은 어느 정도인가요?

지원청마다 상이하지만, 평균적으로 한 조당 30분정도 진행됩니다. 보통 20분 토론 후 10분 동안 추가 질문으로 진행되는 형태입니다. 다만, 토론이 진행되지 않는 일부 지방청의 경우 면접관의 질문에 대답하는 형태(문답식)로 이뤄지는 경우도 있습니다.

② 집단면접에서 면접관은 어떻게 구성되나요?

1단계 집단면접은 동료면접으로 순경, 경장, 경사급으로 구성된 면접관 3~4인으로 구성됩니다. 수험생의 인적사항 등 기본적인 자료만 제공되며, 수험생 간의 비교평가를 진행하게 됩니다.

③ 주로 어떤 질문을 하나요?

주로 경찰과 관련된 이슈나 시사주제가 제공되며, 이에 대한 수험생의 의견을 자유롭게 발표하는 형태입니다. 이후 추가질문의 형태는 경찰 이슈나 시사뿐만 아니라 경찰이 되었을 때, 발생할 수 있는 상황에 대한 대처, 자기소개와 같은 개인적인 질문, 타 수험생에 대한 발언에 대한 반박이나 정리 등 다양하게 출제되고 있습니다.

④ 답변은 어느 정도 분량으로 하면 좋을까요?

수험생마다 보통 6~7번 발언을 하게 됩니다. 따라서 한 번 발언 시 30초를 넘기지 않도록 간결하게 답변하는 것이 좋습니다.

⑤ 집단면접 준비는 어떻게 해야 할까요?

토론형태로 진행되는 지원청의 경우 한 주제당 여러 번 발언을 해야 하기 때문에 답변 또한 여러 방면으로 준비하는 것이 좋습니다. 집단면접은 수험생 간의 평가로 이루어지기 때문에 준비한 발언을 다른 사람이 할 수도 있고, 분위기를 주도하는 것이 면접관에게 좋은 인상을 심어줄 수도 있습니다. 주제에서 다루는 개념이나 법조항, 관련 사건, 해결방안, 해외사례 등 다양한 관점에서 답변을 준비하시기 바랍니다. 다만 토론이 아닌 문답식의 형태로 이뤄지는 지역이라면, 한 주제당 하나의 답변을 준비해도 무방합니다. 따라서 아래 작성요령을 참고해서 자신만의 답변을 만들어보시기 바랍니다.

(2) 집단면접 예시

주제 **Q. 데이트폭력 해결방안**

면접관.
지금부터 집단토론을 시작하겠습니다. 토론주제는 데이트폭력 해결방안입니다. 의견이 있으신 분은 손을 들고 자유롭게 발표해 주시기 바랍니다. 그럼 시작해주세요.

수험생 1.
안녕하십니까. ○번 ○○○입니다.
제가 생각하는 데이트폭력의 가장 근본적인 원인은 연인간의 특수성이라고 말씀드리고 싶습니다. 사랑싸움인지 범죄인지에 대해 미인지성이 크기 때문에 이를 인지시키는 것이 중요하다고 생각합니다. 따라서 해결방안으로 우리 경찰청의 유튜브채널을 활용하여 데이트폭력은 엄연히 범죄임을 알려야 한다고 생각합니다. 이상입니다.

수험생 2.
안녕하십니까. ○번 ○○○입니다.
저도 데이트폭력의 가장 큰 문제점은 인식의 부재라고 생각합니다. 데이트폭력을 사소한 사랑싸움이나 연인간의 다툼으로 치부하는 경우가 많습니다. 데이트폭력이 사소한 것에서 시작할 수 있지만, 중대한 범죄로 이어질 수 있기 때문에 인식개선이 우선이라고 생각합니다. 그러기 위해서 데이트폭력이라는 단어보다는 교제폭력, 교제살인 등으로 변경하면 좋을 것 같습니다.

수험생 3.
안녕하십니까. ○번 ○○○입니다.
저 또한 앞서 말씀하신 수험생 의견에 동의하는 입장입니다. 데이트폭력은 은폐성, 은밀성이라는 특성상 데이트폭력 신고가 잘 이뤄지지 않고 있습니다. 따라서 공공장소 등에 데이트폭력에 대한 경각심을 유발하는 포스터 등을 부착하는 것도 좋을 것 같습니다. 이상입니다.

수험생 4.

안녕하십니까. ○번 ○○○입니다.

저는 외국의 사례를 들어 한 가지 말씀드리고 싶습니다. 영국에서는 「클레어법」을 시행하여 데이트폭력 피해자가 요청하면 가해자에 대한 전과기록을 보여줄 수 있다고 합니다. 이러한 제도를 우리나라도 도입한다면 데이트폭력을 어느 정도 예방할 수 있다고 생각합니다. 이상입니다.

수험생 5.

발언하겠습니다. 안녕하십니까. ○번 ○○○입니다. 저 또한 앞선 지원자들의 의견을 잘 들었습니다. 저는 데이트폭력 원인에 대해 생각해보았습니다. 어렸을 적 가정폭력 피해아동들이 커서 데이트폭력 가해자가 되는 경우도 있다고 합니다. 그렇기 때문에 올바른 부모교육과 함께 어렸을 적부터 폭력을 당하거나 목격했을 때, 어떻게 행동해야 하는지에 대한 교육을 실시하는 것이 데이트폭력을 좀 더 장기적인 관점에서 예방할 수 있는 방안이라고 생각합니다. 이상입니다.

수험생 1.

서울특별시 경찰청 소속 연남파출소에서는 사회적 약자를 주제로 벽화를 통해 지나가는 시민들에게 한 번 더 사회적 약자에 대한 인식을 각인시켰다고 합니다. 이를 적용하여 데이트폭력에 대해서도 벽화나 캠페인을 실시한다면 데이트폭력에 대한 인식이 많이 개선될 수 있을 거라 생각합니다. 또한, 데이트폭력은 리벤지 포르노, 디지털 성범죄로도 이어지고 있습니다. 우리 서울경찰은 화장실에서 도와주세요라고 크게 외쳤을 경우 경찰서에 바로 연락이 되고, 출동할 수 있는 것으로 알고 있습니다. 따라서 이를 확대하여 폐쇄공간에서 데이트폭력범죄에도 대처할 수 있다고 생각합니다.

수험생 3.

저는 법적 제도 측면에서도 보완할 부분이 있다고 생각합니다. 현재 미국에서는 데이트폭력을 가정폭력처럼 엄하게 처벌하고 있는 것으로 알고 있습니다. 하지만 우리나라에서는 단순히 폭행죄로 약하게 처벌하고 있습니다. 따라서 데이트폭력의 법적처벌을 강화해 경각심을 가질 수 있도록 해야 한다고 생각합니다.

수험생 4.

저 역시 앞 수험생 의견에 깊이 공감하는 바입니다. 「데이트폭력법」을 개정해서 처벌을 강화하고, 반의사불벌죄를 적용하기보다는 데이트폭력 발생 시 처벌을 바로 할 수 있도록 해야 한다고 생각합니다.

수험생 6.

저도 반의사불벌죄 적용에 찬성하는 입장입니다. 하지만, 이를 적용할 시 악용하는 사례도 발생할 수 있다고 생각합니다. 따라서 억울한 피해자가 생기지 않도록 수사에 좀 더 신중해야 한다고 생각합니다.

수험생 2.

저는 피해자의 보호나 심리치료도 필요하다고 생각합니다. 데이트폭력의 경우 재발 발생률이 높고 피해자의 경우 가스라이팅으로 옳고 그름을 판단하기 어려워진다고 합니다. 따라서 저는 처벌도 중요하지만, 피해자의 심리치료 등을 통해 피해자 스스로 폭력상황의 심각성을 인지할 수 있는 방안도 필요하다고 생각합니다.

수험생 5.

발언하겠습니다. 앞 수험생들이 말한 법 개정에 덧붙여 말하겠습니다. 데이트폭력은 단순 폭력에서 중상해나 살인까지 이어지고 있습니다. 피해자에게 처벌의사를 묻는 것은 피해자에게 책임을 묻는 것과 같다고 생각합니다. 따라서 반의사불벌죄를 폐지하고, 출동시 데이트폭력 코드를 신설하여 빠른 초동조치가 이뤄질 수 있도록 해야 한다고 생각합니다.

수험생 1.

데이트폭력의 40% 이상이 결혼으로 이어진다는 것을 말씀드리고 싶습니다. 이는 데이트폭력에서 가정폭력으로도 발전할 수 있습니다. 하지만, 가정폭력에서 진행되는 제도 중 위험도 조사표나 피해자 구조제도가 현재 데이트폭력에서는 적용되지 않습니다. 따라서 데이트폭력과 가정폭력을 분리하지 말고, 동일선상에서 바라보고 위험도 조사표나 피해자구조제도를 적용해서 예방할 수 있다고 생각합니다.

수험생 3.

저는 경찰이 할 수 있는 일로 신변보호조치 강화에 대해 말씀드리겠습니다. 최근 데이트폭력 살인사건이 발생했습니다. 스마트워치가 잘못 작동하여 경찰관들이 위치를 잘못 파악하여 대처가 미흡했던 사건이 발생했습니다. 현재 스마트워치는 위성으로 위치를 파악하는 것으로 알고 있는데, GPS나 와이파이 등을 모두 활용해서 좀 더 정확하고 세밀하게 위치를 파악할 수 있도록 스마트 워치 기능을 개선해야 한다고 생각합니다.

수험생 6.

덧붙여 말씀드리겠습니다. 접근금지조치의 거리는 100미터인 것으로 알고 있습니다. 이는 성인 남성이라면 15초 안에 충분히 접근할 수 있는 거리입니다. 또한 긴급조치 보호기간이 최대 6개월밖에 되지 않는 것으로 알고 있습니다. 따라서 기간을 좀 더 늘렸으면 좋겠습니다. 데이트폭력은 연인관계인 만큼 그들의 관계회복도 필요하다고 생각합니다. 따라서 회복적 경찰을 활용해서 가해자와 피해자가 연인 사이로 회복될 수 있도록 도와주는 것도 필요하다고 생각합니다.

수험생 4.

앞서 수험생이 말씀하신 접근금지에 관해 개선점을 생각해보았습니다. 우리나라에서는 법적으로 주로 주거지 또는 학교, 직장에서 100미터 금지를 하고 있습니다. 하지만 일본에서는 조금 더 포괄적으로 범위를 정해 퇴근길, 출근길에도 접근금지를 강력하게 하고 있는 것으로 알고 있습니다. 이는 좀 더 피해자를 생각하고 필요한 조치라고 생각하기에 이러한 제도도 마련되었으면 좋겠습니다.

수험생 5.

저 역시 가해자 처벌보다는 피해자 보호에 좀 더 집중해야 한다고 생각합니다. 얼마 전, 데이트폭력에 관한 기사를 봤습니다. 3년 6개월 실형을 받고 나왔지만 다시 옛 연인을 찾아가 스토킹을 했다고 합니다. 피해여성은 불안에 떨면서 바로 개명을 하고 집 주소도 바꿨지만 또 다시 찾아가 범행을 저질렀다고 합니다. 따라서 피해자 보호를 위해 더욱더 모니터링을 하고 스마트 워치와 같은 장비를 더욱 지원해야 한다고 생각합니다.

수험생 1.

앞서 수험생의 발언과 같이 데이트폭력 특성상 재범의 위험성이 충분히 높다고 생각합니다. 저는 리벤지포르노 영상의 재유포에 대해서 말씀드리겠습니다. 영상의 경우 재유포가 가능하고, 이에 따른 피해자가 극심한 스트레스를 받는다고 생각합니다. 하지만, 경찰 인력이 부족하기에 24시간 감시하기에는 어려움이 있다고 생각합니다. 4차산업혁명을 활용하여 24시간 감시 로봇을 개발해 재유포를 방지할 수 있다면, 리벤지포르노 뿐만 아니라 데이트폭력을 예방할 수 있다고 생각합니다.

수험생 3.

저 역시 리벤지포르노 영상의 경우 2차 피해도 문제라고 생각합니다. 이를 방지하기 위해 경찰에서는 피해자가 신원정보를 변경할 때, 지원금을 주는 등 도움을 주고 있는 것으로 알고 있습니다. 또한 저는 법률적인 부분에서도 피해자에게 도움이 필요하다고 생각합니다. 사법적인 부분에서도 피해자들이 어려움을 겪는 것으로 알고 있습니다. 따라서 법률구조방안도 마련되어야 한다고 생각합니다.

수험생 2.

저도 앞선 수험생분들께서 말씀해주신 리벤지포르노에 대해 말씀드리겠습니다. 리벤지포르노가 유포되면 피해자가 직접 찾고, 삭제도 해야 한다고 들었습니다. 그러기 위해서 피해자가 사설업체에 의뢰해야 한다고 하는데 그 비용이 200만 원 정도가 된다고 합니다. 따라서 이러한 비용을 국가에서 지원해주면 좋지 않을까 생각해보았습니다. 뿐만 아니라 「스토킹처벌법」에 대한 문제점도 말씀드리고 싶습니다. 「스토킹처벌법」은 응급조치, 임시조치, 잠정조치로 이어지는데 가해자를 직접적으로 막을 수 있는 것이 잠정조치밖에 없다는 것이 조금 문제라고 생각합니다. 특히 임시조치에서 접근금지명령을 어겼을 때 2천만 원 이하에 과태료가 부과되는데 실효성에 문제가 나오고 있습니다. 과태료보다는 실질적으로 접근을 막을 수 있는 격리가 필요하다고 생각합니다.

수험생 4.

저는 피해자 보호에 대해 좀 더 생각해봤습니다. 데이트폭력 특성상 가해자가 남성, 피해자가 여성인 경우가 다수라고 합니다. 이런 피해를 받은 여성들이 보호를 받을 수 있는 시설은 해바라기센터 등이 있는데, 운영난과 인력난으로 폐쇄되는 곳이 많다고 합니다. 따라서 이에 대한 국가적 지원을 통해 시설확충이 필요하다고 생각합니다.

수험생 6.

저는 반대 입장에서도 생각해봤습니다. 가해자가 여성, 피해자가 남성일 경우도 있을 거라 생각합니다. 물론 신체적인 폭행은 아니겠지만, 정신적으로도 피해가 있을 수 있다고 생각합니다. 일본에는 SNS 접근금지조항이 있는 것으로 알고 있습니다. 우리나라도 이를 적극적으로 수용한다면 SNS를 통해 정신적으로 피해 보는 데이트폭력 피해자들에게 좀 더 도움이 될 거라고 생각합니다.

수험생 1.

저는 데이트폭력 구조제도와 관련해서 우리나라 여성들에게 해바라기센터와 같은 구조제도가 있는지를 물어보는 설문조사를 본 적이 있습니다. 과반수 이상이 구조제도가 있는지 조차도 모른다는 결과를 볼 수 있었습니다. 따라서 우리 경찰에서도 이러한 제도를 더욱 홍보하는 활동을 하면 좋을 것 같습니다.

수험생 3.
저는 연인 사이에 자신들의 행동이 데이트폭력에 해당되는지 아닌지 점검해보는 것도 좋을 것 같습니다. 이를 통해 데이트폭력을 없앨 수 있는 사회로 나아갈 수 있는 발판이 될 거라고 생각합니다.

수험생 2.
저는 홍보활동에 대해 더 생각해봤습니다. 많은 홍보활동이 진행되고 있지만, 국민들의 관심을 가지지 않으면 소용이 없다고 생각합니다. 따라서 예능프로그램을 통해 시민들에게 인식을 심어준다면 더 좋은 홍보효과가 있을 거라고 생각합니다.

수험생 6.
덧붙여 말씀드리겠습니다. 얼마 전 제가 본 드라마에 연인끼리 장난으로 서로 뺨을 때리는 장면이 나온 것을 보았습니다. 뺨을 때리는 행위를 폭력으로 인지하지 못하게 하는 요인이 될 수 있다고 생각합니다. 따라서 언론이 적극적으로 나서서 좀 더 나은 방향으로 나아가야 한다고 생각합니다.

수험생 5.
저 또한 면접을 준비하면서 주변 사람들에게 공공장소에 붙어있는 홍보포스터를 보면 무슨 생각이 드냐고 물어보았습니다. 대다수가 그런 포스터가 있는지 몰랐다고 하거나 아무 생각이 안 든다고 하는 답변이 많았습니다. 따라서 저는 홍보포스터보다는 유튜브나 예능프로그램처럼 흥미를 끌 수 있는 홍보방안이 필요하다고 생각합니다.

수험생 1.
국민의 인식개선에 공감하며, 저는 실제 사례를 예로 들고 싶습니다. 해외사례로서 미국에서 남자친구에게 감금을 당한 여성이 영상통화로 이런 수화를 했다고 합니다. 하지만 대다수가 이 뜻이 뭔지 몰라 통화를 거절했다고 합니다. 이 수화는 살려주세요, 도와주세요라는 뜻입니다. 따라서 도움을 요청하는 수화나 표시를 정해 국민에게 전파하는 것도 필요하다고 생각합니다.

수험생 4.
저는 「스토킹처벌법」에 대해 다시 말씀드리겠습니다. 「스토킹처벌법」은 3년 이하의 징역 또는 3천만 원 이하의 벌금으로 매우 중범죄에 해당합니다. 하지만 기준의 모호성에 대해 말씀드리고 싶습니다. 현재 논란중인 것 중 하나가 돈을 받으려고 전화하는 것도 스토킹에 해당하냐는 것이었습니다. 중범죄인 만큼 기준을 명확하게 해야 한다고 생각합니다.

수험생 2.
저 역시 「스토킹처벌법」의 미흡한 부분에 대해 말씀드리고 싶습니다. 현재 흉기를 가지고 스토킹을 하는 것은 반의사불벌죄이지만, 흉기가 없는 스토킹은 반의사불벌죄로 처벌받지 않게 될 수 있습니다. 반의사불벌죄 항목을 없애서 2차 피해를 더 방지해야 한다고 생각합니다.

수험생 4.

저 역시 「스토킹처벌법」의 개선점에 대해 말씀드리고 싶습니다. 제 경험을 통해 말씀드리자면, 제 지인이 스토킹에 시달려 저에게 상담을 요청한 적이 있습니다. 그래서 저는 신고를 하는 것을 권했더니 익명이 보장되지 않고, 2차 피해가 발생하는 것이 무서워서 신고를 못하겠다고 말했습니다. 저 역시 깊이 생각해보니 어느 정도 이해가 갔습니다. 따라서 경찰에서 익명을 보장할 수 있는 제도를 마련해야 하며, 충분히 보호가 가능한 시스템을 마련해야 한다고 생각합니다.

수험생 5.

저는 경찰 조직 내부에서 보완할 부분을 말씀드리고 싶습니다. 현재 아동학대 전담경찰관, 학교폭력 전담경찰관처럼 일명 전담경찰관제도가 시행되고 있습니다. 이처럼 데이트폭력 전담경찰관을 만들고 관련 인력을 늘린다면 데이트폭력에 대한 예방효과도 발생할 거라 생각합니다.

수험생 2.

저 역시 전담경찰관 인력 충원에 공감합니다. 경찰은 데이트폭력 피해 신고를 받으면, 피해자 보호조치를 하게 된다고 합니다. 하지만 이 조치가 아무래도 피해자와 밀접하게 있어야 하고, 많은 감시가 있어야 하기 때문에 인력이 많이 필요하다고 생각합니다. 따라서 인력을 늘리거나 데이트폭력 전담경찰관을 따로 채용하는 것이 필요하다고 생각합니다.

수험생 3.

전담경찰관에 대해서 발언해보겠습니다. 현재 아동학대전담경찰관의 경우 1인당 6,321명으로 실효성에 대한 의문이 들 수 있습니다. 만약 데이트폭력 전담경찰관이 생긴다면 치안서비스 공백도 생길 수 있습니다. 따라서 전단경찰관을 신설할 때는 이러한 점을 잘 판단해야 한다고 생각합니다.

수험생 4.

저는 전담경찰관에 대한 실효성문제에 대해 개선방안을 생각해보았습니다. 현재 전문가들은 전담경찰관은 순환직이라서 전문성이 부족할 수 있다고 합니다. 따라서 특채를 활용하여 전담경찰관의 전문성을 높여야 한다고 생각합니다.

수험생 1.

저는 홍보방안에 대해서 말씀드리고 싶습니다. 경기남부경찰청과 서울경찰청에서는 일명 '보라데이'라는 캠페인을 운영하고 있는 것으로 알고 있습니다. 이는 주변 이웃을 한 번 살펴보자는 뜻입니다. 데이트폭력 역시 주변인들을 살피고 눈여겨본다면 예방할 수 있다고 생각합니다.

수험생 3.

저는 셉티드 즉, 환경조성을 통한 범죄예방기법을 통해서도 데이트폭력을 예방할 수 있다고 생각합니다. 우범지역에 CCTV나 비상벨 등을 설치해서 우발적으로 범죄가 발생했을 때 신속하게 조치할 수 있도록 해야 한다고 생각합니다.

면접관.
이상으로 집단토론 마치겠습니다. 퇴실하시기 바랍니다.

02 | 필수질문&답변예시

질문 **Q. 자치경찰의 장단점 및 보완점에 대해 말해보세요.**

| 답변예시 |

A. 〈장점〉
- 지역 특성과 주민 요구에 맞는 맞춤형 치안 활동을 할 수 있습니다. 지역주민 가까이에서 소통하며 안전한 환경을 조성할 수 있고, 지역 상황에 맞게 치안 서비스를 제공하는 것이 가능합니다.
- 지방행정과 치안행정의 결합이 가능합니다. 지방행정과 치안행정이 결합되면서 협의·심의 단계가 짧아지기 때문에 보다 신속한 업무처리가 가능해집니다.
- 지방자치단체가 작은 지역의 독립조직이므로 필요한 조직 운영의 개혁이 용이해집니다. 인접 또는 동급의 지방자치단체와의 경쟁심에서 개혁이 더욱 촉구되는 경우가 많습니다.
- 지역 상황에 적응한 인재 선발이 가능합니다. 이러한 토대 위에서 인사행정이 안정될 수 있는 관계로 같은 지위에 오래 있을 수 있고, 상황에 따라서는 우수한 실적을 올릴 기회가 비교적 많을 수 있습니다.
- 경찰에 대한 주민들이 호감이 높아집니다. 지방자치단체 소속의 공무원이기 때문에 치안유지에 대한 책임감이 강해지고 토착생활을 하려는 경향이 많아 공복으로서 주민에 대해 비교적 친절하며 무책임한 행동이 적어질 수 있습니다.

A. 〈단점〉
- 지방자치단체가 작은 지역의 독립조직이므로 필요한 조직 운영의 개혁이 용이해집니다. 인접 또는 동급의 지방자치단체와의 경쟁심에서 개혁이 더욱 촉구되는 경우가 많습니다.
- 기강문란과 경찰정신의 이완을 초래하고 전면적인 붕괴상태까지 도달할 위험성이 있습니다. 경찰인사에 대한 정치가의 간섭으로 경찰간부의 소속지원에 대한 통제력이 충분하게 행하여지지 않을 경우에는 간부의 위신이 떨어지고 필요한 관리·감독 및 적정한 배치를 할 수 없게 됩니다.
- 자치행정이 부패하는 경우가 경찰의 부패뿐만 아니라 오히려 악정을 초래할 위험성이 있습니다. 지방정치가의 간섭이 필연적으로 생기며 선거에 의하여 지방자치단체의 수뇌부가 경질될 수 있습니다. 이러한 상황이 되면 경찰간부의 이동이 뒤따르게 되어 장기근무가 곤란하게 될 수 있습니다.
- 분야별 전문가 확보에 대한 불투명성을 들 수 있습니다. 자치단체가 작고 조직인원이 적은 경우에는 인사가 고정되어 유능한 자도 승진할 기회를 얻기가 곤란하며, 나아가서 적재적소에 배치하기가 어렵고 프로파일러와 같은 특수훈련과 경험이 필요한 전문가를 확보하기 매우 어려울 수 있습니다.
- 자치단체 업무 비중에 의한 자치경찰의 희생이 불가피합니다. 자치경찰의 임무 경비 절약 측면에서 인사에 대한 희생문제가 따를 수 있습니다.

A. 〈보완점〉

- 각 자치단체와의 상호협력 강화 및 국가경찰, 수사경찰의 적극적인 경찰력이 지원되어야 합니다.
- 관리·감독, 감찰에 대한 인사는 국가경찰에서 관리 및 배치하여 통제해야 한다고 생각합니다.
- 수뇌부가 경질되어도 경찰간부의 인사이동에 대한 근무유지기간이 설정되어야 합니다.
- 전문가들이 효율성을 위해 유동적인 근무환경 조성 및 적극적인 지원이 필요하다고 생각합니다.
- 자치경찰에 대한 고정된 재정지원 및 인사에 대한 희생을 최소화해야 합니다.

| 연계질문 |

- 지자체사무와 자치경찰사무의 업무분배문제가 많은 상황입니다. 그런데 한 달간 방치된 차량을 치워달라는 민원이 들어왔다면 어떻게 할 것인가요?
- 경찰과 시민의 갈등을 해결할 수 있는 효율적인 방법에 대해서 말해보세요.
- 본인의 장점을 살려서 가고 싶은 부서를 말해보세요.
- 순찰의 목적과 효율적인 순찰 방법에 대해서 말해보세요.

나만의 답변 구성하기

더 알아보기

자치경찰제

시·도 자치경찰위원회는 시·도 소속으로 설치되나 합의제 행정기구로 독립적 업무를 수행하게 됩니다. 주요 정책 등을 심의·의결함으로써 시·도 경찰청장을 지휘·감독하게 됩니다. 자치경찰제가 시행되더라도 국가경찰의 신분은 그대로 유지되며, 국가경찰·자치경찰 시무의 구분과 상관없이 112 신고 사건 처리 등 치안 서비스가 제공됩니다.

자치경찰제를 도입하게 되면 경찰업무는 국가경찰, 자치경찰로 나누어지게 됩니다. 각각 국가경찰위원회와 시·도 자치경찰위원회의 통제를 받고, 이에 따라 자치경찰은 관할지역 내 주민의 생활과 밀접한 생활 안전, 교통 및 안전관리 등을 담당하며 국가경찰은 자치경찰 사무를 제외한 보안·외사·경비 등 임무를 수행합니다.

자치경찰 사례

- 지리적 프로파일링 시스템(Geopros)

  다양한 공간통계분석기법을 경찰의 범죄수사데이터에 적용, 범죄위험지역 예측을 통한 방범 전략 수립 및 연쇄 범죄자 거주지 예측을 통한 수사활동 전개가 가능한 시스템

- 대전경찰 '응답순찰제' 시행

  시민이 범죄우려가 있는 지역에 대하여 일정한 시간과 장소에 순찰을 요구하면 경찰은 시민이 요구하는 대로순찰을 하고 그 결과를 전화, 문자로 알려주는 제도

- 제주 함덕 파출소(지역특성 : 과수원과 해안가가 맞닿아 있는 농어촌지역)

  - 자치경찰과 국가경찰이 함께 근무

  - 지역특색에 맞는 맞춤형 치안서비스 제공 : 공중화장실의 불법촬영범죄단속, 비상벨 작동여부 점검, 수확기에 농작물 도난예방

질문　**Q. 범죄 피의자 신상공개에 대한 찬반 의견을 말해보세요.**

| 답변예시 |

A. 〈찬성〉

- 위험인물의 신상파악 및 불안해소에 도움이 됩니다. 과거 한 언론사에서 피의자의 신상을 잘못 파악하여 무고한 시민이 피해를 본 사례가 있고, 공개된 정보에 의해 불안감이 해소될 수 있습니다.

- 동일 범죄 재발 예방에 효과가 있습니다. 공개된 피의자의 신상 정보 및 범죄에 대한 공개로 동일한 범죄의 재발 예방에 대한 대책이 가능해집니다.

- 국민들의 알권리를 충족합니다. 납세의 의무를 이행한 국민의 당연한 알권리이며, 국민은 국가로부터 안전을 보장받을 권리가 있습니다. 기준에 부합한 피해자의 경우 피해자의 초상권보다 국민의 알권리가 우선시 되어야 합니다.

- 범죄자들에게 신상공개에 대한 잠재적 각인효과가 있습니다. 범죄를 저지르면 반드시 잡히고 범행에 따라 얼굴 및 신상이 공개된다는 것을 잠재적으로 각인시키는 것입니다. 이는 공공의 이익을 위해 반드시 필요합니다.

- 범죄자의 기본권을 강력히 제한하자는 국민여론을 반영해야 합니다. 2018~2019 모카와 리얼미터에서 실시한 강력범죄 피의자 신상공개 필요성에 대한 설문조사에서 찬성이라고 답한 비율이 각각 95%(2018), 87%(2019)로 나타났습니다.

A. 〈반대〉

- 피의자와 그의 가족들에 대한 인권보장이 필요합니다. 인터넷 등으로 인한 피의자 주변 가족들의 무분별한 신상공개(출신학교 및 졸업사진) 등 인권침해가 심각한 상황입니다.
- 사회생활, 경제활동이 불가한 불이익을 받을 수 있습니다. 단체생활이 전제된 사회생활 및 경제활동을 함에 있어 형사처벌보다 피의자에게 도출되는 불이익이 더 심각합니다.
- 단순히 대중의 일시적 호기심이나 복수심 충족의 수단이 될 수 있습니다. 당시 이슈화에 의한 대중의 일시적인 호기심이나 복수심 등에 의한 충족일 뿐, 범죄예방에는 큰 효과가 없을 수 있습니다.
- 명확하고 공정하지 않은 공개기준이 문제입니다. 신상공의 결정은 법원이 아닌 신상정보공개위원회의 경찰관 및 외부위원으로 구성되어 있으며, 판단에 기준이 불명확하다는 지적이 있습니다.

A. 〈대처방안〉

- 신상공개 검토 시 경찰이외 의료관계자, 변호사 등 외부전문가를 3명 이상 반드시 참여토록 하여야 합니다.
- 신상공개위원회를 경찰서 단위에서 지방청 단위로 격상해야 합니다.
- 피의자의 이름과 나이 정도를 제한적으로 공개하고, 형이 확정되면 전부 공개하는 방안도 있습니다.
- 구속영장이 발부 시 신상공개를 할 수 있도록 법 개정이 필요합니다.
- 일관성을 부여하기 위해 세부판단기준을 담은 유형별 체크리스트에 규정된 사안만 공개해야 합니다.

| 연계질문 |

- 신상공개 찬성의 경우 무죄추정원칙에 위배되지 않나요?
- 피의자 신상공개는 어느 과정에서 이루어져야한다고 생각하나요?
- 피의자가 본인의 가족이어도 신상공개를 해야 한다고 생각하나요?
- 피의자 신상공개에 대한 아이디어를 말해보세요.
- 경찰의 얼굴이 공개되는 것에 대해서는 어떻게 생각하나요?
- 가해자인권과 피해자인권 중 무엇이 더 중요하다고 생각하나요?

나만의 답변 구성하기

더 알아보기

신상공개의 4가지 조건

「특정강력범죄의 처벌에 관한 특례법」 제8조의2에 적힌 기준에 따라 공개여부가 결정
- 범행 수단이 잔인하고 중대한 피해가 발생한 특정강력범죄 사건일 것
- 피의자가 범죄를 저질렀다고 믿을 만한 충분한 증거가 있을 것
- 국민의 알권리와 재범 방지, 범죄예방 등 오로지 공익을 위해 필요할 것
- 피의자가 만 19세 이상으로 청소년이 아닐 것

질문 **Q. 공권력과 인권 중 무엇이 더 중요한가요?**

| 답변예시 |

A. 〈공권력이 중요합니다.〉
- 위법한 상황에서의 엄격한 법집행을 통해 피해자를 보호하고, 경찰이 공권력의 주체로서 올바른 초동대처를 통해 위법에는 엄중한 대처를 함으로써 사회정의를 실현해야 합니다.
- 공무집행방해죄가 늘어나고 있는 수치로 미루어 볼 때, 공권력에 대한 존중감이 낮아지고 있습니다. 조금 더 엄중한 법집행을 위해서는 공권력 향상이 필요해 보입니다.
- 인권에 존중으로 인한 공무집행의 소극적인 대처로 발생하는 경찰관의 피해사례가 늘고 있습니다. 따라서 공권력 향상이 필요합니다.
- 범법자의 인권 및 인명의 보호보다는 경찰과 국민의 안전이 더 중요시 되어야 합니다. 공권력 무시로 인한 범법자의 처벌 수위가 너무 낮은 현실로 인해 그와 반대로, 경찰관이 징계를 받고 처벌 및 민사상 책임까지도 떠안게 되는 사례가 늘고 있어 「경찰보호법」까지 제정해야 하는 현실입니다.

A. 〈인권이 중요합니다.〉
- 국내 총기나 테이저건의 사용빈도가 낮은 이유는 대다수의 국민들은 공권력을 신뢰하고 존중하고 있다는 뜻으로 보입니다. 공권력을 유지하면서 고충에 대해 신중히 파악하고 해결한다면 공권력에 대해 신뢰도가 높아질 것입니다.
- 공권력의 강화는 곧 공권력의 남용으로 이어질 가능성이 큽니다.
- 공권력 향상을 통한 공권력 오남용으로 인해 책임지고 물러나는 간부의 수가 늘어남으로써 관련분야의 전문가들이 줄어들 수 있는 현상을 막아야 합니다.
- 공권력의 남용으로 수많은 국민이 목숨을 잃은 아픈 역사에 대한 기억들로 인해 국민들의 불안감과 공권력을 행사하는 기관에 대한 신뢰도가 추락할 수 있습니다.
- 살상용 무기가 많이 보급되어 공권력과 국민의 생명이 직결된 일부 나라에서 필요한 공권력 향상을 제외하고는 현재 우리나라에서는 적당한 수준이라고 생각합니다.

| 연계질문 |

• 공권력과 인권이 충돌하면 어떻게 할 건가요?

• 공권력과 인권은 어떤 관계라고 생각하나요?

• 공권력 향상방안에 대해서 말해보세요.

• 공권력 남용사례에 대해서 말해보세요.

• 수갑을 채웠을 때, 피의자에 인권에 대해서 말해보세요.

• 경찰의 인권과 시민의 인권에 대한 차이점을 말해보세요.

• 경찰장구 및 무기사용요건에 대해서 말해보세요.

나만의 답변 구성하기

더 알아보기

공권력

국가나 공공단체가 국민에 대하여 우월한 의사주체로서 명령·강제하는 권력을 말하며, 그러한 권력을 행사하는 국가 그 자체를 의미하는 경우도 있습니다. 국민에 대하여 국가가 공권력을 행사하는 관계가 본래의 공법관계이며, 사법의 지배를 받지 않고 공법의 규율을 받습니다. 공권력 개념은 대륙법계의 여러 나라들이 공법의 개념을 정립하는 결정적인 역할을 하였습니다.

인권

사람이 개인 또는 나라의 구성원으로서 마땅히 누리고 행사하는 기본적인 자유와 권리. 인간으로서 당연히 누려야 할 권리를 말합니다.

공권력 남용 및 침해사례

공권력 남용사례	공권력 침해사례
1987년 박종철 고문치사 사건	10대들이 경찰서 안에서 폭력과 욕설 등 난동을 부린 사건
2009년 용산 참사	음주운전 적발에 대한 불만으로 경찰관을 엽총으로 난사한 사건
2013년 유우성 간첩조작 사건	현행범으로 체포된 피의자가 형사과 사무실 시설과 유치장 내 벽면에 인분을 투척한 사건
2015년 백남기 농민(민중총궐기)	주취자에게 수갑을 채웠는데 상해를 입었다고 민사소송을 함

경찰이 발표한 인권친화경찰 방안
- 수사권을 가진 시민참여형 감시기구 설치
- 구금기간을 기존 30일 이내에서 20일 이내로 단축
- 평화집회의 경우 자진해산 요청 금지
- 인터넷으로 집회 신고 접수 가능
- 원칙적으로 살수차 사용 금지
- 원칙적으로 차벽 설치 금지
- 집회 · 시위 시 모든 경찰에 식별 번호 부착

질문 **Q. 경찰이 시민을 상대하는 과정에서 피해를 많이 입는다면, 시민의 안전 보장이 중요한가요? 강력한 계도조치가 중요한가요?**

| 답변예시 |

A. 〈시민의 안전 보장이 중요합니다.〉
- 경찰은 어떠한 상황에서도 국민의 생명과 재산을 보호할 의무가 있기 때문에 피의자로 추정되는 경우에도 한 사람의 국민으로 판단하여 피해를 최소화 하면서 검거해야 합니다.
- 시민의 안전을 우선적으로 생각하지 않고 강력 대응에만 집중한다면 경찰 개인의 판단으로 과잉 제압을 하는 등 공권력 남용으로 이어질 수 있습니다.
- 최근 장애인의 날 행사에서 도지사와의 면담 요구로 내부 진입을 시도한 충북 장애인 단체원들을 진압하는 과정에서 휠체어가 훼손되는 등의 사고가 일어난 적이 있습니다. 이처럼 진압하는 과정에서 오히려 보호받아야 할 취약계층이 피해를 보는 사례가 있어 시민의 안전에 더 중점을 두어야 한다고 생각합니다.
- 무죄 추정의 원칙을 기반으로 아무리 경찰관 개인의 판단에 의해 피의자로 보인다고 해도 사건의 전후 상황과 자세한 내막은 수사를 통해 파악할 수 있는 것이기 때문에 안전 보장을 우선으로 사건에 임해야 합니다.
- 한 흑인이 20달러 위조지폐를 사용하여 경찰에게 체포되는 과정에서 목을 9분 29초간 짓눌러 숨졌습니다. 이처럼 경찰의 과잉 진압과 관련한 미국의 사례를 볼 때 과도한 진압은 국민의 생명에도 위험을 끼칠 수 있기 때문에 시민의 안전 보장이 중요하다고 생각합니다.

A. 〈강력한 계도조치가 중요합니다.〉

- 급박하거나 위험한 상황에서 경찰이 개입한다는 것 자체의 목적이 시민의 안전을 위한 일입니다. 이때 제대로 계도조치가 이루어지지 않는다면 2차, 3차 피해를 입는 시민이 더 많아질 것이기 때문입니다.
- 국가 공권력의 작용으로 피해를 입은 국민은 '손실보상청구권' 또는 '국가배상청구권'을 행사하여 국가로부터 재산적 피해를 보상받을 수 있습니다. 이러한 이유로 볼 때 강력한 계도조치가 중요합니다.
- 17년도 부산의 한 아파트 단지 내에서 정신 이상자가 차량을 이용하여 난동을 피웠던 사건이 있었습니다. 이때 적기에 제압을 하지 못하여 차량 4대가 파손되고 경찰관 1명이 다쳤습니다. 이러한 사례를 통하여 경찰의 강력한 계도조치가 중요하다고 생각합니다.
- 2020년도 평택시의 한 편의점으로 승용차를 몰고 돌진한 뒤 난동을 벌인 운전자가 경찰에 붙잡혔습니다. 경찰은 피의자가 차에서 내리라는 요구에 불응하자 공포탄을 발사해 차 문을 열고 제압했습니다. 이러한 사례를 볼 때, 빠른 초동조치를 통해 2차, 3차 피해를 방지할 수 있었기 때문에 강력한 계도조치가 중요합니다.
- 경찰의 범죄 혐의 판단과 물리력 행사 판단은 전적으로 현장 경찰관 개인에게 달렸으며 그 기준이 모호해 경찰의 공권력 남용, 과잉 체포, 과잉 진압 등의 문제가 지속적으로 제기되고 있습니다. 즉, 문제가 발생하였을 시 민사상의 부담을 경찰관 개인이 지게 되는 실정이기 때문에 경찰의 늑장대응으로 2차 피해가 발생하는 일이 벌어지기도 합니다. 따라서 경찰의 판단력에 힘을 실어줄 수 있는 법안의 개정이 필요합니다. 이러한 개선이 이루어지면 늑장대응에 대한 더 큰 피해를 막을 수 있을 것입니다.

| 연계질문 |

- 본인과 성별이 다른 주취자에 대한 대처방안을 말해보세요.
- 계도조치의 범위는 어느 정도가 적정하다고 생각하나요?

나만의 답변 구성하기

질문 **Q. 아동학대 예방 방법에 대해서 말해보세요.**

| 답변예시 |

A.

- 산후우울증으로 인해 우울감과 짜증, 불안감을 느끼게 되고 이를 아이에게 표출하는 경우가 많습니다. 이를 해결하기 위해서 산후우울증에 대한 인식을 제고하고 출산 후 일정기간 동안 필수적으로 상담센터와 연계하여 상담하고 극복할 수 있는 지원이 필요합니다.
- 보육교사 등 아동을 상대하는 직업은 단순히 자격증 시험만 보는 것이 아니라 인적성 시험 등을 통해서 더 꼼꼼하게 자질을 평가해야 합니다.
- 보육시설의 경우 아동학대가 발생해도 시설의 이름을 바꾸면 다시 영업하는데 아무런 문제가 없습니다. 이러한 법의 미비점을 보완해야 합니다.
- 의료 또는 사회복지계 종사자들을 대상으로 아동학대에 대해 철저하게 교육을 실시하고 장기결석 아동에 대한 교사의 실종신고를 의무화 및 아동학대 관련 서비스를 전담할 수 있는 사회복지기관을 지정하고 유관기관과 협조체제를 구축해야 합니다.
- 아동학대를 가정 내 훈육이라 생각하여 관심을 갖지 않는 경우가 많습니다. 공익광고나 캠페인을 통해 아동폭력에 대한 지역사회의 의식을 개선하고 신고할 수 있는 환경을 조성해야 합니다.
- 미국의 경우, 영유아 가정방문서비스를 제도화하여 서비스를 제공받은 가정이 그렇지 않은 가정에 비해 아동학대 사례가 48% 정도 줄었습니다. 아동학대에 관한 전문가를 양성하고 이들을 가정이나 어린이집에 정기적으로 방문토록 하여 학대아동을 조기발견하고 신속히 대처할 수 있도록 유도해야 합니다.
- 온라인을 통해 보육료, 양육수당을 신청한 부모에게 자녀양육 관련 교육영상을 필수적으로 시청하도록 했으며, 임신, 출산, 영유아기, 학령기, 대학, 군대 등 생애주기별 맞춤형 부모교육도 강화하고, 취약가정 부모를 대상으로 가족상담, 부모교육 등 찾아가는 맞춤형 서비스를 제공해야 합니다.

| 연계질문 |

- 학대 신고를 받고 출동했는데, 아이와 부모가 아무 문제없이 생활을 하는 중이라면 어떻게 대처할 건가요?
- 아동학대 가해부모와의 격리가 적절하다고 생각하나요?
- 훈육과 학대를 어떻게 구분할 건가요?
- 아동학대 관련기관에 대해서 아는 것이 있나요?
- 유치원 CCTV 설치 의무화에 대해서 어떻게 생각하나요?
- 학교에 가서 아동학대 교육한다면 어떻게 할지 말해보세요.

나만의 답변 구성하기

더 알아보기

아동학대

아동학대는 아동을 신체적, 성적, 심리적으로 학대하거나 돌보지 않고 방치하는 것을 의미하며, 아동의 가정뿐만 아니라 아동이 속해 있는 학교나, 유치원 등 기타 모든 기관에서 발생할 수 있습니다. 2011년 아동학대 실태조사에 따르면, 최근 5년간 아동보호 전문기관에 신고된 아동학대 건수는 총 2만 9,381건으로 집계 되었습니다. 또한 가해자의 79.7%가 부모로 조사되었으며, 아동학대 유형으로는 복합적 학대가 41.40%로 가장 많고 방치 33%, 심리적 학대 13.88%, 신체적 학대 6.93%, 성적학대 4.50%로 나타났습니다.

아동학대 예방 관련기관

한국아동학대예방협회, 아동권리보장원, 교육청, 지자체 아동학대 전담공무원, 각 지역 아동학대예방센터, 각 지역 아동학대 전담의료기관

질문 **Q. 유치원 CCTV 의무화 설치에 대한 찬반 의견을 말해보세요.**

| 답변예시 |

A. 〈찬성〉

- 현재 어린이집은 2015년 이후 CCTV가 의무화가 되어 설치되고 있습니다. 하지만 국·공립 유치원의 CCTV 설치율은 2019년도 기준으로 3%에 그치고 있습니다. 매년 아이들에게 사고가 생기고 있고 특히 정인이 사건을 계기로 어린이집에 이어 유치원도 CCTV 설치를 의무화해야 합니다.
- 아동학대 이외에도 안전사고 등 다양한 문제 해결의 열쇠가 되고 있습니다. 아동간 분쟁의 원인을 발견하고, 오히려 교사들을 보호할 수 있을 것입니다. 아직 자기표현을 잘 하지 못하는 유아 사이에 생긴 문제나 유아와 교사간 문제에 CCTV가 영상의 실마리를 제공할 수 있습니다.
- 아동을 위탁하는 부모님들의 안정감과 신뢰도를 높일 수 있습니다. CCTV가 설치되어 있으면 학부모가 안심할 수 있습니다. CCTV가 안전장치 역할을 해주기 때문에 유치원에 대한 신뢰도가 높아질 것입니다.

A. 〈반대〉

- 유치원에서 근무하는 선생님들의 인권과 초상권을 존중해주어야 합니다. 선생님들의 개인적인 부분들까지 송출되어 오히려 근무자들이 학부모에게 도를 넘어 감시당하는 사례 등이 나오고 있습니다. 특히 SNS를 통한 학부모의 사생활 관여 등이 최근에 문제가 되고 있습니다. 그리고 교사를 잠재적 범죄자로 취급할 여지가 있고, 학부모에 의한 교권감시로 교사의 자율성이 감소되면 아동에 대한 교육력 또한 감소 될 것입니다.
- 아동학대의 예방책이 아닙니다. 지난해 아동학대 사건이 발생한 유치원 대부분에도 CCTV는 설치되어 있었습니다. 전방위적인 CCTV 설치가 근본적인 해결이 될 수 없습니다. CCTV 설치보다는 유치원 교사의 진입장벽을 높이고 처우를 개선하는 것이 근본 해결책에 더욱 가깝다고 생각됩니다.
- 선진국인 미국과 영국 모두 주정부 단위에서 CCTV 설치를 한다는 의무규정은 없습니다. 자율적으로 지자체 혹은 기관마다 실시중입니다. 독일, 프랑스, 핀란드 등 유럽권의 나라는 CCTV를 설치함으로써 야기되는 개인정보 노출, 인권침해 등에 초점을 두고 논의 중인 것으로 알고 있습니다.

| 연계질문 |

• 아동학대 가해부모와의 격리는 적절한 조치라고 생각하나요?

• 훈육과 학대의 구분은 어떻게 하나요?

• 아동학대 관련기관에 대해 알고 있나요?

• 학교에 가서 아동학대를 교육한다면 어떻게 할지 말해보세요.

나만의 답변 구성하기

질문 **Q. 「소년법」 연령 하향조정에 대한 찬반 의견을 말해보세요.**

| 답변예시 |

A. 〈찬성〉

• 강력범죄자일수록 처벌을 강력하게 해야 합니다. 「소년법」으로 인하여 청소년들이 오히려 법을 악용하고, 처벌을 두려워하지 않고 있습니다.

• 「소년법」의 감형 기준을 조정하여 법의 심판을 제대로 받을 수 있도록 해야 하고, 범죄를 저지르기 전에 처벌 받는 것 자체를 두려워하게 만들어야 범죄예방의 효과로 이어질 수 있습니다.

• 피해자 스스로가 납득하지 않은 가해자에 대한 용서를 「소년법」이 먼저 베풀겠다는 것은 피해자보다 가해자의 입장에서 생각한 결정이라고 생각합니다.

• 현재 형량이 낮은 것이 재범의 원인이 됩니다. 현재 처벌로는 피해자가 트라우마를 극복하기엔 부족한 시간입니다. 또한 관악산 집단폭행사건 가해자는 '소년원은 훈장'이라고 밝힌 바가 있습니다. 처벌을 강화하여 소년원이 아닌 일반수용소를 통해 범죄에 대한 경각심을 심어줄 필요가 있습니다.

• 선진국들의 형사미성년자 나이대가 낮아지고 있습니다. 영국 10세, 미국은 일부 주는 6세 또는 10세입니다. 따라서 우리나라도 나이하향을 현실화해야 한다고 생각합니다.

• 청소년 범죄가 꾸준히 증가하고 있고, 과거와는 다르게 청소년들의 범죄가 잔혹하고, 더욱 악랄해지고 있습니다. 지난 10년간 인구 10만 명당 18세 이하 소년범의 발생비율은 36.4%가 증가한 것으로 나타나고 있습니다.

• 국민들의 여론에 부합해야 합니다. 리얼미터 국민여론조사 결과 90% 이상이 「소년법」 개정과 폐지를 찬성하는 것으로 나타났습니다.

A. 〈반대〉

- 청소년 시기에는 처벌보다 교화가 중요합니다. 사회로 되돌아올 경우 범죄자라는 낙인으로 평생 고통을 받을 수 있습니다. 또한 소년범죄 95%가 생계형 범죄인 것으로 나타났습니다. 따라서 교화가능성이 더 많다고 생각합니다.
- 과거 미성년자 집단의 협박 및 금품 갈취, 성폭행을 저지른 행위에 대해 엄벌하겠다는 취지로 1995년 11월 2일에 미성년자 사형 선고와 집행을 실시하였지만, 그 효과는 생각보다 미미했고 오히려 국제 사회로부터 적지 않은 지탄을 받았습니다.
- 현행을 유지하되, 국가가 소년교도소 및 보호관찰 기관에서 교화 프로그램의 질을 높이고, 사고와 정서를 개선하는 것이 먼저라고 생각합니다. 처벌의 강화보다는 복지개선과 수용자들 교육을 강화하는 것이 먼저 시행되어야 합니다.
- 형량이 높은 것이 재범의 원인이 될 수 있습니다. 실제로 엄한 처벌을 받은 소년들의 재범률이 높았고, 재범까지 걸리는 시간이 짧았다는 연구 결과가 있습니다. 아무리 엄벌을 해도 심적인 문제가 해결되지 않으면 유사한 범죄가 재발할 가능성이 높습니다.
- 소년범들의 재기할 기회조차 사라지게 되면 오히려 반사회적인 영향력이 커질 가능성이 높습니다. 피해자구조제도의 개선을 통해 정신건강 치유 및 잠재적인 역량을 도출하여 사회 구성원으로써 책임을 다하게 하는 것이 국가 발전에 국가 구성원으로써 더 도움이 될 것입니다.

| 연계질문 |

- 비행청소년 교화방안에 대해서 말해보세요.
- 14세 중학생이 자전거를 훔쳤다면 처벌할건가요?
- 소년범 엄중처벌에 대한 국민청원이 30만 건이 넘었다면 어떻게 할 건가요?
- 알고 있는 소년범죄에 대해서 말해보세요.

나만의 답변 구성하기

더 알아보기

촉법소년

10세 이상 만 14세 미만의 형사 미성년자로서 형벌을 받을 범법행위를 한 사람을 촉법소년이라고 합니다. 촉법소년은 형사 책임능력이 없기 때문에 범죄를 저질러도 형벌이 아닌 보호처분을 받게 됩니다. 2015년 아파트 화단에서 길고양이 집을 짓던 50대 여성이 만 9세 초등학생이 던진 벽돌에 맞아 사망하는 이른바 캣맘사건이 발생하면서 형사미성년자의 연령하향이 대두되었습니다.

최근 인천 초등생 살인사건·부산·강릉·천안 여중생 폭행 등 잔혹한 소년 범죄가 연이어 발생하고 있는 상황입니다. 그럼에도 촉법소년이라는 이유로 처벌이 가벼운 상황이며, 강력범죄자임에도 불구하고 「소년법」의 보호를 받아 죄질에 비해 가벼운 처분을 받아 국민청원 등 다양한 방면으로 국민들의 호소가 이루어지고 있습니다.

질문 Q. 성범죄(젠더폭력) 해결방안에 대해서 말해보세요.

| 답변예시 |

A. 〈데이트폭력 해결방안〉
- 데이트폭력의 사례와 위험성을 적극적으로 홍보하여 피해자의 미인지성을 극복할 수 있습니다.
- 처벌의 강화로 경각심 고취가 필요합니다. 또한 「데이트폭력 특별처벌법」 제정으로 범죄예방효과를 기대할 수 있습니다.
- 데이트폭력수사전담반을 신설하여, 모니터링과 재범방지 등 세세한 관리를 할 수 있습니다.
- 신변보호조치를 강화해야 합니다. 순찰강화뿐만 아니라 스마트워치(위치추적장치) 제공, CCTV 설치, 사후모니터링 등으로 재범 방지할 수 있습니다.
- 1366 상담을 홍보하고, 성폭력상담소와 연계하여 상담 및 법률지원이 필요합니다.
- 데이트폭력 예방교육을 학교, 회사 등에서 의무교육으로 활성화해야 합니다.
- 영국 「클레어법」(데이트폭력이 의심되면 상세전과를 조회할 수 있는 법안), 미국의 「여성폭력방지법」(「스토킹금지법」으로 의무 체포와 민사보호명령(민사상 접근금지명령)을 수단으로 하는 「여성폭력 방지법」)을 벤치마킹하여 데이트폭력 예방효과를 거둘 수 있습니다.

A. 〈몰카범죄 해결방안〉
- 주로 신고가 많은 지역이나 발생할 가능성이 큰 장소에서 사복경찰 잠복하여 순찰을 강화합니다.
- 수시로 특정 위치에 몰래카메라 설치 여부 확인 및 현장 매뉴얼 스티커 부착 노력이 필요합니다.
- 112 신고 분석 자료와 성범죄자 거주지 등 신상등록 정보를 토대로 맞춤형 순찰활동이 필요합니다.
- 불법 촬영 범죄와 통신매체 이용 음란범죄 등 주요 피해 유형과 대응요령 등의 교육이 필요합니다.

A. 〈디지털 성범죄 해결방안〉
- 사이버 성폭력 전담수사팀을 중심으로 상시 단속이 필요합니다.
- 지능범죄수사과 산하 사이버 수사팀 등 조직연계로 전문성을 높여야 합니다.
- 경찰이 신분을 위장하고 수사하는 디지털 성범죄 수사(위장수사)를 확대 실시해야 합니다.
- 아동 청소년 피해 예방을 위해 학교에서 성교육 및 대처방안 홍보활동이 필요합니다.
- 예외적 구속 수사 진행이 필요합니다. 「형사소송법」상 불구속 수사의 원칙(「형사소송법」 제198조)이 있으나 불구속상태에서 수사를 받는 과정에서 유포되거나 증거를 폐기하는 등의 위험성이 있기 때문에 협박 또는 유포에 이른 경우, 추가적인 피해를 막기 위해서라도 예외적 구속 수사 진행이 필요합니다.
- 불법 촬영물 단순 소지 행위 처벌규정을 마련해야 합니다.
- 온라인 유통 플랫폼 규제 방안이 필요합니다.
- 「전기통신사업법」상 웹하드나 P2P 등 서비스 제공자는 음란물의 다운로드, 업로드, 검색 등을 사전적으로 막기 위한 기술적 조치를 취해야 합니다. 하지만, 현재 이를 이행하지 않을 경우 과태료 처분만 있어 좀 더 강력한 처벌규정 마련이 필요합니다.

| 연계질문 |

- 성범죄 피해여성의 진술만 가지고 유죄로 판단해도 될까요?
- 성폭력 관련 법률에 대해서 말해보세요.
- 성범죄를 예방하기 위해 경찰이 할 수 있는 일에 대해서 말해보세요.
- 전자발찌 신상정보 알림서비스는 인권침해로 봐야 될까요?

나만의 답변 구성하기

데이트폭력

데이트폭력이란 과거 연인 또는 현재 연인, 이혼 부부, 불륜 사이에서 발생하는 일체의 폭력행위를 말합니다. 최근 급증하고 있는 데이트폭력은 언어적, 정신적 폭행은 물론 살인, 강제추행, 성폭력과 같이 강력범죄로 이어지는 경우가 많아 사회적 이슈가 되고 있습니다. 경찰청 통계에 따르면, 데이트폭력사범으로 연간 7,500여 명이 발생. 2010년부터 2015년 8월까지 5년간 연인이나 헤어진 연인으로부터 살해당한 여성은 총 645명, 최근 3년간 데이트폭력으로 인해 사망한 피해자 51명으로 경찰통계에 잡히지 않은 폭력을 합하면 더 많을 것으로 예상됩니다.

몰카범죄

신체 일부나 특정 행위를 불법으로 촬영하는 행위. 성적 수치심 유발의 여지가 있는 사진 및 동영상을 촬영했다면 당사자의 동의 여부에 상관없이 촬영 자체만으로도 범죄에 해당합니다. 주로 화장실, 지하철 등에서 이루어지며 드론을 이용한 불법 촬영 형태도 출현하고 있습니다. 재범률이 75%에 달하며 카메라의 기술이 고도로 발달하고 있는 상황에서 몰카의 유통을 원천 차단하는 것은 현실적으로 어려운 상황이어서 문제가 되고 있습니다.

디지털성범죄

디지털 기기 및 정보통신기술을 매개로 온·오프라인 상에서 발생하는 성범죄를 말합니다. 동의 없이 상대의 신체를 촬영하거나 유포, 저장, 전시하여 성적 욕망 또는 수치심을 유발할 수 있는 행위를 포괄합니다(불법촬영, 리벤지포르노, 음란물합성, 몸캠피싱 등).

온라인 채팅이나 메신저 등을 통해 아동·청소년에게 접근하고 친밀 관계를 형성한 뒤 성적 촬영물을 요구하여 이를 증거로 협박하여 추가적인 범죄를 이어가는 디지털 그루밍이 대표적입니다. 또한 텔레그램 N번방처럼 영상물로 돈을 버는 동영상 공유, AI를 활용하여 동영상 속 주인공의 얼굴을 익숙한 사람으로 합성하는 딥페이크 등으로 수법이 날로 진화하고 있습니다.

질문 **Q. 「스토킹처벌법」이 무엇이고, 보완점에 대해서 말해보세요.**

| 답변예시 |

A. 「스토킹처벌법」

스토킹 행위 · 스토킹 범죄에 대한 정의 및 처벌규정 등을 담고 있는 법안으로, 2021년 3월 24일 국회를 통과하였습니다. 해당 법안에 따라 스토킹 범죄자는 최대 5년 이하 징역이나 5,000만 원 이하의 벌금에 처해질 수 있습니다.

A. 〈보완점〉

- 피해자가 처벌을 원치 않을 때 피해자의 본심인지 협박에 의한 것인지 구별할 수 없기 때문에 반의사불벌죄 조항을 보완해야 합니다.
- 접근금지 등 긴급응급조치 위반했을 때 과태료 처분에 그쳐, 실질적인 예방효과를 담보할 수 있는지 의문입니다.
- 「스토킹처벌법」에는 피해자 보호명령, 피해자 일상회복을 위한 지원제도 등이 빠져있습니다. 또한 피해자동거인, 가족 역시 스토킹 범죄로 인한 피해를 입을 수 있으나 실질적인 보호조치가 부재합니다.
- 피해자가 일상회복을 할 수 있도록 의료 및 상담지원센터 운영 확대가 필요합니다.
- 실제 스토킹을 예방하는 프로그램 및 홍보캠페인활동과 인터넷상 스토킹 방지를 촉구하는 ' · 언팔로우미(· unfollwme)' 캠페인을 더욱 확대해야 합니다.

| 연계질문 |

- 스토킹의 정의 및 유형에 대해서 말해보세요
- 스토킹의 기소 및 미수의 기준에 대해서 말해보세요.

나만의 답변 구성하기

> **더 알아보기**
>
> 스토킹 처벌행위
>
> 스토킹 행위를 상대방 의사에 반해 정당한 이유 없이 접근하거나 따라다니거나 진로를 막아서는 행위를 말합니다.
> - 주거 · 직장 · 학교 등 일상적으로 생활하는 장소 또는 그 부근에서 기다리거나 지켜보는 행위
> - 우편 · 전화 · 정보통신망 등을 이용하여 물건 · 글 · 말 · 영상 등을 도달하게 하는 행위 중 하나를 하여 상대방에게 불안감이나 공포심을 일으키는 것

질문 **Q. 사설 탐정제(공인탐정업)의 장단점에 대해서 말해보세요.**

| 답변예시 |

A. 〈장점〉

- 공인탐정의 합법화로 민간 일자리가 늘어날 것입니다. 경찰에서 몸담은 업무 노하우를 탐정에 접목하면 직무 연관성을 높일 수 있고, 탐정이라는 제2의 삶을 꿈꿀 수도 있기 때문입니다.
- 우리나라도 조사서비스의 수요가 폭발적으로 증가하고 있지만 경찰력만으로는 그 수요를 감당할 수 없는 실정이기 때문에 경찰의 업무분담을 조금 덜 수 있습니다.
- 미아나 가출자, 실종자 등의 소재 파악, 절도 당한 재산 및 분실물 추적에 대한 국가기관이 제공하는 서비스로부터 만족할 수 없는 부분에 대해서 해소가 가능합니다.
- 공인탐정제도가 합법화되면서 탐정학 학사학위나 탐정 명칭의 자격증 취득이 가능해져 일자리 창출효과가 있습니다.

A. 〈단점〉

- 공인탐정은 경찰 출신 탐정과 현직 경찰의 유착을 통한 전관 비리를 조장할 우려가 있습니다.
- 불법적인 일을 하는 흥신소나 심부름센터에서 탐정이라는 명칭을 함부로 사용할 가능성이 있고, 이는 공인탐정에 대한 이미지 실추를 야기할 수 있습니다.
- 의뢰인에게 위임받은 조사 업무를 수행하는데 있어서 특별한 권한 없이 임의적인 조사만 가능한데 그 과정에서 개인 사생활 침해 등 위법과 탈법이 발생할 수 있습니다.
- 아직 탐정 운영지침, 업무범위, 의뢰비규정 등 제도적으로 미비하여 보완이 필요합니다.
- 공인탐정들의 개인적인 의심과 의혹으로 수사를 진행하여 결론을 추려 사건의 본질을 잃고 수사 혼란을 야기시킬 수 있습니다.

나만의 답변 구성하기

더 알아보기

사설탐정(공인탐정)업

실종자, 가출인 등 사람 찾기, 각종 피해 회복을 위한 자료수집 등 국민들의 다양한 권익보호를 위해 다른 사람의 의뢰를 받아 관련자료 및 정보 수집을 대행하는 서비스업을 말합니다.

2018년 6월 28일 헌법재판소는 재판관 전원일치 의견으로, 특정인의 사생활 등을 조사하는 일을 업으로 하는 행위와 탐정 유사 명칭의 사용 금지를 규정한 「신용정보의 이용 및 보호에 관한 법률」 제20조 후단이 헌법에 위반되지 아니하고, 그 위반자를 형사 처벌하는 규정인 제50조 제3항 제3호 중 제4조 후단, 제4호 본문, 제5호 부분이 부적법하다는 결정을 선고하였습니다. 현재, 「신용정보법」(제40조 제4항, 제5항)의 탐정업 금지조항을 2020년 8월 5일부터 금융감독위원회에서 개정하면서 앞으로는 국내에서도 탐정업 사업자 등록이 가능하게 됐습니다. 이로써 탐정명칭의 간판 등을 정식으로 사용할 수 있게 되었습니다. 국가자격이나 교육과정을 신설하여 엄격한 기준으로 사설탐정을 선발하는 방안도 검토되고 있으므로 향후 법적 체계가 정립된다면 해외도피사범 조사, 미아 찾기, 증인 찾기, 교통사고 조사, 사이버범죄 조사, 기업회계 부정조사, 보험 관련 사기사건 조사 등의 다양한 분야에서 사설탐정이 활동할 수 있을 것으로 보입니다.

질문 **Q. 검경 수사권 조정에 대한 견해와 보완점에 대해서 말해보세요.**

| 답변예시 |

A. 〈장점〉

- 소기관인 검찰이 기소권을 비롯한 수사권, 영장청구권 등을 독점함에 따라 발생하는 검찰의 권한 남용을 막아 공정한 형사사법제도를 실현하고, 국민의 인권보호를 하기 위해 필요하다고 생각합니다.
- 우리나라는 유일하게 검찰이 기소는 물론 직접 수사까지 하고 있습니다. 검찰은 기소권과 수사권, 지휘권, 형 집행권, 영장청구 독점권 등 많은 권한을 갖고 있어 경찰 수사는 검찰이 통제를 하지만, 검찰 수사는 아무래도 통제할 수 없는 구조입니다. 따라서 검찰의 권한 남용을 막기 위해 경찰은 수사, 검찰은 기소를 담당해 서로 견제하며 협력하는 관계가 되는 것이 필요하다고 생각합니다.
- 수사구조개혁의 핵심 3가지는 검사의 수사지휘권, 검사의 직접수사권, 검사의 독점적 영장 청구권을 폐지시키는 점입니다. 검사의 영장청구권 독점의 경우, 가뜩이나 복잡한 영장신청 절차로 인하여 제때 영장 발부가 되지 않아 실제로도 국민이 피해 보는 일이 다수 벌어지고 있습니다. 만약 수사구조개혁이 이루어진다면 더 공정한 세상, 국민이 행복한 세상이 찾아올 것이라고 생각합니다.
- 수사구조개혁으로 인해 경찰이 1차적 수사권과 수사종결권을 갖게 되었습니다. 이러한 조정의 목적은 궁극적으로 국민들을 위한 것이 분명합니다. 이런 관점에서 볼 때 치안을 위해 국민과 함께 호흡하며 대부분의 수사를 실제 수행하고 있는 경찰에 1차 수사권과 종결권을 주는 것이 옳다고 생각합니다.
- 이중수사로 인한 적지 않은 국가 수사력의 낭비가 발생합니다. 검사는 약 2,200명으로 형사부, 공판부 업무만 하기에도 벅찹니다. 유능한 인력이 특정 사건에 몰려버리면 나머지 사건에 대한 공백이 생기기 때문에 약 14만 명 인력의 경찰이 수사권과 종결권에 권한을 가져 효율적인 수사체계를 갖춰야 한다고 생각합니다.

A. 〈단점〉

- 현재 수사지휘권이 검찰에게 있는 관계로 청장이나 서장 등 간부들의 청탁을 들어줄 수 없는 구조입니다. 그러나 수사권과 종결권을 경찰이 가져오게 된다면 각종 청탁들이 난무할 것입니다. 또한 청탁에 대한 거부권을 행사하기가 현실적으로 어려운 것은 청장이나 서장의 경우 직원들의 인사권을 가지고 있기 때문에 굉장히 어려울 것입니다.
- 수사권 조정으로 인해 업무가 다소 비효율적으로 진행될 수 있을 것이라고 생각합니다. 1차 수사건과 종결권에 대한 권한이 생김으로 인해 기존에 없었던 불필요한 업무가 추가 됨에도 불구하고, 결국 수사종결을 자체적으로 하는 것이 아니라 수사종결문서 및 송치문서를 다시 작성하여 검사에게 확인을 받은 후 이루어지기 때문에 수사 과정에서 실질적인 큰 변화가 없이 업무 부담이 가중되어 피로 증진 문제로 이어질 수 있을 것입니다.
- 자치경찰제를 통해 시도지사에 과도한 권한이 집중되면서 또 다른 지방권력이 생성될 가능성이 있습니다.
- 수사의 궁극적 목적은 법원에서 유죄판결을 이뤄내는 것입니다. 그렇기 때문에 현재로써는 경찰보다 높은 법률적 지식과 경험치를 보유한 검찰이 수사권을 갖는 것이 맞다고 생각합니다. 따라서 수사권 조정을 원활하게 하기 위해서는 경찰의 수사 시스템 재정비와 인권의식 향상, 전문화 등의 기반이 선행된 후 이루어져야 한다고 생각합니다.
- 기존 시스템에서는 피고인이 조서 내용을 인정하지 않더라도 객관적으로 죄가 증명되면 증거능력으로 인정됐었습니다. 그러나 수사권 조정 후 1차 수사종결권을 경찰에서 갖게 되면서 피고인이 조서 내용을 진정할 때에만 증거능력이 인정되기 때문에 수사의 객관성이 상실되는 문제점을 야기할 수 있습니다.

A. 〈보완점〉

• 수사권 조정 입법을 법무부가 했습니다. 검찰의 상부기관이 법무부이며, 경찰의 상부기관은 행정안전부입니다. 행안부와 법무부가 함께 조율하여 입법을 해야 하는 등 적극적인 노력이 필요하다고 생각합니다.

• 검사의 수사지휘가 명목적으로 사라지지만 압수수색 영장을 발부받으면 검찰의 수사도 가능하기 때문에 좀 더 정확한 분리가 필요합니다.

• 검사는 경찰 수사에 대해 90일이 지나고 사건을 송치하라고 한다면 송치해야 합니다. 즉, 이러한 점을 볼 때 경찰에게 약간의 수사를 유예해준 것뿐이라고 볼 수 있습니다.

| 연계질문 |

• 검경 수사권 조정의 궁극적인 목표는 무엇인가요?

• 검경 수사권은 국민의 입장에서 어떻게 생각될까요?

나만의 답변 구성하기

더 알아보기

검경 수사권 조정

현재 검찰의 수사권 독점에 대한 견제와 균형을 위해 일반 수사권은 경찰이 갖고 검사는 기소 및 공소유지에만 전념할 수 있도록 하는 것으로, 정의롭고 공정한 형사사법제도를 위해 경찰은 수사, 검찰은 기소를 담당해 서로를 견제함으로써 상호 협력하고 균형 있는 관계로 바꾸는 것을 말합니다.

질문 **Q. 가정폭력의 해결방안에 대해서 말해보세요.**

| 답변예시 |

A.
- 가정폭력전담경찰관 인력 확충이 필요합니다. 업무 부담을 경감하여 모니터링과 현장방문을 통해 보복, 재범 방지 등 세심한 관리가 가능합니다.
- 피해자 신변보장을 위한 쉼터 확충 및 쉼터에 경찰관 배치 확대가 필요합니다.
- 가정폭력을 지켜본 자녀를 대상으로 상담을 실시(가정폭력상담소 상시 운영)해야 합니다.
- 피해자보호명령제도, 1366 상담 등 제도에 대한 홍보가 필요합니다.
- 피해 여성이 남편에게 경제적으로 의존하고 있어서 신고를 안 하는 경우가 많습니다. 따라서 피해자의 경제적 지원과 일자리 제공 등의 프로그램이 필요합니다.

| 연계질문 |

- 가정폭력 현장 출동 시 어떻게 조치할 것인지 말해보세요.
- 가정폭력 현장에 출동했는데, 안에서 문을 안 열어준다면 어떻게 할 건가요?

나만의 답변 구성하기

더 알아보기

가정폭력
가족 구성원 중의 한 사람이 다른 구성원에게 의도적으로 물리적인 힘을 사용하거나, 정신적 학대를 통하여 고통을 주는 행위를 말합니다.

가정폭력의 문제점
- 다른 범죄에 비해 신고율이 저조합니다. 피해자는 사회적 시선, 가정해체에 대한 불안감으로 신고하기를 꺼려합니다.
- 가해자와 피해자가 한 가정 안에 존재하므로 지속성, 반복성이 발생되고, 세대간 되물림이 될 수 있습니다.
- 가정폭력 가정 자녀들 범죄율에 영향을 미칩니다. 성장기에 폭력에 노출되면 추후 성장하여 데이트폭력과 같은 다른 범죄로 이어질 가능성이 높습니다.

질문 **Q. 사실적시 명예훼손죄에 대한 찬반 의견을 말해보세요.**

| 답변예시 |

A. 〈찬성〉
- 표현의 자유 못지않게 개인의 인격권 및 사생활의 자유는 보호받아야 합니다. 예를 들면 동성애가 폭로되는 바람에 회사를 그만두고 우울증을 앓고 있는 사례 등이 있습니다.
- 오히려 타인에 대한 폭로와 비방이 일상화될 우려가 있습니다. 대부분 500만 원 이하의 벌금형에 그치기 때문에 민사 소송을 통한 구제는 실효성이 없습니다. 따라서 형사처벌을 해야 합니다.
- 성범죄 피해 사실을 폭로하는 것은 비방의 목적이 없어 정당하다는 대법원 판례까지 있는 상황에서 미투 운동을 이유로 사실적시 명예훼손을 폐지하는 것은 지나치게 성급한 판단입니다.
- 현재 우리나라는 자신의 명예와 사회적 역할을 굉장히 중요하게 생각하는 상황입니다. 사실이라는 이유로 다른 사람에게 알려지길 원하지 않거나, 개인적 문제가 공개적으로 알려지는 걸 국민들이 수용할 수 있을지 의문입니다.

A. 〈반대〉
- 공공의 이익을 위해 사실적시 명예훼손죄는 철폐하여야 합니다.
- 현재 선진국들은 대부분 사실적시 명예훼손죄를 폐지했습니다. 영국의 경우 2010년 사인간 명예훼손죄를 폐지했고, 미국은 대부분 민사상 손해배상을 통해 해당 문제를 해결하고 있습니다. 또 독일, 프랑스, 오스트리아, 스위스, 일본 등은 사실적시 명예훼손 처벌규정이 있지만 적시된 내용이 사실인 경우 처벌을 면할 수 있는 규정을 두고 있습니다.
- 유엔(UN) 총회 산하 유엔인권이사회 등 다수의 국제인권기구는 지속적으로 우리 정부에 명예훼손 행위에 대한 형사적 처벌을 철폐할 것을 권고하고 있습니다.
- 민주주의 핵심인 표현의 자유를 위배하는 것입니다.
- 형사적 접근보다 민사적으로 해결해야 합니다. 피해자들이 성폭력 등의 피해 사실을 알린 것 자체만으로 오히려 가해자로부터 명예훼손으로 역고소를 당해 수사 대상자가 되는 위험에 놓이고 있습니다.

| 연계질문 |

- 본인이 생각하는 공익성의 기준은 무엇인가요?
- 누군가 본인과 관련된 허위 사실을 인터넷에 올린다면 어떻게 할 건가요?
- 표현의 자유와 공익성 중에 무엇이 더 중요한가요?

| 나만의 답변 구성하기 |

더 알아보기

사실적시 명예훼손죄

「형법」 제307조 제1항에 규정된 것으로, 공연히 사실을 적시하여 사람의 명예를 훼손한 자는 2년 이하의 징역이나 금고 또는 500만 원 이하의 벌금에 처한다는 내용을 명시하고 있습니다. 다만 같은 법 제310조는 오로지 공공의 이익에 관한 때에는 처벌하지 않는다며 예외 사유를 정하고 있습니다.

질문 **Q. 조직과 갈등이 있을 때 해결할 수 있는 제도에 대해서 아는 것과 본인은 어떻게 할 것인지 말해보세요.**

| 답변예시 |

A. 〈해결 제도〉
• 법정의무교육을 실시하여 갈등을 사전에 방지할 수 있습니다(직장내 성희롱 예방교육, 직장내 개인정보보호교육 등).
• 기업과 근로자 사이의 갈등이 생겼을 때 노사협의회를 통해 상호간 의견을 조율할 수 있습니다.
• 고충처리위원회를 통해 갈등 발생 사유에 대해 정보를 공유할 수 있습니다.
• 사적조정제도 또는 갈등관리의 전문 과정을 수료한 노무사를 통해 해결할 수 있습니다.
• 현직 경찰의 경우 경찰청 상담관에게 상담을 받을 수 있습니다.

A. 〈대처방법〉
• 갈등 발생 상황에서는 상관이나 팀의 의견을 우선적으로 따르고, 추후에 개별적으로 표현함으로써 해결해 나가야 합니다.
• 업무 중 쉬는 시간을 이용하여 상대방과 대화의 시간을 갖고, 깊은 유대관계를 형성하여 해결해 나가야 합니다.
• 퇴근 후 식사자리를 마련하여 서로의 갈등에 대해 개선해 나갈 수 있도록 대화로 풀어나가겠습니다.
• 팀원들과의 워크숍을 제안하여 다양한 활동을 통해 팀워크와 협동심을 길러 업무의 효율성을 높이겠습니다.
• 대화로 해결되지 않는 상황에서는 더 높은 상사에게 중재 요청을 하여 해결하겠습니다.

| 연계질문 |

• 본인이 경찰 조직 전체와 갈등이 있다면 어떻게 할 건가요?
• 본인은 갈등 해결을 위해 노력 하는데 상대방이 듣지 않는다면 어떻게 할 건가요?

나만의 답변 구성하기

_____

_____

_____

_____

_____

_____

질문 **Q. 사형제 집행의 찬반에 대해서 말해보세요.**

| 답변예시 |

A. 〈찬성〉

- 극악한 범죄자가 처벌됨으로써 경각심을 불러 일으켜 범죄를 예방할 수 있고 올바른 사회적 정의를 실현할 수 있습니다.
- 범죄자에 대한 처벌 불이행 시 나타날 수 있는 사회적 불만을 제거하는 효과를 가집니다.
- 오늘날에는 인권이 향상되고 언론의 자유가 보장되어 권력층을 견제, 감시하는 사회제도적 장치가 되어 있으므로 사형제도가 악용될 가능성은 희박합니다.
- 법관이 증거를 수집하여 사형이라는 선고형을 결정하기까지 적정한 절차를 거쳐 재판을 진행하므로 오판의 가능성은 매우 적습니다.
- 살인 행위를 한 범죄자는 타인의 생명과 존엄성을 짓밟음으로써 자신의 권리를 포기했으므로 그의 생명을 존중해 줄 필요는 없습니다.
- 종신형의 경우, 감옥의 유지는 국민의 세금에 의한 것이므로 사형을 함으로써 비용을 절감할 수 있습니다(수감비용은 사형수 1인당 약 2,500만 원).

A. 〈반대〉

- 헌법의 기본정신인 인간의 존엄성에서는 인간의 본질적 인권을 침해할 수 없다고 규정하고 있습니다. 따라서 사형제도는 근본적으로 그 정신에 어긋납니다.
- 확실치 않은 이유로 사람의 생명이 박탈되어서는 안 된다는 것은 누구나 인정하는 원칙이므로 사형제도는 있어서는 안 됩니다. 예를 들어 영국에서 1960년대 실제로 있었던 사건으로, 아내를 잃은 남편이 아내를 죽인 것으로 의심받고 사형을 당했지만 진범이 잡혔습니다. 이 사건이 있은 직후로 영국은 사형제도를 폐지했습니다.
- 사형제도는 사형을 집행하는 것이 범죄를 예방한다는 차원에서 만들어졌습니다. 그러나 실제로 사형제도와 범죄율은 무관하다는 것을 자료를 통해 알 수 있습니다. 캐나다에서는 1976년에 사형 제도를 폐지했는데 그 뒤 인구 10만 명당 살인 건수가 줄어들지 않고 오히려 늘었습니다.
- 사형은 공적복수라는 동기적 요소가 강하고, 피해자 유족의 기분을 무시할 수 없다는 견해도 있지만 그것이 사람의 생명을 빼앗는 이유가 될 수는 없습니다. 형벌의 본질은 죄인을 교화시키는 것인데 사형은 이런 형벌의 본질에 어긋난다고 할 수 있습니다.
- 사형이 경제적인 차원에서 이루어져서는 안 됩니다. 그것은 돈 때문에 사람을 죽이는 것과 다르지 않기 때문입니다.

나만의 답변 구성하기

질문   **Q. 사회적 약자는 누구이며, 경찰이 할 수 있는 일에 대해서 말해보세요**

| 답변예시 |

A. 〈사회적 약자〉

노인, 여성, 외국인 등 공동체구성원 가운데 사회적 관점에서 약자로 취급되는 사람 내지 보호가 필요한 사람을 말합니다.

A. 〈사회적 약자 보호를 위한 정책〉

• 젠더 폭력 근절
  – 성 · 가정폭력을 근절하기 위해 순찰과 1366 상담 홍보를 강화해야 합니다.
  – 데이트폭력의 위험성을 지속적으로 알려야 합니다.
  – 불법 촬영물 집중단속을 강화해야 합니다.

• 학대, 실종대응 강화
  – 아동 노인 학대 근절하기 위해 순찰을 강화하고 공동체 치안을 활성화해야 합니다.
  – 치매노인 실종 관련 지문 사전등록제가 실시되고 있습니다. 국민의 참여를 독려해야 합니다.
  – 장애인 학대는 장애인에 대한 인식개선이 필요합니다. 따라서 어렸을 적부터 장애인에 대한 인식개선교육을 확대하고, 장애인 체험 프로그램을 적극 시행하여 장애인에 대한 이해와 배려심을 높여야 한다고 생각합니다.

• 청소년 보호
  – 학교폭력 근절을 위한 자율방범순찰대를 강화해야 합니다.
  – 학교, 지자체, 경찰이 협력하여 위기청소년에 대한 방안을 강구해야 합니다.

• 기타
  – 학대예방경찰관, 학교전담경찰관의 전문성을 강화하여야 합니다.
  – 주민소통과 공동체 치안을 강화하여야 합니다.

나만의 답변 구성하기

질문	Q. 현재 경찰승진제도에 대해서 자유롭게 말해보세요.

| 답변예시 |

A.

- 근속승진

  경감으로 승진할 수 있는 인원이 40%로 한정되어 승진을 두고 치열한 경쟁으로 갈등이 발생하고 있습니다. 따라서 근무성적평정제도 개선하고 기준을 반영하여 승진이 이루어져야 합니다.

- 시험승진

  업무능력을 고려하지 않기 때문에 시험에 떨어질 시 성실히 근무한 경찰관의 사기 저하가 예상됩니다. 또한 시험공부로 인한 본 업무에 차질이 생길 수 있기 때문에 일정한 근무기간 경과와 일정점수 이상의 근무성적을 시험응시 자격요건으로 제한하고, 가점제도 도입 등 내근직과 외근직의 현실적인 차이를 줄여야 합니다.

- 심사승진

  객관적인 평가기준이 있으나 평정자의 주관적 의견이 개입되어 불신이 생길 수 있습니다. 완전공개는 어렵지만 필요한 사람에게 결과를 알려주는 제한적 공개를 도입하는 것으로 부족한 점을 깨닫고 발판삼아 근무에 정진할 수 있도록 할 수 있어야 합니다.

- 특별승진

  실제로 확연히 드러나는 공적이 있어야 하는데, 현실적으로 일반적인 수준의 공적이 있을 때도 이루어지고 특정 분야의 편중되어 있다고 생각합니다. 또한, 특별승진을 위해 업무를 비교했을 때 배점이 높은 업무를 진행하여 실적올리기에만 급급할 수 있습니다. 따라서 특별승진 사유가 너무 포괄적이므로 특별승진요소를 구체화시켜야 하고 특별승진규정에 맞는 공적을 행한 경찰공무원이 있는 경우에 승진효과가 바로 나타날 수 있도록 하여 그를 격려하고 승진에 대한 신뢰감을 높이는데 주력하는 것이 필요하다고 생각합니다.

| 연계질문 |

- 경감승진제도에 대해 말해보세요.
- 근속승진연수에 대해서 아나요?
- 현재 승진제도가 합리적이라고 생각하나요?

나만의 답변 구성하기

더 알아보기

근속승진

장기간 성실히 근무하고 헌신적으로 직무를 수행한 자로 상위직의 직무수행능력이 인정되는 자를 상위계급으로 1계급 승진하는 제도입니다.

순경→경장(4년), 경장→경사(5년), 경사→경위(6년 6개월), 경위→경감(8년)

시험승진

승진소요 최저근무연수를 지낸 경정 이하의 경찰관에 한해서 필기시험, 면접시험, 근무성적, 교육훈련 성적을 합산해서 고득점 순에 의해 합격자 결정하는 승진제도입니다.

심사승진

승진심사계획서, 승진대상자명부, 개인별 인사기록, 근무성적 평정표, 승진 심사표 등 필요한 서류에 의하여 비밀이 보장되는 장소에서 실시하는 승진제도입니다.

특별승진

경찰 직무에 특별히 공이 있는 자를 사기증진과 능력발휘를 위해 특별히 승진시키는 제도입니다.

질문 | **Q. 업무시간 외 카톡 업무지시를 어떻게 생각하나요?**

| 답변예시 |

A. 〈찬성〉

- 업무성과 상승의 효과를 가져올 수 있습니다. 근무시간외에 여러 가지 충고와 격려를 통해 부족한 업무능력의 향상과 근무와 관련된 얘기나 관련되지 않은 고민거리를 털어놓을 수 있는 기회를 만들어 업무성과 향상을 기대할 수 있습니다.
- 경찰 조직은 다른 조직보다 긴급하고 비상상황이 자주 발생하는 조직 특성상 다른 대안 없이 무작정 금지하는 것은 오히려 신속한 상황대처에 미흡할 수 있어 업무 성과에 있어 꼭 필요한 입장입니다.

A. 〈반대〉

- 업무효율의 문제점이 있습니다. 초기에 근무 시간 외 업무지시의 효율성은 높지만 지속적이거나 장기적인 경우 효율성 저하될 수 있습니다. 개인의 충분한 휴식시간이 있어야 업무의 효율과 집중도가 높아질 것입니다.
- 개인의 여가생활을 보장해야 합니다. 근무시간 외의 시간에 업무지시를 하게 되면 언제 업무가 주어질지 모르는 긴장 상태에 있게 되어 충분한 여가생활이 불가합니다. 또한 최근 「근로기준법」 개정으로 인한 주 52시간 근로시간이 정해지면서 개인의 여가생활이 중시되는 추세에서 근무시간 외의 업무지시는 시대 역행적인 사고입니다.
- 구체적인 업무지시를 내린 경우도 많았지만, 문서나 파일을 어디에 저장을 했나, 프로젝트 진행상황이 어떻게 됐나부터 심지어는 사무실 왔는데 컴퓨터 어떻게 켜는지, 사무실의 화분에 물을 줬는지 확인하기 위해서 연락한 경우도 많았습니다. 이처럼 카톡 지시는 그 내용이 너무 광범위하기 때문에 법을 제정해서라도 근무 외 카톡 지시를 금지해야 한다는 입장입니다.

| 연계질문 |

• 본인이 상사라면 업무지시로 카카오톡을 이용할 건가요?

• 출근시간 전에 문자로 업무지시가 온다면 어떻게 할 건가요?

나만의 답변 구성하기

질문 **Q. 고령운전자의 나이제한에 대한 찬반 의견을 말해보세요.**

| 답변예시 |

A. 〈찬성〉

• 고령운전자는 주변 인지 능력 저하, 상황판단능력 등의 기능이 저하된 상태에서 본인의 상태를 정확하게 파악하지 못하여 자신의 안전 또한 보장받지 못하고 있습니다.

• 늘어나고 있는 고령운전자 사고 사례로 인해 많은 시민들은 불안과 우려를 낳고 있습니다. 고령운전자의 교통사고 건수는 2015년 23,063건, 2016년 24,429건, 2017년 26,713건, 2018년 30,012건, 2019년 33,239건으로 크게 증가된 것으로 조사되었습니다.

• 현재 2시간 정도의 교통안전 교육 이수로는 고령운전자 교통사고가 줄어들고 있지 않아 이 실효성이 문제됩니다.

• 현재 65세 이상 고령운전자 수는 250만 명이 넘습니다. 지금의 중장년층도 얼마 지나지 않으면 고령운전자가 됨에 따라 고령화 사회의 심화에 대한 대책이 시급합니다.

A. 〈반대〉

• 운전 제한을 단순히 나이로 구분해서는 안 된다는 점과 나이가 많다는 이유로 운전을 제한하는 것은 노인에 대한 인권침해이며, 운전 가능 여부에 따라서는 현재 운영 중인 검사 제도를 통해 판단해야 합니다.

• 운전으로 인해 생계를 유지하고 있는 생업 종사자들은 나이 제한에 있어 일자리를 잃게 되고, 나이로 인해 일자리를 얻기 어려운 상황이므로 생계유지에 있어서 치명적인 결과를 불러올 수 있습니다.

• 교통 인프라가 제대로 구축되지 못한 외곽지역의 경우 이동의 제한이 쉬워 병원 등 방문에 있어 어려움이 있을 수 있습니다.

• 현재 안전교육 이수, 면허 반납 등 제대로 이루어지지 않는 제도 대신 고령운전자에게 명확하고 직선적인 직접적인 운전 연수 등 여러 교육 프로그램의 확충 등 다양한 수단을 적극 활용할 필요성이 있습니다.

• 소수의 부적합한 운전 능력으로 인해 고령 노인 모두의 제한은 부작용만 불러옵니다. 엄격한 적성검사 및 신체검사를 통하여 차등 선별해서 등급제 등 제한을 둔 방법으로 갈등을 해결해야 합니다.

나만의 답변 구성하기

더 알아보기

고령운전자 관련

만 65세 이상 운전자는 5년마다 적성검사를 받고 면허증을 갱신하도록 하고, 만 75세 이상의 운전자의 경우 3년마다 해당 과정을 이행하도록 규정하고 있습니다. 75세 이상 운전자는 교통안전 교육도 함께 받도록 의무화했으며, 고령운전자들의 운전면허 반납 활성화를 위해 면허 자진반납 제도도 시행하고 있습니다.

질문 **Q. 학교폭력 해결방안에 대해서 말해보세요.**

| 답변예시 |

A.
- 학교전담 경찰관(SPO)의 인원을 증원해야 합니다. 현재 1명의 SPO가 11개 학교 5,700여 명의 학생을 담당하고 있기 때문에 인력 충원이 필요합니다.
- 학교상담의 기능을 강화하기 위한 다양한 정책의 도입이 필요합니다.
- 부모들의 올바른 가정교육관 필요하고 가정과 학교와 연계한 교육이 이뤄져야 합니다.
- 정부의 청소년 단체에 대한 지원 강화가 필요합니다.
- 표준선도프로그램 운영을 확대해야 합니다.

| 연계질문 |

- 유명인의 학교폭력 이슈화에 대해 어떻게 생각하나요?
- 연예인의 과거 폭로는 국민의 알권리인가요? 사생활 침해인가요?
- 본인이 면접관인데, 수험생이 학교폭력 가해자라는 정보를 알게 되었다면 어떻게 할 건가요?
- 학교폭력 가해자의 생활기록부에 폭행사실을 기재하는 것에 대해 어떻게 생각하나요?

나만의 답변 구성하기

더 알아보기

학교폭력

학교 내외에서 학생을 대상으로 발생한 상해, 폭행, 감금, 협박, 악취유인, 명예훼손, 공갈, 강요 및 성폭력, 사이버 따돌림 등에 의하여 신체·정신 또는 재산상의 피해를 수반하는 행위를 말합니다.

질문 **Q. 다문화가정 범죄의 원인과 해결방안에 대해서 말해보세요.**

| 답변예시 |

A. 〈원인〉

- 언어 문제로 인한 의사소통의 부재는 부부 또는 고부간의 갈등 등의 또 다른 문제로 이어지는 경우가 많아 가장 심각한 문제로 지적되고 있습니다.
- 다문화가정을 비정상적인 가정, 사회문제의 원천으로 보는 시작이 있습니다. 이러한 편견과 차별이 지속될 경우, 이로 인한 사회적 갈등이 표출될 우려가 있습니다.
- 국제결혼이 지속적으로 증가하는 가운데 국제결혼업체의 불법적 영업활동 등으로 이용자들의 인권침해 및 피해사례가 증가하고 있습니다.
- 많은 국제결혼 가족의 자녀들이 보이는 현상들로는 이중 언어 사용으로 인하여 또래보다 늦은 한국어 습득, 이로 인한 연령 대비 낮은 인지 기반을 가지고 있습니다. 이는 아이의 성장과 함께 확대되어 교육의 격차가 벌어지고 결국에는 사회적 성취의 격차로까지 이어질 가능성을 배제할 수 없습니다.
- 열악한 가정환경과 사회적 편견으로 인해 학교와 사회로부터 소외받고 있는 다문화가정의 아동들이 현재의 빈곤을 세습 받을 우려가 크다고 합니다. 다문화가정 자녀들이 빈곤의 세습에서 벗어나지 못한다면 그들이 우리 사회에서 융화되지 못하고, 새로운 사회문제와 갈등을 야기하게 될 것입니다.

A. 〈해결방안〉

- 결혼 이주 여성에 대한 언어교육, 한국어 방문교사 프로그램 외에도 결혼이민자를 위한 단계별 · 언어별 한국어교재 발간 및 보급을 통해서 지속적인 언어습득 교육과정을 구축해야 합니다. 대만의 경우 결혼 이주 여성에 대한 교육지원이 체계적으로 이루어지고 있습니다. 한 달에 약 20시간씩 본인이 원하면 평생토록 공립학교에서 운영하는 평생교육시설을 통해 교육받을 수 있도록 하는 등 이러한 사례를 우리나라에도 도입해야 합니다.
- 사회적 편견 개선이 필요합니다. 편견을 해소하기 위해서 다문화 관련 공익광고 및 다문화 · 공생이해 강좌 등을 개최하고, 지역민들이 함께할 수 있는 행사를 마련하여 그들과 일반 국민의 벽을 허물 수 있도록 노력해야 합니다.
- 결혼 중개업 관리제도를 도입해야 합니다. 국제결혼 중개업체의 도덕 불감증 문제를 해결하기 위해 국가 및 지방자치단체의 관리 · 감독을 받도록 함으로써 건전한 결혼중개업을 지도 · 육성하고 결혼중개업 이용자의 피해사례를 예방하기 위해「결혼중개업의 관리에 관한 법률」을 강화해야 합니다. 이를 통해 결혼중개업체의 부당한 영업활동을 막고, 책임의식을 강화하는 한편 건전한 결혼 중개문화를 확립할 수 있을 것입니다.
- 다문화가정 자녀에 대한 학습 지원이 필요합니다. 지역 간 협력체제 구축, 교사 역량 강화, 교육과정 및 교과서 다문화 교육요소 반영, 외국인 근로자 자녀 교육권 보장 등 주로 제도적인 기반을 마련해야 합니다.
- 다문화가정에 대한 취업 장려와 경제적 지원이 필요합니다. 대다수 다문화가정들은 경제적인 어려움을 겪고 있습니다. 정부차원에서 외국인 배우자들의 능력개발 프로그램을 개발하여 제공해야 합니다. 그리고 직업상담 및 고용서비스 지원을 통해 취업을 희망하는 외국인 아내의 사회진출을 적극 장려해야 합니다.
- 다문화 파출소를 증설해야 합니다. 결혼이주여성들이 경찰을 두려워하고 경찰서를 이용하기 어려워합니다. 경찰관과 친밀도 향상과 한국사회 적응을 돕기 위해 다문화 파출소를 증설하여 두려움과 경계심을 해소할 수 있고 어려움에 처했을 때 도움을 청할 소통 창구로 이용할 수 있습니다.

나만의 답변 구성하기

질문 **Q. 보이스피싱 범죄의 예방 방법에 대해 말해보세요.**

| 답변예시 |

A.

- 피싱 범죄를 예방하기 위해서는 그 수법에 공통점이 있다는 사실을 알아야 합니다. 보이스피싱 범죄수법의 공통점은 개인정보 유출, 범죄사건 연루 등을 이유로 계좌번호, 카드번호, 인터넷뱅킹 정보를 묻거나 인터넷 사이트에 입력을 요구하는 경우입니다. 이러한 사항을 요구하는 전화나 메신저를 받은 경우 절대 응하지 말아야 하며 대부분 범죄와 연관된 것이 많으니 각별한 주의가 필요합니다.
- 예금통장 및 현금카드 양도 금지 통장이나 현금(체크)카드 양도를 요구하는 전화나 메신저에 응할 경우 자신의 계좌와 신용정보가 범죄에 이용될 수 있으므로 어떠한 경우에도 타인에게 양도하지 말아야 합니다. 또한 통장이나 현금(체크)카드 양도는 「전자금융거래법」 위반으로 형사처벌을 받을 수 있는 범죄(3년 이하의 징역 또는 2천만 원 이하의 벌금)임을 숙지해야 합니다.
- 예방을 위한 습관을 길러야 합니다. 평소 개인정보 보호에 경각을 가지고 기민하게 대응하는 것도 보이스피싱 범죄 예방을 위한 좋은 습관이 될 수 있습니다. 금융거래 명의 도용 방지 서비스에 가입하여 자신의 명의 및 금융정보를 관리하는 것도 도움이 될 수 있습니다.
- 개인정보 유출이 초래되는 출처가 분명하지 않는 파일을 내려 받거나 의심스러운 문자의 링크는 클릭하지 않아야 합니다. 악성코드의 감염은 금융거래 시 파밍 등을 일으키는 주요 원인이 되기 때문에 의심이 가는 파일, 문자 등은 즉시 삭제해야 하는 등의 노력이 필요합니다.
- 보이스피싱·스미싱 예방 앱을 개발하여 취약계층에게 무료로 보급해야 합니다.
- 경찰의 예방활동 및 금융기관과 협력하여 취약계층 보이스피싱 교육이 필요합니다.

나만의 답변 구성하기

더 알아보기

피싱사기

피싱사기란 기망행위로 타인의 재산을 편취하는 사기범죄의 하나로 전기통신수단을 이용한 비대면 거래를 통해 금융 분야에서 발생하는 일종의 특수사기범죄를 말합니다. 일반적으로 「형법」상 사기죄가 적용되며, 사례에 따라서는 컴퓨터 등 사기이용죄 또는 공갈죄의 적용이 가능합니다. 피싱사기의 특징은 사기범들이 피해자의 구체적인 개인정보를 알고 있다는 점입니다. 이를 기반으로 수사기관 부서 명칭, 대환 및 전환 대출, 햇살론, 법규 등 전문 용어를 사용하여 피해자 가 의심을 하면 겁을 주거나 주변에 알리면 비밀 유출로 처벌된다며 몰아세우는 등 심리적 압박을 가합니다. 심리적 압 박에 의해 피해자가 속수무책으로 범죄자의 지시에 따를 경우 피해자 금융거래정보를 편취해 직접 인출을 유도하여 재 산상 큰 손해를 입히게 됩니다.

보이스피싱의 종류
- 기관사칭, 심리적 압박, 발신번호 조작, 유창한 한국어, 대포통장 사용
- 메신저상에서 지인을 사칭하여 송금 요구
- 저금리 대출 사기형
- 인터넷 뱅킹을 이용해 카드론 대금과 예금 등의 편취
- 정부기관 사칭형
- 결혼 · 연애 빙자 '로맨스 스캠'
- 나체 협박 '몸캠 피싱'
- 스푸핑(임의로 웹사이트를 구성하여 일반 사용자들의 방문을 유도하고 이용자의 시스템 권한을 획득한 뒤 정보 빼가 는 수법)
- 스누핑(인터넷상의 남의 개인정보를 활용하여 불법으로 경제적 이득 가로채는 행위) 등

질문   **Q. 음주운전의 해결방안에 대해서 말해보세요.**

| 답변예시 |

A.

- 4차산업기술을 활용하여 음주운전 방지장치를 개발해야 합니다. 이는 시동을 걸기 전에 음주측정을 하는 것으로 혈중 알코올 농도가 기준치를 넘을 경우 시동이 안 걸리는 것입니다. 현재 프랑스에서는 관광버스에 이 장치를 도입하여 시행하고 있습니다.
- 행락철 음주운전 특별단속을 강화하는 것입니다. 뉴스에서 특별단속을 한 달간 시행한 결과 음주교통사고는 10.8% 감소, 사상자는 15.8% 감소한 것으로 나타났습니다.
- 경찰 스스로 주 1회 금요일 주간결산 시간에 음주운전 교육을 시행하여 경각심을 높이고 원아웃제도를 실시해 경고 없는 중징계로 경각심을 높여야 한다고 생각합니다.
- 음주운전은 재범률이 45%로 재범 가능성이 높습니다. 초범이라 할지라도 처벌을 강화하고 교육시간을 늘려 재범을 방지해야 합니다.
- 시내, 번화가에 포스터나 SNS 광고를 통해 음주운전 경각심을 심어줘야 합니다.
- 119 캠페인을 통한 음주문화를 확산시켜야 합니다.

| 연계질문 |

- 음주단속 기준치에 대해서 말해보세요.
- 음주운전은 재범률이 높은데, 가석방이 많은 것에 대해서 어떻게 생각하나요?
- 경찰관의 음주운전을 어떻게 생각하나요?

나만의 답변 구성하기

> **더 알아보기**
>
> 「윤창호법」
>
> 「윤창호법」이란 음주운전으로 인명 피해를 낸 운전자에 대한 처벌 수위를 높이고 음주운전 기준을 강화하는 내용 등을 담은 「특정범죄 가중처벌 등에 관한 법률」 개정안 및 「도로교통법」 개정안을 말합니다. 「윤창호법」 시행 이후 음주운전 단속건수가 27.7% 감소했다는 결과가 있습니다.
>
> 「특정범죄가중법」 및 「도로교통법」 개정안
> - 음주운전 사망 – 최고 무기징역, 최저 3년 이상 징역
> - 재범처벌 강화 – 2회 이상 적발시, 2~5년 이하의 징역이나 1,000만 원~2,000만 원 이하의 벌금
> - 운전면허 정지 – 혈중 알코올 농도 0.03~0.08% 미만
> - 운전면허 취소 – 혈중 알코올 농도 0.08% 이상
> - 혈중 알코올 농도 0.2% 이상 – 2~5년 이하의 징역이나 1,000만 원~2,000만 원 이하의 벌금
> - 측정거부 – 1년~5년 징역이나 500~2,000만 원 이하의 벌금

질문 **Q. 본인이 생각하는 경찰의 단점 및 보완점에 대해서 말해보세요.**

| 답변예시 |

A. 〈단점〉
- 근무에서 만나는 여러 가지 상황으로 인해 우울증과 외상후스트레스장애(PTSD)를 겪는 경찰관의 수가 매년 증가하고 있습니다. 2011년 이후 자살한 경찰관의 수는 107명이고, 이를 치료하기 위한 트라우마센터의 부족이 문제라고 생각합니다.
- 근무 환경에 따라 다르겠지만 지구대, 파출소의 야간 교대근무로 인해 생활 패턴 계속 바뀌는 점이 있습니다. 그로 인해 생기는 스트레스는 곧 업무 효율 저하로 이어질 수 있습니다.
- 공권력의 약화를 들 수 있습니다. 정당한 이유나 급박한 상황보다 무조건 결과책임에 의한 이유로 인해 현장 경찰들만 거의 징계를 받고 있습니다. 현장 상황에 따라 적절한 조치를 취하지 못하면 그에 따른 징계, 과잉 조치를 하면 과잉 진압에 의한 징계로, 결국 소극적인 조치가 이루어지는 상황이 많을 수밖에 없습니다.
- 경찰 정책에 대한 적극적인 홍보가 필요합니다. 변경되거나 신설된 정책 등 국민들이 인식하고 이해해야 할 새로운 부분들에 있어서 홍보 방법, 홍보 내용 등이 아직까지도 단순화되어 있고, 그 방법 또한 노후화되어 있어 다양한 연령층이 쉽게 접하기 힘들다고 생각합니다.
- 진급의 한계성을 들 수 있습니다. 근속기간에 대한 단축은 이루어졌지만, 경찰조직 자체적인 직급구조의 개선이 이루어지지 않아 사실상 반쪽짜리 변화라는 지적이 있습니다.

A. 〈보완점〉

- 전국적으로 세 곳밖에 없는 트라우마센터(현 마음동행센터)의 전국적인 확충 및 경찰대비 대응 가능한 전문인력의 확보, 치료 프로그램을 통한 지속적인 관찰 등을 보완해야 합니다. 또한 접근성이 떨어지는 트라우마센터의 이용이 저조한 이유의 개선을 위해 위와 같은 진단을 받은 경우 2~3일 간의 치유휴가의 이름으로 쉽게 트라우마센터의 접근을 유도할 필요가 있습니다.
- 트라우마센터 내의 컨디션센터와 같은 최일선에서 근무하는 경찰들을 위한 복지프로그램을 운영하고, 근무 강도에 따른 근무 일수 제한(2주 근무/1주 휴무) 등과 같은 개선책이 필요합니다.
- 경찰로서 소신을 갖고 일할 수 있는 환경의 개선이 필요합니다. 급박한 상황시, 테이저건의 적극적인 사용 허가, 정당방위 범위 확대, 정당한 이유로 업무를 수행했을 시 책임 면제 등이 개선되어야 합니다.
- SNS를 활용한 직설적이고 적극적인 홍보가 필요합니다. 뉴스에서의 보도도 중요하지만, 공익광고와 같은 TV 홍보용 광고를 제작해서 지속적인 노출과 벌점과 반대되는 상점 부과 등 지자체와 협력하여 홍보가 가능한 방안을 모색하여야 합니다.
- 근속 승진이 가능한 인원을 개선하여 5급(경정) 이상의 직급을 늘려 선순환 구조를 만들어야 합니다.

나만의 답변 구성하기

질문 **Q. 청렴문화 조성방안에 대해서 말해보세요.**

| 답변예시 |

A.

- 정부조직 및 기구와 제정된 법률을 통한 시행 강화와 범죄행위에 대한 엄중한 처벌이 필요합니다.
- 어린 시절부터 교육을 통한 도덕과 윤리적 자질을 함양해야 합니다.
- 사회적, 조직내부의 감시기구를 통해 부정부패 방지, 넓은 범위의 부당이득 환수시스템 작동, 부정부패에 대한 적극적 대응, 조직 체계 구축이 필요합니다.
- 지속적인 인사교류를 통한 지역 유착 방지가 필요합니다.
- 경찰 내부 비리 전담수사대의 역량을 강화해야 합니다. 특히 고위직 경찰관의 업무 수행 능력 심사제도 도입, 특정 지역 근무 횟수 제한, 전관예우 차단을 위한 사전 신고제도 도입 등이 필요합니다.
- 「부정부패 방지법」에 의거한 강력한 처벌이 필요합니다.
- 공직자의 청렴 교육을 강화하여 인사, 승진에 직접적으로 반영해야 합니다.

| 연계질문 |

- 경찰 부패 원인이 무엇이라고 생각하나요?
- 경찰의 부조리를 외부에 알리는 것에 대해 어떻게 생각하나요?
- 경찰 부패 유형과 해결방안을 말해보세요.
- 조직 내 부조리를 해결할 수 있는 제도에 대해 아는 것을 말해보세요.
- 내부고발제도에 대해서 어떻게 생각하나요?

나만의 답변 구성하기

더 알아보기

부정부패

부정부패는 사회의 구성원이 권한과 영향력을 부당하게 사용하여 사회질서에 반하는 사적 이익을 취하는 것을 말합니다. 공직자는 전문성과 공정성, 정직성, 성실성, 멸사봉공과 애국애족의 정신을 품어야 할 사람입니다. 과거로부터 우리 사회의 문제로 자리 잡은 원인과 대응방안을 마련함으로써 정의로운 사회로 나아가기 위해 부정부패 척결은 꼭 필요한 활동입니다. 특히 경찰관은 국민과 가장 가까이서 국민의 고충을 해결하는 해결사로 타 공무원보다 더욱 청렴하고 정의로워야 합니다.

질문 **Q. 직장협의회의 필요성과 경찰의 역할에 대해서 말해보세요.**

| 답변예시 |

A. 〈직장협의회의 필요성〉

- 실무자들의 다양한 의견제시의 통로가 마련될 수 있습니다. 현재는 기껏해야 내부망에 의견이나 글을 올린다거나 윗선에서 특정 사안에 대해서 의견청취를 할 때만 의견을 낼 수 있었지만, 직장협의회가 설치되면 보다 다양한 의견 제시가 이루어질 수 있습니다.
- 근로환경의 개선과 고충 해소의 실마리가 될 수 있습니다. 일반직 공무원보다 열악하고 위험한 근로조건에서 근무하는 경찰공무원 등의 근로환경의 개선과 고충 해소의 필요성은 지속적으로 제기되어왔습니다. 이러한 부분이 해소됨에 있어 중요한 역할이 가능합니다.
- 경찰관들의 기본권을 보장받아야 합니다. 일반 국민들과 마찬가지로 경찰관들 역시 기본권을 보장받아야 하는 대한민국 국민입니다. 당당하게 자신의 기본권을 보장받으면서 주어진 임무에 더 충실할 수 있는 근로 여건을 만듦에 있어 중요하다고 생각합니다.
- 현장의 목소리를 낼 수 있는 창구 마련으로 수직적 조직문화에서 수평적 조직문화에 기여할 수 있습니다.
- 경찰내부개혁을 위해 필요하며, 조직의 민주적 운영이 실현됩니다.
- 경찰근로환경 개선은 곧 치안서비스의 향상으로 이어질 수 있습니다.

A. 〈경찰의 역할〉

- 제도 개선을 위한 경찰 구성원들의 단합이 필요합니다.
- 경찰직급조정(경찰청장의 직급을 장관으로 요청) 요청이 필요합니다.
- 언론의 부당한 보도에 대한 정정보도 요청 및 언론중재 위원회 제소가 필요합니다.
- 젊은 경찰관들의 적극적인 가입이 필요합니다.

| 연계질문 |

- 노조와 직장협의회 차이점에 대해서 말해보세요.
- 경찰 노조에 대해서 어떻게 생각하나요?

나만의 답변 구성하기

> **더 알아보기**
>
> **직장협의회**
> 공무원의 근무환경 개선, 업무능률 향상 및 고충처리를 위해 기관별로 결성된 공무원 단체를 말합니다.
>
> **노조**
> 노동 조건의 개선 및 노동자의 사회적 · 경제적인 지위 향상을 목적으로 노동자가 조직한 단체로 노동3권(단결권, 단체교섭권, 단체행동권)을 보장받습니다.

질문 **Q. 경찰 SNS 홍보방안에 대한 의견을 말해보세요.**

| 답변예시 |

A.
- 경찰청 홍보단을 장려하는 것입니다. 최근 최강창민, 최시원 등 의경으로 복무한 아이돌의 활동으로 해외까지 홍보효과가 발생했습니다. 따라서 경찰청 홍보단 활동을 더욱 장려하는 것이 필요합니다.
- SNS 및 유튜브 활용하는 것입니다. 경찰청 공식 페이스북 '폴인러브'는 구독자 40만 명으로 전파력이 높습니다. 또한 '폴라이브'를 매주 수요일 유튜브 생방송을 하고 있으며, 각 지방청에서도 SNS 및 유튜브 채널 활용하여 홍보를 하고 있습니다. 이를 더욱 확대하고 시민이 꼭 알아야 할 정보를 알린다면 범죄예방효과와 경찰에 대한 신뢰도 상승효과를 기대할 수 있습니다.
- 굿즈를 제작하는 것입니다. 중앙경찰에 입소하면 다양한 중경 굿즈가 있습니다. 이를 활용하여 포돌이 포순이 인형, 키링, 무선이어폰케이스, 포스트잇 등 다양한 굿즈를 시민에게도 만들어 제공하면 더 친숙한 이미지로 다가갈 수 있을 것입니다.
- 드라마 「라이브」, 영화 「베테랑」, 「청년경찰」처럼 TV 또는 영화를 통한 홍보를 확대하는 것입니다.
- 경찰 업무에 대한 브이로그를 찍는 것입니다. 품위를 지키는 선에서 경찰직무와 일상을 공개한다면, 더 많은 국민들이 경찰에 대해 호기심을 가질 수 있고, 경찰직업에 대한 꿈을 가질 수 있을 것입니다.
- SNS를 잘 활용하지 않거나 고령시민을 위해 그분들이 많이 가는 곳을 방문해 홍보하거나 거리의 시민들과 함께 의사소통하는 캠페인 등을 확대해야 합니다.

| 연계질문 |
- 지원청에서 시행되었으면 하는 홍보활동을 말해보세요.
- 지원청의 유튜브나 SNS를 보며 인상 깊었던 것에 대해서 말해보세요.
- 경찰이 제복을 입고 SNS를 하는 것에 대해서 어떻게 생각하는지 말해보세요.
- 본인이 유튜브 담당자가 된다면 올리고 싶은 콘텐츠를 말해보세요.

나만의 답변 구성하기

질문 **Q. 경찰이 서비스적인 부분만 강조하는 것에 대해서 어떻게 생각하는지 말해보세요.**

| 답변예시 |

A.
- 경찰의 본연의 업무는 국민의 생명·신체·재산의 안전과 범죄사건 사고예방 등 다양합니다. 그중 행정서비스 또한 경찰의 업무라고 생각하기 때문에 행정서비스를 강조한다고 해서 본연의 업무가 소홀하다고 생각하지 않습니다.
- 현재 우리 국민들은 경찰을 신뢰하고 존중하는 편이라고 생각합니다. 하지만 국민적 공분을 사는 강력, 악질 범죄가 발생했을 때 국민들은 단 1건의 사건 사고도 일어나지 않기를 바라는 마음에서 경찰을 비판하거나 질타한다고 생각합니다. 어려운 일이 발생했을 때 의지할 수 있는 기관은 경찰이기 때문에 언론 댓글에 그와 같은 마음으로 비판의 글이 올라온다고 생각합니다. 제가 경찰이 된다면 주민분들 가까이에서 함께 생활하며 그 분들의 소소한 고충도 함께 나누고 도움을 드릴 수 있도록 할 것입니다.

| 연계질문 |

- 법집행과 국민서비스 중에 무엇이 중요하다고 생각하나요?
- 본인은 범죄예방과 진압 중에 어떤 것에 더 중점을 둘 건가요?
- 불법시위를 줄일 수 있는 방안에 대해서 말해보세요.
- 경찰 바디캠 사용과 관련된 인권문제에 대해서 말해보세요.

나만의 답변 구성하기

Q. 성과제(성과주의)의 찬반 의견을 말해보세요.

| 답변예시 |

A. 〈찬성〉
- 호봉제로 인한 소극적이고 종속적인 근무태도를 향상시킬 수 있습니다.
- 기본 호봉 이외에 추가 유인가(성과급)로 인해 전문인력의 확보가 가능합니다.
- 구성원의 능력발휘, 동기유발, 사기진작의 도구로 활용할 수 있습니다.
- 성과 달성을 위한 상사와의 커뮤니케이션이 활발해 집니다.
- 직원들의 책임감과 경영의식이 커질 수 있습니다.
- 조직 전체의 목표관리가 가능합니다.
- 승진의 합리적, 객관적 근거자료로 활용될 수 있습니다.
- 성과 목적에 따른 신속한 업무 수행이 가능합니다.
- 성과주의 도입으로 지역의 치안상황 안정화에 이바지합니다.

A. 〈반대〉
- 경쟁의식이 커질 경우 개인주의 문화가 커질 수 있습니다.
- 단기간의 성과 달성위주로 업무를 진행하다 보면 장기적인 목표관리에 소홀해질 수 있습니다.
- 과도한 목표를 설정하여 구조조정 등의 도구로 사용될 수 있다는 불안감이 조성됩니다.
- 명확한 성과 관리가 되지 않을 경우 불공평한 분배로 불만감 조성이 커질 수 있습니다.
- 추가 인건비 지급으로 인한 간접비(고용, 산재, 국민연금, 건강보험 및 퇴직금)의 부담이 증가됩니다.
- 행정업무에 기업적 경영을 도입하여 의미 없는 실적올리기로 피해는 서비스 주체인 국민들에게 고스란히 돌아갈 수 있습니다.
- 단기적으로 성과가 보이는 업무에 집중하고, 장기적으로 비전 있는 사업은 뒤쳐질 수 있습니다.

| 연계질문 |

• 열심히 근무를 했는데 인정받지 못한다면 어떻게 할 건가요?
• 상사가 내 공을 가로챈다면 어떻게 할 건가요?

나만의 답변 구성하기

더 알아보기

성과제
업무성과에 따라 보수를 차등 지급하는 제도입니다. 성과 중심의 임금 체계를 구축하고 업무 효율성을 높이는 것을 목표로 합니다.

크레스피 효과
심리학 용어로 이전에 비해 더 높은 보상과 벌의 강도가 일의 수행 능률에 영향을 미치는 효과를 말합니다. 원하는 행동을 유도하기 위한 수단으로 보상을 선택한다면, 보상의 양을 점점 늘려야 원하는 결과를 도출할 수 있다는 뜻입니다.

질문 **Q. 회복적 정의(가해자와 피해자 사이 중재)에 대한 경찰활동의 찬반 의견을 말해보세요.**

| 답변예시 |

A. 〈찬성〉
- 회복적 경찰활동을 통해 가해자와 피해자 간의 관계회복으로 이어질 수 있습니다. 가해자와 피해자는 서로 친구 또는 가족일 수도 있기 때문에 법적 처분과는 별개로 당사자 간 서로의 이해차이를 좁히고 입장을 확인할 수 있는 좋은 제도라고 생각합니다.
- 공동체의 평온은 유지하고자 하는 경찰활동의 새로운 패러다임으로써, 피해자가 가해자로부터 사과를 받고 마음의 피해까지 회복하는 기회를 부여할 수 있다는 점이 있습니다. 법의 판결을 받았다고 해서 피해자가 입은 피해가 회복되는 것은 아니라고 생각합니다. 가해자가 피해자와 함께 피해회복을 한다면 좀 더 신속히 만족할 수 있는 결과가 나올 것입니다.
- 법정다툼 전 대화를 통해 문제를 먼저 해결해 봄으로써 시간과 돈을 절약할 수 있습니다.
- 현재 경찰이 실시하는 회복적 활동이 공동체 사회에 긍정정인 영향을 끼치고 있습니다. 가해자의 처벌과 검거에만 초점을 둔 것이 아니라 공동체 사회에서 사람과 사람 관계를 이해하고 상호 배려하는 마음을 가지게 하는 긍정적인 제도입니다.
- 퇴직 경찰 자원을 회복적 대화 전문가로 양성하여 활용이 가능합니다.

A. 〈반대〉
- 피해자의 트라우마, PTSD를 고려하지 않은 제도입니다. 법무부에서도 피해자와 가해자를 마주치지 않게 하는데, 경찰의 이런 제도는 피해자의 상처만 키울 수 있습니다.
- 2차 가해로 느껴질 수 있습니다. 가해자와 피해자의 관계는 오로지 가해자의 잘못으로 깨진 것인데, 거기에다 피해자에게 서로 대화로 어느 정도 풀어 나가라고 하는 것이 2차 가해로 느껴질 수 있습니다.
- 무늬만 회복적 정의가 될 확률이 높습니다. 아직 전문 인력이 많이 없기 때문에 경찰관이 대부분 대화 모임을 진행하는데, 사건 종결에만 초점을 두고 실시할 확률이 있습니다. 대화의 내용이나 어떠한 약속이 사건처리에 영향을 줄 수는 없지만, 형사사법기관이 사건을 처리하는데 참작 사유로 고려될 수 있습니다.

| 연계질문 |

- 가해자가 피해자와 합의하고 싶다고 연락처를 달라고 하면 어떻게 할 건가요?
- 회복적 정의(가해자와 피해자 사이 중재)에 대해서 본인의 의견을 말해보세요.

나만의 답변 구성하기

더 알아보기

회복적 정의
응보적 정의에 기초한 전통적 형사사법체계는 정작 당사자인 피해자가 사법절차에서 소외된다는 점, 피해자가 가해자로부터 사과를 받고 피해를 회복할 기회조차 갖지 못하는 점, 가해자가 자신을 오히려 피해자로 인식하는 현상이 나타나기 쉽다는 점에서 많은 비판을 받아왔습니다. 이에 대한 대안으로 회복적 정의 패러다임이 등장하였는데, 회복적 정의란 잘못된 행동(범죄)을 바로잡고 그 피해가 최대한 치유되도록 관련된 사람들이 함께 피해를 확인하고 책임과 의무를 규명해 나가는 일련의 모든 과정을 의미합니다.

회복적 경찰활동
회복적 경찰활동은 회복적 정의의 이념과 실천 방식에 입각한 경찰활동으로 지역사회에서 범죄·분쟁이 발생했을 때 경찰이 범인을 검거하고 처벌하는데 그치지 않고, 당사자의 동의를 전제로 가·피해자간 회복적 대화모임을 제공하여 상호간 대화를 통해 근본적인 문제의 해결방안을 모색할 수 있도록 지원하는 활동입니다. 회복적 대화모임 결과는 보고서 형태로 수사서류에 첨부되어 경찰단계 종결 또는 검찰, 법원 단계에서 양형 참고 자료 등으로 활용될 수 있으며, 경미한 사안은 피해자의 의사를 반영하여 즉결심판 청구, 훈방 등 조치될 수 있습니다.

질문 **Q. 악성민원인의 대처방안에 대해서 말해보세요.**

| 답변예시 |

A.
- 민원인이 흥분 및 폭언을 하는 상태라면, 경찰관으로써 먼저 민원인을 진정을 시키는 게 제일 중요하다고 생각합니다. 그리고 민원인의 불만사항, 요구사항 등을 여쭙고 민원인의 입장에서 공감하고 이해하고 있다는 자세를 보여드리겠습니다. 도움을 드릴 수 있는 부분에서 도움을 드리고 그래도 해결이 안 될 경우 동료나 상급자에게 도움을 청하여 같이 민원인에게 도움을 줄 수 있는 방법을 생각해 보겠습니다.
- 민원인을 상대하는 것도 경찰의 업무 중 하나이기 때문에 시간이 조금 더 걸리더라도 민원인에게 따뜻한 커피 한 잔, 또는 따뜻한 물을 드리며 진정시킨 후 원인을 파악하여 해결하도록 하겠습니다.
- 악성민원인이 처음부터 악성민원인이 되지는 않았을 것입니다. 그만한 큰 고충이나 경찰에 관한 실망감 등이 복합적으로 이루어져 있다고 생각합니다. 충분한 소통과 공감으로 민원인과 이야기한다면 문제를 해결할 수 있을 것입니다.
- 우선 민원인을 진정시키며 가족의 연락처를 확보해 안전하게 귀가조치할 수 있도록 하겠습니다. 그럼에도 지속적으로 기물파손이나 욕설 등을 지속적으로 한다면, CCTV로 녹화되고 있음을 알리고 법적 처벌을 받을 수 있음을 고지하겠습니다. 그럼에도 지속된다면 매뉴얼대로 행동하겠습니다.

| 연계질문 |

- 현장을 나갔는데 민원인이 왜 이렇게 늦게 왔냐고 불만을 표하면 어떻게 할 건가요?
- 민원인이 계속 욕하고 난동을 부리면 어떻게 할 건가요?
- 민원인이 본인에게 욕설을 한다면 모욕죄로 처벌할 건가요?

나만의 답변 구성하기

더 알아보기

악성민원

악성민원은 민원으로 포장된 각종 불법행위에 이를 정도로 악질적인 민원을 뜻합니다. 그 양이 많거나 정도가 심할 정도로 담당 공무원, 경찰관에게 정신적 피해를 안겨주거나 신체적, 물리적인 피해도 주는 경우가 있습니다. 사례로는 막말, 폭언, 욕설, 협박, 성희롱, 성추행, 반복적인 대량 민원 접수, 초상권, 음성권 침해, 명예훼손 등이 있습니다.

질문 **Q. 효율적인 순찰방법에 대해서 말해보세요.**

| 답변예시 |

A.
- 차량순찰과 도보순찰을 병행하는 것입니다. 차량순찰은 광범위한 지역에서 가시적인 효과가 큰 만큼 언제든지 신속한 출동을 할 수 있다는 것을 보여줄 수 있고, 도보순찰 좁은 지역을 세밀하게 관찰하는 역할로 범죄발생이 빈번하고 주택이 밀집지역에 효과가 있습니다.
- 암행순찰을 강화하는 것입니다. 2016년부터 도입된 암행순찰은 주로 교통법규 위반에 활용되고 있습니다. 경기북부청에 따르면 암행순찰 활동으로 이륜차 사망사고는 59%가 감소한 것으로 나타났습니다.
- 지역공동체 치안협의체 운영입니다. 지역사회 위험 및 불안요인을 선제적으로 해결하기 위한 것으로 순찰 중 청취한 의견, 치안모니터링단의 의견을 통해 치안문제를 발굴하고, 범죄예방환경 개선 등의 역할을 하고 있습니다.
- 탄력순찰제 확대시행입니다. 지역주민이 요청하는 시간 및 장소를 지역순찰계획에 반영하여 주민 친화적인 순찰 서비스 제공(온라인 순찰신문고 사이트, 스마트 국민제보 앱 등, 가까운 지구대나 파출소에서 신청가능)이 가능합니다.
- 빅데이터 범죄분석 활용입니다. 범죄가 자주 발생하는 지역이나 시간대, 범죄유형 등을 빅데이터로 분석해 이를 순찰에 활용할 수 있습니다.

나만의 답변 구성하기

더 알아보기

순찰근무

미국에서 실시한 순찰실험결과에 의하면, 자동차순찰의 경우 차별적 경찰력 투입에도 불구하고 유의미한 성과가 없는 것으로 나타났습니다. 하지만 대다수의 나라에서 순찰근무는 경찰활동의 중추로 인식하고 있으며, 각급 경찰관서에서 는 순찰부서가 가장 큰 비중을 차지하고 있습니다. 그러나 한국경찰의 경우 선진국에 비하여 방범순찰부서 경찰의 비율 이 상당히 낮은 편이기 때문에 범죄예방활동을 위한 개선책 마련이 필요합니다.

질문 **Q. 여경 증원에 대한 찬반 의견을 말해보세요.**

| 답변예시 |

A. 〈찬성〉

• 남성과 여성의 수를 정하여 구분 모집하는 것은 평등권 침해이므로 성비 비율을 폐지하고 능력에 따라서 공정하게 경찰관을 채용해야 합니다.

• 경찰의 모든 직무가 신체적 체력적 우위를 요구한다거나 모든 직무에 대해 성별이 직무수행 가능 여부를 결정하는 요인이 된 다고 볼 수 없음에도 구체적인 직무내용을 고려하지 않은 채 성별을 기준으로 채용인원을 정하는 것을 정당화하기 어렵습니다.

• 미국, 프랑스 등 선진국의 여경 비율을 20%이고 2018년 기준 한국의 여경 비율을 11%로 현저히 적은 비율임을 알 수 있습니 다. 따라서 여경의 채용을 증원해야할 필요가 있습니다.

• 강인한 체력의 필요는 여성뿐 아니라 남성에게도 해당하는 것임에도 여성에게만 체력조건 등을 이유로 채용을 제한하는 방식 을 택한 것은 합리적인 이유가 없습니다.

A. 〈반대〉

- 경찰 직무를 고려할 때 남녀 신체능력 차이를 인정해야 합니다. 경찰공무원은 형사, 생활안전, 교통 등 외근부서 근무자가 80% 이상이고, 이런 업무 수행 시 범죄 진압 또는 무기, 장구의 사용 등에 물리적 강제력이 수반돼 일정 수준 이상의 신체적 능력은 필요합니다.
- 남녀통합채용으로 필기 점수에서 상대적으로 우월한 여경의 비율이 압도적으로 뽑힐 수 있습니다. 치안에 대한 시민의 불안감 강화 등 치안역량 자체에도 악영향을 끼칠 것이 우려될 수 있기 때문에 필기점수를 낮추고 체력 및 면접점수를 높이는 방안이 같이 강구되어야 합니다.
- 통합모집보다는 분리모집을 유지하되, 채용 시 여경의 비율을 15% 정도로 높이는 게 더 좋은 방안이라고 생각합니다.

| 연계질문 |

- 여경 체력에 대한 국민들의 불안이 있는데 어떻게 생각하나요?
- 남녀통합채용에 대한 의견을 말해보세요.
- 경찰 업무에 있어서 남녀 차별이 필요하다고 생각하나요?
- 여경무용론에 대해 어떻게 생각하나요?
- 본인이 인천층간소음 현장에 있었다면, 어떻게 대처했을 건가요?
- 인천층간소음 현장의 문제는 경찰 개인의 문제인가요? 조직의 문제인가요?

나만의 답변 구성하기

더 알아보기

남녀통합채용

2017년 10월 경찰개혁위원회는 성평등 제고를 위해 성별을 분리하여 모집하는 관행을 폐지하고 일원화된 기준을 개발하라고 권고하였습니다. 그에 따라 2023년 순경공개채용부터 남녀 분리모집을 폐지하고 남녀통합으로 경찰관을 선발하게 됩니다. 통상적으로 순경채용은 남녀 9대 1의 비율로 이뤄졌으나, 2022년까지 여성경찰관 비율을 전체의 15%로 올리고, 경감급 이상은 7%까지 올릴 계획이기 때문에 앞으로 여성경찰관의 비율은 더 많아질 예정입니다.

질문　　**Q. 남녀 갈등(젠더갈등)의 해결방안에 대해서 말해보세요.**

| 답변예시 |

A.
- 초중고 교육을 통해 잘못된 성관련 사회분위기를 환기해야 합니다.
- SNS 기업과 협업하여 고의로 분란을 야기하는 게시글을 신속하게 삭제하고, 사용자를 차단하는 방법이 있습니다.
- 올바른 성 인식 교육을 조직차원에서 의무적으로 실시하여 서로 이해하는 문화를 확산해야 합니다.
- 가사분담 균형, 직장 내 유리천장 제거, 성별임금격차 해소 등 사회 제도적 평등화가 필요합니다.

| 연계질문 |

- 혐오문화(여혐, 남혐)에 대해 어떻게 생각하나요?
- 남녀 갈등 해결을 위한 정책에 대해 알고 있나요?

나만의 답변 구성하기

질문 **Q. 본인이 생각했을 때, 비트코인은 투기인가요? 투자인가요?**

| 답변예시 |

A. 〈투기라고 생각합니다.〉

• 비트코인은 주식과는 다르게 24시간 거래가 이루어집니다. 그리고 상한가 제한과 하한가 제한도 없기 때문에 화폐의 가치가 하루에도 수없이 등락하여 화폐로서 본질적 기능을 잃는다고 생각합니다.

• 가상화폐의 공화국이라 불리는 중국 역시 투기의 이유로 비트코인 채굴을 전면 금지했습니다. 가상화폐의 변동성이 너무 크다는 이유로 이미 여러 나라에서 투기로 비추어지고 있으며, 우리나라 은성수 금융위원장 또한 비트코인은 투자라고 볼 수 없다는 발언을 하였습니다. 이러한 사례들로 볼 때 비트코인은 투기입니다.

• 유명인의 말 한마디로 인한 시세 조작이 가능하기 때문에 투기입니다. 얼마 전 미국 테슬라의 CEO인 일론 머스크가 비트코인으로 테슬라 차량을 구매할 수 있게 시스템을 갖추겠다는 발언으로 비트코인이 폭등했던 일이 있었습니다. 그리고 얼마 지나지 않아 비트코인 결제를 환경파괴 등의 문제로 다시 금지한다는 발언에 시세는 곤두박질 친 사례가 있습니다.

• 통계에 따르면 비트코인 투자자의 대부분은 20~30대로 코인에 대한 가치나 공부 없이 묻지마 투자를 한다고 합니다. 심리학 연구 결과에 따르면 투기나 도박은 과정과는 관련이 없고, 오직 기대 이상의 보상을 받는 것에만 목적이 있는 것으로, 이러한 기대심리를 통해 이익을 취하게 되면 도파민이 분비되어 중독이 됩니다. 이러한 근거를 바탕으로 비트코인은 투자의 성향보다는 투기에 더 가깝다고 생각합니다.

• 비트코인은 불법적인 자금세탁과 범죄에 사용됩니다. 최근 우리나라에서 범죄에 사용된 사례로는 대표적으로 디지털 성범죄인 N번방, 박사방, 조주빈 사건이 있습니다. 조주빈은 금전적 이익을 위해 가상화폐를 통해 범죄수익금을 환전 받았습니다. 이러한 범죄에 쉽게 활용 될 수 있는 비트코인은 안정적인 투자가치가 있는 수단이라고 보기 어렵고 투기의 수단이라고 볼 수 있습니다.

A. 〈투자라고 생각합니다.〉

• 비트코인은 발행량이 2,100만 개로 정해져있기 때문에 각국의 통화처럼 인플레이션의 우려가 없습니다. 인플레이션은 통화량의 증가로 화폐가치가 하락하고 모든 상품의 물가가 전반적으로 꾸준히 오르는 경제 현상입니다. 이러한 현상은 전 세계적으로 각국이 겪고 있는 어려움입니다. 비트코인은 이러한 문제를 해소해주는 매개체임으로 투자 상품이라고 생각합니다.

• 누구의 통제도 받지 않는 화폐라는 아이디어를 현실화한 첫 번째 사례인 비트코인은 정부의 권력으로부터 자유로울 수 있는 선택지를 제공합니다. 비트코인 네트워크 안에서 내 돈은 오직 나만이 보낼 수 있고, 이는 누구도 막을 수 없으며, 정부가 돈을 찍어내서 가치를 떨어뜨릴 수도 없습니다. 내가 소유한 돈에 대한 자유야말로 비트코인의 핵심 가치라고 생각합니다. 그렇기 때문에 비트코인은 투자수단이라고 생각합니다.

• 비트코인의 순기능은 무료로, 혹은 낮은 수수료로 전 세계 어디서나 즉각적으로 거래할 수 있는 것이 특징입니다. 비트코인은 특정 기업의 개입이 없기 때문에 수수료를 받을 주체가 없습니다. 일반적으로 카드사가 가맹점에게서 3~4% 정도의 수수료를 가져가는 것이나, 해외 송금을 할 때 5% 이상의 높은 수수료를 물어야 하는 것과 비교하면 상당히 저렴한 편입니다. 이러한 장점을 활용할 수 있기 때문에 투자수단이라고 생각합니다.

• 비트코인은 현재 다양한 곳에서 직접 결제수단으로 활용 되고 있습니다. 우리나라에서도 특정 업체를 통해 특정 코인을 이용한 결제 서비스가 진행 되고 있습니다. 이를 통해 제도권으로 천천히 들어오고 있다고 볼 수 있습니다. 이미 상용화가 시작된 비트코인에 대해 더 이상은 투기라고 바라보기에는 구시대적 발상이라고 생각합니다.

• 비트코인은 누구에게나 열려 있습니다. 비트코인의 개방성은 특히 금융 인프라가 갖춰지지 않은 지역에서 더욱 가치를 가집니다. 전자화폐는 일단 은행 계좌가 있어야 사용 가능하나 현재 은행 계좌가 없는 나라도 적지 않습니다. 비트코인이 활성화된다면, 인터넷은 있지만 은행 계좌는 없는 사람들이 송금이나 결제 서비스를 사용할 수 있게 됩니다. 실제 필리핀의 경우 은행계좌보다 SNS 계정의 개수가 더 많다고 합니다. 이러한 장점들을 볼 때 비트코인은 투기라고 보기 어렵습니다.

나만의 답변 구성하기

질문 **Q. 모병제 도입에 대한 의견을 말해보세요.**

| 답변예시 |

A. 〈찬성〉
- 지금의 대한민국은 3세대 전차를 약 1,500대, 5세대 스텔스 전투기 60기, 전략 잠수함 사령부를 보유한 세계 6위의 군사 강국입니다. 또한 기술의 발달로 전투의 형태가 달라지고 있기 때문에 모병제를 통해 필요한 인력만 운영하는 것이 효율적일 것이라고 생각합니다.
- 현대전의 양상은 군인의 머릿수에 따라 달라지는 것이 아닙니다. 경제력, 제공권, 동맹국 등 다양한 안보상황에 따라 달라집니다. 특히 경제력, 제공권, 외교 분야에서도 북한보다 우위를 점하고 있는 대한민국이 굳이 징병제를 유지할 이유가 없습니다. 청년들을 4차산업혁명의 전문 인력으로 키워나가면 국익에 더 도움이 될 것입니다.
- 기업처럼 꼭 필요한 인재만 사용함으로써 인재활용이 효율적으로 변할 것이며, 각 개인에 따른 적합한 병역 선택 등이 사회 청년들에게 동기부여가 될 것입니다.
- 모병제는 징병제보다 더 긴 복무기간을 가지기 때문에 현재보다 전문성 강화에 도움이 될 것입니다.
- 현재 군 내의 여러 가지 문제가 해소가 될 것입니다. 모병제를 하면 자발적으로 온 것이기 때문에 내부사고(탈영, 자살, 상관 모독 등)가 현저히 들어들 것이고 군 복무 부적응자도 없어질 것입니다.
- 병역 비리와 차별에 대한 걱정이 없어질 것입니다. 원하는 인원만 가면 되기 때문에 현재처럼 병역여부로 인한 갈등이 사라질 것입니다.
- 장병복지 향상을 기대할 수 있습니다. 인원이 적어진 만큼 소수정예 인원으로 무장할 수 있습니다.
- 군대에 가지 않는 사람들에게는 국방세를 통해 세금으로 병역의 의무를 수행하게 하면 국가 재정에도 도움이 될 것입니다.

A. 〈반대〉

- 대한민국이 징병제를 하는 이유는 지리, 군사적 특성에 기인합니다. 우리는 타국의 상황과 다르게 전장의 종심이 짧습니다. 그리고 유사시 우리를 지원할 동맹국인 미국과의 거리가 아주 멉니다. 가까운 우방의 병력인 주일 미군과 일본 자위대가 있지만, 해상과 공중의 위주 전력을 꾸리고 있을뿐더러 지리적, 역사적으로 일본 육상 자위대의 상륙을 허락하지 않을 것이 분명하기 때문입니다. 즉, 전쟁이 발발하면 지상군은 자력으로 북한군과 맞서야 하기 때문에 병력 유지가 필요합니다.

- 국방부에서 판단하고 있는 대한민국이 보유해야 할 총 병력 수는 현역 50만 명, 예비군 150만 명이 필요하다고 주장합니다. 우리나라는 지형적으로 한반도이지만, 절반은 섬나라와 같다는 문제가 있습니다. 타 국적군의 병력 지원 시 공중, 해상 병력 수송은 쉬운 일이 아닙니다. 대형 수송기 1대에 무장 병력 500병, 수송함에 1,000명을 수송한다고 가정 할 경우 항공기는 최소 1,000대, 함정은 500정 이상이 필요합니다. 이는 결국 단시간 내에 지원군을 전개하는 것이 불가능하다고 봐야 합니다.

- 현대전은 대부분 4~5일, 길게는 7일 이내에 승패가 갈립니다. 결국 전쟁이 발발한다면 처음부터 끝까지 한국이 자체적으로 병력을 수급해야 합니다. 그러기 위해서는 아직은 예비 병력이 필요하고, 예비 병력을 빠르게 늘리는데 가장 좋은 방법은 징병제라고 생각합니다.

- 중국과 러시아에의 위협에 대한 대비태세를 갖추어야 합니다. 북한군을 막기 위해 많은 병력이 필요한 것이 아닙니다. 유사시 우리와 직접적으로 국경을 맞대는 건 중국과 러시아일 것입니다. 그렇게 되면 우리와 맞붙는 건 노후된 재래식 전차가 아니라 최신형 대규모 기계화 병력을 보유하고 있는 중국의 80군단과 12군단이 될 것이며, 러시아는 극동 함대와 제 11항공 방공군, 제68군단의 거대한 병력과 경계를 맞대야 합니다.

- 모병제는 시기상조라고 생각합니다. 저출산, 인구절벽 등이 다가오기 때문에 오히려 귀화자에게도 국방의 의무를 부여해 현역으로의 근무를 추진해야 합니다. 한반도 주위의 군사 안보 상황을 고려하여 조금 더 적극적인 징병제를 실시해야한다고 생각합니다.

나만의 답변 구성하기

질문 **Q. 「테러방지법」에 대한 찬반 의견을 말해보세요.**

| 답변예시 |

A. 〈찬성〉
- 국제 테러단체나 연계된 사람들의 테러 위험 행위 및 관련 행위 소지가 있을 때 그 사람에 대해서 엄격한 제도 하에 감청이 필요합니다.
- 「테러방지법」은 개인의 사생활을 침해하고 개인 정보를 수집하는 일련의 활동이라고 오해할 수 있으나 이는 매우 단편적인 부분입니다.
- 「테러방지법」의 본질은 이름 그대로 테러를 방지하는 것에 있으며, 테러를 발생시킬 위험이 있는 인물, 혹은 테러의 취약요인을 사전에 제거하거나 외국인 테러 전투원에 대한 규제를 하기 위함입니다.
- 악용을 최소화시킬 수 있는 다른 방안을 마련하거나 법을 더 세분화하여 사생활 침해를 최소화할 수 있는 방법을 모색해야 합니다.

A. 〈반대〉
- 국정원에 의한 다양한 인권침해가 우려되며, 기본권 침해를 막기 위한 제어 장치가 거의 없기에 당장 시행되기에는 문제가 있습니다.
- 지금도 테러 등을 방지하기 위해서 법원 영장이 있으면 감청, 도청이 가능합니다. 그러나 「테러방지법」은 국정원에게 감청 권한을 주는 것입니다. 일반 시민들의 사생활이 침해될 수 있다는 위험이 큽니다. 지금도 테러 방지는 충분히 가능하다고 생각합니다.
- 악용의 위험성을 제대로 방지하고 대처할 방안이 뚜렷하지 않는 한 「테러방지법」을 제정하는 것은 타당하지 않습니다.
- 데이터, 정보가 가장 중요한 세대에 살면서 그것을 침해하는 법에 찬성하기 어렵습니다. 만약 「테러방지법」의 감청 대상이 정부나 정책, 개인에 대한 불만을 표현할 뿐 행동으로 옮길 생각은 없는 사람일 가능성이 있습니다. 국가는 한 개인을 사상에 반하는 부분이 있을 때마다 테러리스트로 낙인을 찍을 권리는 없다고 생각합니다.

나만의 답변 구성하기

더 알아보기

「테러방지법」

이 법은 테러의 예방 및 대응 활동 등에 관하여 필요한 사항과 테러로 인한 피해 보전 등을 규정함으로써 테러로부터 국민의 생명과 재산을 보호하고 국가 및 공공의 안전을 확보하는 것을 목적으로 합니다.

질문 Q. 베이비박스 설치에 대한 찬반 의견 말해보세요.

| 답변예시 |

A. 〈찬성〉

- 위험에 노출된 신생아들의 생명을 보호할 수 있습니다. 베이비박스가 존재함으로 인해 불법 낙태나 영아 방치, 유기, 살해와 같은 위험에서 보호해줍니다. 실제로 베이비박스 설치 후 보호된 아기들의 수가 약 950명가량 됩니다.
- 양육할 상황이 되지 않는 미혼모들을 위해 필요합니다. 미혼모를 위한 다양한 제도들이 마련되고 있다고는 하지만 아직까지 미혼모들을 향한 사회적인 인식이 좋지 않습니다. 원치 않는 임신과 출산으로, 생활고와 곱지 않은 시선 등의 노출된 미혼모들을 보호할 수 있습니다.
- 아이가 보다 바른 환경에서 성장할 수 있는 기회가 주어집니다. 경제적, 환경적 이유로 아이를 정상적으로 키울 수 없는 미혼모들이 많습니다. 이럴 경우 아이들이 제대로 된 교육을 받지 못하고 각종 범죄에 노출, 유혹될 수 있습니다. 따라서 입양 희망자나 정부기관에서 보호와 교육을 받는 것이 아이의 성장과정에도 긍정적인 영향을 끼칠 것이라고 생각합니다.
- 보육시설 입소과정이 너무 복잡합니다. 합법적인 절차로 보육시설 입소를 하려면 전화상담, 내방상담, 심리·신체적 의료 검사와 사례 회의 등을 거쳐야 합니다. 게다가 입소 시 아기의 부모와 그의 보호자까지도 동행해야 하기 때문에, 갑작스런 출산을 하게 된 미혼모가 감당해야 할 복잡한 과정들이 많습니다.

A. 〈반대〉

- 영아 유기를 조장할 수 있습니다. 실제로 2009년까지 줄어들고 있던 유기아동 수가 2010년 베이비박스가 설치되고 매체에 알려지면서 점점 그 수가 늘어났습니다. 이처럼 베이비박스가 영아 유기를 조장하며 출산의 책임을 덜어주는 비도덕적 장치라고 볼 수 있습니다.
- 베이비박스는 근본적인 해결책이 아닙니다. 베이비박스에 아이를 놓고 가는 사람 중 60퍼센트는 청소년 미혼모입니다. 베이비박스는 당장 아이가 사망하는 것을 막을 뿐, 영아 유기, 미혼모 문제를 해결하지 못합니다. 베이비박스 대신 「미혼모보호법」, 129 콜센터 등 여러 법과 제도를 마련하는 것이 우선돼야 합니다.
- 아동 인권 원칙에 어긋납니다. 아기들이 자신의 근원이나 출생에 대한 아무런 정보도 없이 버려지고 향후에도 이를 알 가능성이 원천적으로 차단된다는 점은 아동 인권 원칙과 맞지 않습니다.
- 베이비박스는 미인가 시설이며, 불법입니다. 현재 합법적이지 않은 베이비박스 외에도 사회 안전 구조망을 이용하여 합법적이고 안전한 방식으로 아기를 보호할 수 있습니다. 복지부의 129 콜센터에서도 아이를 기를 수 없을 경우의 대안과 시스템이 마련돼 있고 미혼모의 집도 무료로 이용할 수 있습니다.
- 미혼모들의 책임감 결여로 이어질 수 있습니다. 아무런 법적 절차 없이 영아를 유기할 수 있는 환경에 놓인 베이비박스로 인해, 미혼모들이 출산과 양육에 대한 책임감을 가질 수 없고, 유기에 대한 죄책감 또한 느끼지 못해 같은 일이 반복될 수 있는 위험이 있습니다.

나만의 답변 구성하기

Q. 수술실 CCTV 설치에 대한 찬반 의견을 말해보세요.

| 답변예시 |

A. 〈찬성〉
- 수술실 CCTV 설치는 환자의 알권리를 보장해줍니다. 많은 수술은 수면마취를 통해 이루어집니다. 이 과정에서 환자는 의료진들을 전적으로 믿고 수술을 하는데, 이때 제대로 된 의료행위가 보장되는지, 혹시 사고가 일어났을 경우 문제요소를 찾아낼 수 있는 중요한 요소로 작용할 것입니다.
- 수술 과정에서 부정한 행위를 방지할 수 있습니다. 요즘 수술 도중 성추행 및 성희롱 등의 부정행위 적발 사례가 많습니다. 이러한 사고는 의료진에 대한 환자의 신뢰도 하락으로 이루어질 수 있습니다. 따라서 CCTV 설치로 이러한 비도덕적 행위를 예방하고 환자와 의사간의 신뢰도 상승에 기여할 것입니다.
- 대리수술에 대한 예방책입니다. 최근 수술 중간에 의료진이 바뀌거나 간호사가 수술을 하는 등의 대리수술 사고가 끊이질 않고 있습니다. CCTV 설치로 비전문가의 대리수술로 인한 의료사고 발생을 방지할 수 있습니다
- CCTV가 존재함으로써 수술을 집도하는 의료진에게 경각심과 책임감을 증진 시켜줍니다. 수십 건의 수술을 진행하는 의사들이 매 수술에 집중하여 사고를 미연에 방지할 수 있습니다.
- 고위험 수술을 하는 외과 의사들을 불필요한 의료분쟁으로부터 보호할 수 있습니다. 의료사고로 인한 민사소송사례는 꾸준히 증가추세입니다. 이러한 점을 볼 때 수술 과정 영상자료가 근거로 작용하여 의료진들을 의료분쟁으로부터 자유롭게 할 수 있습니다.

A. 〈반대〉

- 의료인의 인권침해로 이어질 수 있습니다. 범죄자도 한 명의 인격체로써 인권보장을 하는데, 수술실 CCTV 설치는 사람의 생명을 다루는 의료진을 모두 잠재적 범죄자로 여기는 행위일 수 있습니다.
- 환자의 사생활 침해로 이어질 수 있습니다. 수술실 CCTV 설치로 인해 환자의 환부나 나체 등의 민감 부위가 영상에 노출될 수 있습니다. 또한 영상 유출의 위험이 크고 그로 인한 피해가 우려됩니다.
- CCTV 설치로 인해 수술 중 의료진의 심리적 위축 상황을 야기하며, 이것이 집중력 저하로 이어져 수술 시 전문성을 발휘하기가 어려울 수 있습니다. 더불어 긴장으로 인해 긴급 대처를 미흡하게 할 수 있어 최선의 진료를 방해합니다.
- 의료사고에 대한 공포심을 확대시킬 수 있습니다. 수술 과정에서 가장 중요한 것은 의료진과 환자간의 신뢰입니다. 무엇보다 환자를 안심시켜야 하는 상황에서, 설치된 CCTV는 의료사고 가능성을 간접적으로 인지시켜 환자의 불안감과 공포감을 확대시킬 수 있습니다.
- CCTV를 설치하게 된다면, CCTV의 관리와 개인정보유출 방지에 대한 큰 사회적 비용이 소요됩니다. CCTV의 설치 유무 및 영상 자료 관리 인력이 필요하며, 개인정보 유출에 대한 감찰 인력 또한 추가로 발생하여 이로 인한 추가 예산 확보 및 업무량 증진 등의 복잡한 문제를 야기합니다.

나만의 답변 구성하기

질문 **Q. 로봇경찰 도입에 대한 찬반 의견을 말해보세요.**

| 답변예시 |

A. 〈찬성〉

• 부족한 경찰인력 확충으로 경찰은 좀 더 중요한 일에 투입이 가능합니다.

• 감정개입이 없는 공정한 법집행으로 부정부패가 감소합니다.

• 강력 범죄에 대한 경찰관의 사망이나 부상 우려를 줄일 수 있습니다.

• 단순 업무에 투입될 경우 빠른 일처리가 가능합니다.

A. 〈반대〉

• 초기도입비용이 크며 수리전문인력, 부품재생산, 보급 등 부가적인 재정부담이 가중됩니다.

• 경찰의 업무는 시민과의 소통도 포함되어 있습니다. 원칙하에 융통성 있게 민원해결이 필요한데, 로봇경찰은 소통에 어려움이 있습니다.

• 에러 위험성은 곧 심각한 인명 피해로 이어질 수 있습니다.

• 명확한 법률규정이 없는 상태에서 로봇의 실수 배제에 대한 위험이 있습니다.

• 기계에 대한 거부감이 있습니다. 특히 기계가 익숙하지 않은 노인층에게는 부담이 될 수 있습니다.

나만의 답변 구성하기

| 질문 | Q. 정보경찰 폐지에 대해서 어떻게 생각하나요? |

| 답변예시 |

A. 〈찬성〉

- 불법적 정보수집에 대한 원천적인 차단이 필요합니다.
- 경찰권력의 비대화 방지를 위해 필요합니다. 수사 개시권과 수사종결권 확보 및 국정원의 국내정보수집 금지로 경찰권력이 지나치게 비대해지는 것을 방지할 필요가 있습니다.
- 정보경찰은 경찰권 남용을 불러오고 치안활동과 무관합니다. 수집정보 중 범죄정보, 첩보는 1.3%에 불과하고 청와대에 보고하는 정책정보는 22.5%, 청와대에서 하달한 인사검증 업무는 8.8%입니다. 따라서 정치적 중립 유지가 곤란합니다.
- 정보경찰 존립의 법적근거가 미약합니다.

A. 〈반대〉

- 정보경찰은 유일한 국내정보 수집기관입니다. 현재 국정원의 국내정보 수집기능이 폐지되었습니다. 또한 선진국에서도 국내정보수집기관을 별도로 두고 있습니다.
- 타기관에 비해 그동안 탁월한 정보수집능력을 발휘한 만큼 전문성을 유지해야 합니다.
- 「경찰법」과 「경직법」에는 정보 수집에 대한 법적 근거가 존재합니다.
- 집회시위현장에서 양자를 조정, 중재하는 정보경찰의 필요성이 존재합니다. 대화경찰이 경비국 소속으로 변경 시 집회시위현장을 진압하는 경비경찰과 집회시위대를 보호하는 대화경찰 간의 내부 갈등을 초래할 수 있습니다.
- 수사, 형사과에서 수집할 수 없는 자료들이 매우 많습니다.

나만의 답변 구성하기

03 | 기출질문 리스트

- 가상화폐 규제의 찬반 의견에 대해서 말해보세요.
- 경찰청이 가상화폐를 규제한다면 해결방안은 무엇인가요?
- 여성 주취자에 대한 대처방안을 말해보세요.
- 동료가 주취자에게 폭행을 당하는 상황이 발생한다면, 어떻게 행동할 건가요?
- 현장에서 주취자에게 머리채를 잡혔을 때, 어떻게 대응할 건가요?
- 검경 수사권 조정 문제에서 전문성, 인력부족 등 논란과 관련하여 본인의 의견을 말해보세요.
- 영장청구권을 검사가 독점하는 것에 대해서 어떻게 생각하나요?
- 자치경찰제 시행에 대해서 어떻게 생각하는지 말해보세요.
- 경찰의 업무에서 남경과 여경에 대한 차이가 있어야 하는지 의견을 말해보세요.
- 시민이 휴식 중인 경찰한테 와서 범인 안 잡고 뭐하냐, 세금이 아깝다고 한다면 어떻게 할 건가요?
- 피의자 수사와 피해자 인권 중에 어느 것이 더 중요한가요?
- 피의자 인권과 수갑을 채웠을 때의 공권력에 대해서 연관 지어서 말해보세요.
- 경찰이 시민을 상대하는 과정에서 피해를 많이 입는다면, 시민 안전 보장과 강력한 계도조치 중 어느 것이 더 중요한지 말해보세요.
- 범죄예방과 진압 중 무엇이 더 중요한지 말해보세요.
- 경찰 본연의 업무가 있는데, 서비스적인 부분에 너무 치우친다는 의견에 대해서 어떻게 생각하나요?
- 벽화그리기가 셉티드의 일환으로 사용되고 있는데 경찰의 업무라고 생각하나요?
- 예산을 투입하면서까지 셉티드 활동을 할 필요가 있을까요?
- 셉티드의 활용방안에 대해서 말해보세요.
- 경찰 홍보방법에 대한 장단점을 말해보세요.
- 경찰 조직 내 중간관리자가 평가가 도입되고 있는데, 이러한 성과주의 체제 도입에 대한 의견을 말해보세요.
- 피의자 신상공개에 대한 견해와 어느 과정에서 이뤄져야 하는지 말해보세요.
- 피의자의 낙인에 대해서 어떻게 생각하나요?
- 피의자 신상공개에 대한 아이디어가 있으면 말해보세요.
- 피의자 신상공개는 정확히 어느 정보까지 공개하는지 알고 있나요?
- 경찰이 꼭 되어야 하는 이유와 어느 부서에 가고 싶은지 말해보세요.
- 조직 내 갑질에 대한 해결방안을 말해보세요.
- 조직 내에서 분위기 형성을 위해 어떤 노력을 할 것인지 말해보세요.
- 카톡 업무지시에 대한 본인의 의견을 말해보세요.
- 본인 가치관과 업무가 맞지 않으면 어떻게 할 건가요?
- 업무지시 매뉴얼을 만든다면 구체적으로 어떤 가이드를 넣으면 좋을지 말해보세요.
- 상사의 부당한 지시에 대해서 어떻게 할 건가요?
- 팀장이 불법인 사항을 지시하면 어떻게 대처할건가요?
- 불법은 아니지만, 양심에 가책을 느끼는 부당한 지시는 따를 건가요?
- 팀장의 지시를 따르다가 범죄에 연루되면 어떻게 할 건가요?
- 조직 내에서 갈등이 있을 때 해결할 수 있는 제도와 본인은 어떻게 할 것인지 말해보세요.
- 경찰 조직 전체와 갈등이 생긴다면 어떻게 할 건가요?
- 상사와 의견이 충돌한다면 어떻게 할 건가요?
- 직장협의회의 필요성과 경찰의 역할에 대해서 말해보세요.
- 노조와 직장협의회의 차이점을 말해보세요.
- 어느 계급까지 승진하고 싶은지 말해보세요.
- 경감승진제도에 대해서 알고 아나요?
- 근속승진연수에 대해서 알고 있나요?
- 현재의 승진제도가 합리적이라고 생각하나요?

- 경찰과 직접적으로 조우한 경험이 있다면 좋은 이미지였나요? 나쁜 이미지였나요?
- 팀 성과에 대한 보상금을 아무도 모르게 혼자만 받을 수 있다면, 혼자 받을 건가요? 팀원들에게 말하고 나눌 건가요?
- 가고 싶은 부서에 대한 이유와 어떤 일을 하는지 말해보세요.
- 본인이 가고 싶은 부서의 장이라면 팀원들을 어떻게 챙길 것인지 말해보세요.
- 성과를 내지 못했던 경험이 있나요?
- 살면서 벅찼던 경험이나 감동했던 일에 대해서 말해보세요.
- 본인을 개성에 맞게 표현한다면 어떻게 표현할 건가요?
- 본인이 생각했을 때, 경찰의 청렴도 점수와 자신의 청렴도 점수는 얼마인가요?
- 앞으로 경찰이 나아가야 할 방향은 무엇이라고 생각하나요?
- 앞으로 경찰관이 되었을 때 어떤 자세로 임할 건가요?
- 경찰공무원의 정년연장에 대해서 의견을 말해보세요.
- 정년보장으로 청년층 고용이 줄면서 세대갈등이 심화될 텐데 어떻게 극복할건지 말해보세요.
- 경찰은 자살률이 높은데 그 이유와 해결방안을 말해보세요.
- 조직에서 형, 누나, 언니, 동생 등으로 호칭을 바꾸면 어떨지 말해보세요.
- 선배가 여경 또는 남경을 성추행하는 것을 목격했다면 초임 순경으로서 어떻게 할 건가요?
- 성인지 감수성의 정의와 성폭력 관련 법률에 대해서 말해보세요.
- 상사가 말없이 다른 부서로 전출을 보낸다면 어떻게 할 건가요?
- 철로에 노인이 빠져 위험한 상황이라면 어떻게 대처할 건가요?
- 고령운전자 나이제한에 대해서 말해보세요.
- 음주운전 단속강화에 대한 의견을 말해보세요.
- 지하주차장에서 음주, 무면허운전 처벌이 가능한가요?
- 치매노인 실종 시 신고 접수가 들어오면 어떻게 대처할건지 말해보세요.
- 사기죄 공소시효 폐지에 대해서 의견을 말해보세요.
- 사회적 약자와 관련된 범죄가 빈번하게 발생하고 있습니다. 이와 관련하여 경찰청에서 시행할 수 있는 방안 또는 경찰과 협력기관이 연계할 수 있는 방안에 대해서 말해보세요.
- 사회적 약자를 보호했던 경험이 있다면 말해보세요.
- 경찰과 협력기관이 연계할 때 힘든 점이 무엇이 있을지 말해보세요.
- 사회적 약자를 배려할 방법에는 무엇이 있을까요?
- 과격한 시위자가 사회적 약자라면 어떻게 할 건가요?
- 촉법소년 연령 하향에 대한 생각을 말해보세요.
- 13세 아이들 세 명이 무면허운전으로 사람을 쳐서 사망한 사건이 발생했습니다. 13세 아이들을 경찰차에 태워 경찰서로 왔는데, 아이들이 경찰서 앞에서 사진을 찍으면서 SNS에 올리는 행동을 할 경우 데려온 경찰로서 어떻게 할 건가요?
- 14세 남자학우가 14세 여자학우의 치마 속을 카메라로 찍었습니다. 어떻게 조치할 건가요?
- 지구대에 가해자의 부모가 와서 소란을 피운다면 어떻게 할 건가요?
- 사회공공의 질서유지와 개개인의 사생활 중 어느 것이 더 중요한가요?
- 여성의 허벅지 찍은 것도 음란물인가에 대해 자유롭게 말해보세요.
- 소년이 죄를 저질러서 처벌을 받고, 또 범죄를 저지른 경우 원인과 해결방안은 무엇이라고 생각하나요?
- 비행청소년들의 담당경찰관이 된다면 어떻게 할 건지 말해보세요.
- 자전거를 특수절도한 중학생이 검거되었는데, 학생의 부모는 호기심에 벌어진 일이라면서 선처를 호소한다면 어떻게 할 건지 선처와 처벌로 나누어서 말해보세요.
- 특수절도와 단순절도의 차이는 무엇인가요?
- 「소년법」상 소년의 나이는 어떻게 되나요?
- 학교폭력 가해자의 폭력사실을 생활기록부에 기재하는 것에 대한 의견을 말해보세요.
- 학교폭력을 예방하기 위해 경찰이 해야 할 일은 무엇일까요?
- 데이트폭력에 대한 해결방안을 말해보세요.

- 여자가 칼을 들고 있고, 남자는 칼에 맞고 쓰러져 있다. 본인이 경찰로 출동하면 어떻게 조치할 건지 말해보세요.
- 안인득 사건을 계기로 「스토킹방지법」이 이슈가 되고 있습니다. 「스토킹방지법」에서 규정하는 스토킹 유형과 개선방향, 대책을 자유롭게 말해보세요.
- 경찰관이 스토킹을 한다면 어떻게 처벌해야 할까요?
- 스토킹 범죄의 기소, 미수 기준을 말해보세요.
- 성폭행범에게 전자발찌를 채우고 그 신상정보를 지역주민에게 알려주고 있는데, 이것이 인권침해인지 아니면 시민의 알권리인지 의견을 말해보세요.
- 화학적 거세의 첫 사례가 나왔는데, 어떻게 생각하나요?
- 옆집에 범죄자가 살고 있는데, 범죄자의 가족들과는 아주 친한 이웃주민이었다면 어떻게 대처할 건가요?
- 가정폭력의 이유와 예방법을 말해보세요.
- 가정폭력 유형에 대해서 말해보세요.
- 신고자인 피해자가 집안에 없고, 남편은 술에 취해 횡설수설한다면 어떻게 할 건가요?
- 「가정폭력법」이 만들어진 이유는 무엇인가요?
- 가정폭력 현장에 도착했더니 부모는 싸우고 아이는 울고 있다면 어떻게 대처할 건가요?
- 아동학대에 대해 공권력이 어떻게 작용되어야 할까요?
- 본인이 아동학대범죄에 현장경찰관이라면 어떻게 대처할 건가요?
- 훈육과 학대의 차이점을 말해보세요.
- 신고현장에서 훈육과 학대를 어떻게 구분할 건가요?
- 아동학대에 결정적 증거가 없다면 어떻게 할 건가요?
- 유치원에 CCTV를 추가로 설치하려고 하는데, 원장이 반발하면 어떻게 할 건가요?
- 아동학대는 어떤 관련기관과 협업하면 좋을지 말해보세요.
- 경찰 부패 유형과 제도적, 인적 해결방안에 대해서 말해보세요.
- 경찰의 부조리를 외부에 알리는 행동을 어떻게 생각하나요?
- 공정·신속·친절 중 어느 것이 제일 중요하다고 생각하나요?
- 신속·공정·친절·준법정신 중 가장 중요한 것을 고르고 이유를 말해보세요.
- 수험생 입장에서 불법 동영상 수강에 대해서 어떻게 생각하나요?
- 본인은 어떤 경찰이 되고 싶나요?
- 본인의 단점을 어떻게 개선할건지 말해보세요.
- 선물과 뇌물의 차이점은 무엇인가요?
- 악성민원인이 계속해서 민원을 넣으면 어떻게 할 건가요?
- 악성민원인으로 인하여 동료나 상사가 본인을 비난하면 어떻게 할 건가요?
- 악성민원인과 일반민원인은 똑같이 대해야 하나요?
- 수사 중인 피의자가 피해자와 합의하고 싶다고 번호를 알려달라고 하면 어떻게 할 건가요?
- 음주단속을 했는데 적발한 사람이 아버지라면 어떻게 할 건가요?
- 폐지를 줍는 할머니가 빨간불에 무단횡단을 했는데, 시민 한 분이 왜 단속 안 하냐며 항의를 한다면 어떻게 할 건가요?
- 코로나와 관련한 광화문집회에서 경찰이 집회금지처분을 했는데 법원에서는 집회를 허용했다면 법원과 경찰의 입장을 설명하고, 자신이 그 상황이었다면 어떻게 할 것인지 말해보세요.
- 코로나 상황에서 집회가 열리는데 어떤 집회자가 욕하고 마스크를 벗고 뛰어다닌다는 신고가 들어왔다면 어떻게 할 건가요?
- 스미싱범죄와 범행방법을 말해보세요.
- 간통, 낙태, 혼인빙자간음죄 등이 폐지되었는데 향후 「형법」 중 어떤 법이 비법화되어야 한다고 생각하나요?
- 대마초 합법화에 대해서 어떻게 생각하나요?
- 불법시위를 줄일 수 있는 방법에 대해서 말해보세요.
- 사설탐정에 대해서 본인의 의견을 말해보세요.
- 공익성의 기준은 무엇인가요?
- 마약사범으로 의심되나 물증이 없다면 체포를 해야 할까요?

- 정당방위와 물리력 행사기준에 대해서 말해보세요.
- 정보경찰 개혁에 관하여 자신의 의견을 말해보세요.
- 정당방위 요건에 대한 생각을 말해보세요.
- 성범죄자에게 부가형이 너무 과하다는 말이 있는데, 어떻게 생각하나요?
- 공소시효에 대해서 알고 있나요?
- 전문분야 채용경찰을 몇 년간 지구대에서 근무하게 하는데, 이를 어떻게 생각하는지 말해보세요.
- 입직경로 다양화에 대한 생각을 말해보세요.
- 경찰대 폐지에 대한 생각을 말해보세요.
- 본인이 알고 있는 수사기법과 장단점을 말해보세요.
- 「테러방지법」에 대한 의견을 말해보세요.
- 사형제 폐지에 대한 의견을 말해보세요.
- 무기징역을 종신형으로 대처가 가능할까요?
- 일명 「김영란법」에 대해 장단점을 말해보세요.
- 지구대 파출소에 신입순경으로 들어가서 코로나 방역을 위해 어떤 일을 하고 싶나요?
- 전동킥보드의 사고예방법을 말해보세요.
- 4차산업시대 경찰의 바람직한 모습에 대해서 말해보세요.
- 인공지능 로봇의 경찰인력 대체에 대한 생각을 말해보세요.
- 순찰의 효과는 무엇인가요?
- 미국에서는 순찰이 범죄예방에 큰 영향이 없다는 연구결과도 있는데, 어떻게 생각하나요?
- 성소수자에 대해서 어떻게 생각하나요?
- 음주단속 상황에서 운전자가 계속 물을 달라며 음주측정을 거부하고 있다면 어떻게 할 건가요?
- 할머니께서 분실신고 후 답례로 귤 한 박스를 제공한다면 어떻게 할 건가요?
- 차량 단속 중 왜 나만 단속하냐고 따지는 시민에게 어떻게 대처할건가요?
- 꼬리물기로 차량을 단속했는데, 일가족 모두가 여행가는 길이였다면 어떻게 할 건가요?
- 시위현장에서의 물대포 사용을 어떻게 생각하나요?
- 피의자를 포토라인에 서게 해서 사진을 찍는 것에 대해 어떻게 생각하나요?
- 다크웹에 대해 아는 대로 말해보세요.
- KT 전산망 사건에 대해서 말해보세요.
- 몸캠피싱 피해신고가 접수되면 어떻게 행동할 건가요?
- 동료의 위급상황 중 6개월간 준비한 잠복작전의 범인을 잡을 수 있다면 어떻게 할 건가요?
- LH 사건에 대해 공무원이 많은 비판을 받고 있는 것에 대해서 어떻게 생각하나요?
- 동료와 시민의 목숨이 위태롭다면 누구부터 구할 건가요?
- 상사와 순찰 중 실종신고가 들어왔는데 상사가 소방업무라고 그냥 무시하라고 한다면 어떻게 할 건가요?

CHAPTER 04

합격전략 4.
면접이미지

01 | 입실부터 퇴실까지 당당한 자세

면접은 면접장에 입실부터 문을 열고 나갈 때까지 면접 중이라는 것을 잊지 말고, 흐트러짐 없도록 합니다.

(1) 집단면접

※ 지방청마다 약간의 차이가 있을 수 있습니다.

① 대기할 때 조원들끼리 인사를 맞춰봅니다.

② 입실한 뒤, 문 앞에서 목례를 하고 순서대로 본인 자리에 섭니다.

③ 차렷! 인사! 구령에 맞춰 다같이 "안녕하십니까!"하며 인사를 합니다. 이때 45도 정도 허리를 굽히는 것이 좋습니다. 인사를 할 때, 남성의 경우 두 손은 가볍게 주먹을 쥐고 바지선 옆에 두도록 합니다. 또한, 여성의 경우 공수자세로 배꼽 아래 부분에 가지런히 두고 인사합니다.

④ 면접관의 "앉으세요."라는 신호에 맞춰 "감사합니다."라고 말한 후 자리에 착석합니다.
  – 인사를 생략하고 바로 의자에 앉으라고 할 때도 "감사합니다."라고 말한 후 착석합니다.

⑤ 앉은 자세는 남성의 경우 무릎을 어깨넓이로 벌리고 두 손을 살짝 주먹을 쥔 채로 무릎 또는 허벅지에 올려놓습니다. 너무 경직된 자세가 되지 않도록 노력합니다. 여성의 경우 두 손을 포개어 허벅지 위에 올려놓고, 두 다리는 붙인 채로 앉습니다.

⑥ 허리와 등은 펴서 구부정하지 않도록 노력합니다.

⑦ 면접관의 면접요령과 면접주제를 경청합니다.

⑧ 작성시간이 있는 지방청의 경우 필기시간을 갖습니다. 이때도 평가되고 있음을 기억하며, 산만한 행동을 하지 않도록 노력합니다.

⑨ 자유로운 토론 및 토의의 경우 손을 들거나 또는 "발언하겠습니다."라고 말한 후 발언합니다.

⑩ 두 명 이상이 동시에 손을 들었을 먼저 양보하는 미덕을 보입니다.

⑪ 다른 사람이 말을 할 때는 발언자를 경청하고, 자신이 말을 할 때는 다른 수험생과 아이컨택을 합니다. 다만, 자유토론형태가 아닌 면접관 주도 면접이라면 면접관과 아이컨택을 합니다.

⑫ 공감되는 의견에 대해서는 고개를 끄덕이는 등 경청하는 자세를 보입니다.

⑬ 토론 및 추가질문까지 마친 후 면접관의 안내에 따라 퇴실합니다.

⑭ 퇴실 할 때는 입실 시와 동일하게 "차렷! 인사" 구령에 맞춰 "감사합니다."라고 말한 후 순서대로 퇴실합니다.

(2) 개별면접

① 입실 후 문 앞에서 목례 후 본인 자리에 섭니다.

② "안녕하십니까. 수험번호 ○번 ○○○입니다."라고 말한 후 인사를 합니다. 이때 45도 정도 허리를 굽히는 것이 좋습니다. 인사를 할 때, 남성의 경우 두 손은 가볍게 주먹을 쥐고 바지선 옆에 두도록 합니다. 또한, 여성의 경우 공수자세로 배꼽 아래 부분에 가지런히 두고 인사합니다.

③ 면접관의 "앉으세요."라는 안내에 따라 "감사합니다."라고 답한 후 착석합니다.

　– 인사를 생략하고 바로 의자에 앉으라고 할 때도 "감사합니다."라고 말한 후 착석합니다.

④ 앉은 자세는 남성의 경우 무릎을 어깨넓이로 벌리고 두 손을 살짝 주먹을 쥔 채로 무릎 또는 허벅지에 올려놓습니다. 너무 경직된 자세가 되지 않도록 노력합니다. 여성의 경우 두 손을 포개어 허벅지 위에 올려놓고, 두 다리는 붙인 채로 앉습니다.

⑤ 면접관과 아이컨택을 하며 당당하고 자신감 있게 면접에 임합니다.

⑥ 제스처나 산만한 움직임은 하지 않도록 노력합니다.

⑦ 면접관의 퇴실 안내에 따라 일어나서 "감사합니다."라고 말하며 인사를 한 뒤, 문 앞에서 간단한 목례 후 퇴실합니다.

02 | 자신감 있는 목소리

정확하고 자신감 있는 목소리로 면접장을 주도해야 면접관의 눈과 귀를 사로잡을 수 있습니다.

(1) 말끝 흐리지 않기

① 면접에서 가장 자신 없어 보이는 1순위가 바로 말끝을 흐리는 사람입니다. 수험생 입장에서는 답변에 자신이 없거나 말이 꼬인다고 생각했을 때, 순간 자신감이 떨어지기 마련입니다. 면접관은 말끝이 흐려질 때, 자신감이 없다는 것을 알 수 있습니다. 따라서 준비한 답변과 그렇지 않은 답변에서도 목소리의 톤 차이가 없도록 신경 쓰시기 바랍니다.

② 다만, 너무 경직되게 소리를 크게 지르거나 인위적으로 딱딱하게 목소리를 표현하는 것은 좋지 않습니다. 이점을 참고하여 자신감 있는 목소리로 자연스럽게 답변하시기 바랍니다.

(2) 천천히 또박또박 말하기

① 긴장이 되면 평소보다 말 속도가 더 빨라지기 마련입니다. 답변을 빨리 하면 성격이 조급하게 보일 수도 있고, 전달력이 떨어질 수도 있습니다. 또한 수험생 입장에서는 생각을 정리할 시간이 부족해지기 때문에 자신의 의도와는 다른 답변을 할 수도 있습니다. 따라서 면접관의 질문에 빨리 대답하기보다는 1초 정도 쉼을 두고 "네!"하고 답변을 하는 것이 좋습니다.

② 질문을 듣고 생각을 하다 보면, "어~", "음~"과 같은 군더더기가 붙을 수 있습니다. 이때는 조용히 생각을 정돈한 뒤 답변하는 연습을 해보시기 바랍니다.

③ 말이 빠른 수험생은 의도적으로 문장 안에서 끊어 말하기 연습을 하면 좋습니다. 한 호흡으로 한 문장을 빠르게 말하기보다는 한 문장 안에서 의미 단위로 멈춤 구간을 두어 말이 빨라지지 않게 노력해 보시기 바랍니다. 말이 꼬일 확률도 적어지고, 발음도 더 또렷하게 들려 좀 더 스마트한 이미지로 표현될 수 있습니다.

> 저의 / 스트레스 해소법은 / 헬스장에 가서 / 운동하는 것입니다. /
> 헬스장에서 / 무거운 무게를 들고 나면 / 앞으로 뭐든지 할 수 있을 것 같은 / 자신감이 생기고 / 땀을 흘리고 나면 / 스트레스가 해소되는 것 같아 / 시간이 날 때마다 / 헬스장에 가곤 합니다.

(3) 말투 정돈하기

① 공식적인 자리인 면접에서는 평소 자신의 말투보다는 면접에 잘 맞는 말투를 구사하는 것이 좋습니다. 어린아이처럼 말끝(어미)을 길게 끈다거나 '~요'체를 쓰는 것은 삼가는 것이 좋습니다.

② 생각을 오래 해야 할 때는 면접관에게 "잠시만 생각할 시간을 주시겠습니까?" 혹은 "잠시만 생각해 보겠습니다."라고 말해야 면접관 입장에서 답변을 할 수 있는 기회를 줄 수 있습니다. 또한, 답이 정해져 있는 전공 개념이나 이론, 시사 이슈에 대해서 답변을 모를 경우에는 "죄송합니다. 그 부분은 미처 준비하지 못했습니다. 반드시 숙지하겠습니다." 혹은 "죄송합니다. 그 부분은 잘 모르겠습니다. 면접이 끝난 후 공부하겠습니다."처럼 모른다는 말도 자신감 있게 표현할 수 있도록 합니다. 이런 답변도 연습을 해두지 않으면 얼버무리거나 위축되게 말할 수 있으니 면접에서는 자신감이 중요한 만큼 다양한 상황을 시뮬레이션해 보는 것이 중요합니다.

(4) 핵심 있고 간결하게

① 자신감 있는 사람은 한 문장을 길게 표현하지 않습니다. 한 문장이 너무 길면, 마치 변명하는 것처럼 장황하게 들릴 수 있습니다. 따라서 한 문장에 하나의 의미를 담는 다는 생각으로 핵심 있고 간결하게 표현하시기 바랍니다.

② 한 질문에 답변 시간은 30~40초를 넘지 않도록 합니다. 면접 시간은 매우 짧기 때문에 답변을 만들 때, 5문장을 넘지 않도록 간결하게 준비하시기 바랍니다. 간결하게 말하고, 면접관의 후속 질문을 받는 것이 더 좋습니다.

03 | 표정 및 시선 처리

표정이나 시선이 불안해 보이면 면접관으로부터 좋은 점수를 받을 수 없습니다. 차분하고 안정감 있는 모습으로 면접에 임해야 합니다.

(1) 미소보다는 진지한 표정이 중요

수험생들 중에는 좋은 인상을 줘야 한다는 생각에 웃어야 된다는 생각을 하는 사람들이 많이 있습니다. 미소를 띠어야 좋은 이미지를 심어 준다고 생각하는 사람들이 많지만, 면접에서는 진지한 표정으로 임하는 것이 좋습니다. 잘 웃지 못하는데 미소에 너무 집중하다 보면 면접관 입장에서는 어색하거나 부자연스러워 보여서 오히려 오해를 살 수도 있습니다. 따라서 미소를 굳이 띠려고 하기보다는 진지한 자세로 집중하는 모습을 보이는 것이 중요합니다. 또한, 실소를 하는 것은 면접관 입장에서 매우 불쾌할 수 있습니다. 면접을 가볍게 생각하거나 진지하지 못하다고 오해할 수 있으니 절대 실소는 하지 않도록 합니다.

(2) 시선은 골고루보다는 집중

① 시선 처리 역시 면접관을 골고루 봐야 한다고 생각하는 수험생이 많습니다. 시선을 너무 많이 이동하다 보면 불안하게 보일 수 있고, 면접관 역시 수험생의 답변에 집중하기 어려울 수 있습니다. 또한 수험생도 여러 면접관을 봐야 한다는 압박감에 자신의 답변에 집중하지 못할 수가 있습니다. 가장 이상적인 시선 처리는 '질문한 면접관을 보는 것'입니다. 질문을 한 면접관만 보고 답변을 해도 충분하니 이 점을 꼭 유념하시기 바랍니다. 만약 질문을 한 면접관이 질문만 하고 자신을 보고 있지 않는다면, 눈이 마주친 다른 면접관의 방향으로 시선을 옮겨서 답변에 집중하시기 바랍니다.

② 시선 처리에서 중요한 것은 눈만 움직이는 것이 아니라 '고개'와 같이 시선을 옮기는 것입니다. 따라서 고개와 함께 시선을 움직여서 면접관과 정면으로 아이컨택을 할 수 있도록 하시기 바랍니다.

③ 면접관의 질문을 받고 생각할 때는 눈동자가 위 또는 옆으로 가거나 눈동자를 굴리는 등 불안한 시선처리가 나올 수 있습니다. 따라서 생각을 해야 한다면, 시선을 살짝 아래로 내려서 생각을 정리한 뒤 면접관과 눈맞춤을 하며 답변을 하는 것이 좋습니다. 생각을 할 때도 면접관을 빤히 쳐다보는 것은 예의 없게 보일 수 있으니 조심해야 합니다.

시선 처리에서는 항상 면접관의 눈을 봐도 되는가에 대해서 많은 의견이 있었습니다. 예전에는 눈을 보지 말고 인중을 봐라, 미간을 봐라, 넥타이를 봐라 등 다양한 솔루션이 있었던 것으로 알고 있습니다. 하지만 이는 시선을 잘 맞추지 못하는 사람에게 차선책으로 말할 수 있는 솔루션입니다. 면접 시 아이콜랙트는 면접관과 눈을 맞추고 이야기하는 것입니다. 따라서 면접관의 눈을 보면서 자신감 있게 답변하시기 바랍니다.

04 | 헤어 및 복장

(1) 헤어스타일

① 면접은 낯선 사람과의 첫 만남입니다. 따라서 보이는 이미지가 면접 점수로 이어질 수 있기 때문에 첫인상에 신경을 쓰는 것이 좋습니다. 너무 튀지는 않더라고 깔끔하고 정돈된 이미지를 보이는 것이 중요합니다.

② 앞머리를 내리면 다소 답답해 보일 수 있으니 눈썹이 보이거나 이마가 보일 수 있도록 정돈하는 것이 좋습니다. 또한, 머리색이 밝은색이라면 어둡게 염색하는 것이 좋습니다. 남성의 경우 사기업 면접처럼 무조건 머리를 올려서 이마를 보일 필요는 없지만, 이목구비와 표정이 잘 보일 수 있도록 단정하게 정돈하는 것이 필요합니다. 여성의 경우 짧은 단발 또는 포니테일 스타일로 머리를 묶어 연출하고, 특히 잔머리나 앞머리가 인사할 때 앞으로 흐르지 않도록 고정시키는 것이 좋습니다.

(2) 복장

① 면접용 정장을 갖춰 입는 것이 좋습니다. 남성의 경우 검은색 또는 남색 계통의 정장을 입는 것이 좋으며, 여성은 검은색 투피스 정장 또는 바지 정장을 입는 것이 좋습니다.

② 정장 안에 입는 셔츠나 블라우스는 흰색을 추천하며, 남성의 경우 넥타이는 스트라이프 무늬가 가장 깔끔합니다. 넥타이 길이는 벨트 중간까지 오도록 하여 너무 길지도, 짧지도 않게 매도록 합니다.
남성의 경우 일어섰을 때 바지 밑단이 구두를 살짝 덮는 정도가 좋으며, 여성의 경우 치마 길이는 앉았을 때 무릎 살짝 위로 올라가는 정도가 좋습니다.

③ 구두는 검정색이 무난하며, 여성의 경우는 굽이 7cm를 넘지 않도록 하고 최대한 장식이 없는 것을 선택합니다.

④ 반지, 목걸이, 팔찌, 귀걸이 등 액세서리는 피하되, 여성의 경우 작은 진주 귀걸이처럼 정돈된 귀걸이가 정도는 괜찮습니다. 남성의 경우 시계를 차는 것은 괜찮습니다.

⑤ 손톱은 깔끔히 정돈합니다. 매니큐어나 네일아트 등은 피하는 것이 좋습니다.

⑥ 남성은 정장용 검은색 양말을 착용하고, 여성의 경우 살색 또는 커피색 스타킹을 신는 것이 좋습니다.

부록

합격생 후기

부록

합격생
후기

[서울청 합격생 후기]

안녕하세요! 이번에 경찰공무원 서울청 최종합격한 수강생입니다!

한 번의 최종불합격을 경험한 후 날카로운 돌파구가 필요하다 생각하여 알아보던 중에 홈페이지에서 강사진들과 합격 후기 영상들을 보고 뭔가를 이뤄 낼 것만 같은 이루다스피치학원에 등록하게 되었어요! 타 학원과의 가장 큰 차이점이라면 소수정예반으로 수업이 진행된다는 점과 체계적인 시스템으로 수업이 너무 알찼다는 것입니다. 무엇보다 수업 진행 중이나 쉬는 시간에도 1:1로 질문이 가능하여 피드백을 바로바로 받을 수 있는 점이 너무 마음에 들었습니다. 그리고 저희 반을 담당해 주신 선생님께서는 진심으로 6명의 학생들 한 명 한 명씩의 발성과 문제점, 성격을 파악해 주시고 계속해서 그점들을 경찰면접에 맞게 잡아주셨어요. 이렇게까지 해 주신다고? 할 정도로 수강생들에게 진심이셨던 게 느껴져 면접이 끝났지만 수업 때 같이 파이팅을 외치던 그때가 그립습니다.

결과적으로 6명 전원 합격했습니다! 6명 중 1명은 특채라 환산을 알 수 없었고, 2명은 낮은 환산인데도 불구하고 선생님이 하라는 대로 열심히 한 결과 모두 최종합격을 한 거라 생각해요! 실전 면접 당시 전날 선생님께서 언급해 주신 내용들이 다 나와서 면접이 쉬웠다고 생각하며 잘 끝낸 것 같아요. 이루다스피치! 이뤄 냈습니다. 그리고 우리 조원 전원 합격까지 이끌어 주신 선생님 진심으로 감사합니다! 수업 외적으로 어떤 경찰이 되어야 하는지에 대해서 말씀해 주셨죠? 잊지 않고 현직에 나아가서 선생님께 배운 대로 현명하고 정의로운 경찰이 될게요! 고생하셨습니다.

[경기남부청 합격생 후기]

안녕하십니까. 이번에 경찰공무원 1차 공개 채용 최종합격자입니다. 면접 전까지 1.1배수였고 최종합격하였습니다.

면접은 처음이었기에 여러 학원에 전화를 하면서 신중하게 학원을 선택했습니다. 그리고 저의 선택은 이루다스피치학원이었습니다. 처음에는 면접학원을 꼭 다녀야 하는가에 대해 고민이 많았습니다. 지금 생각해 보면 학원을 다니지 않고 면접을 준비한다는 것이 상상이 되지 않습니다. 면접이 처음이거나 방향을 못 잡겠다면 학원을 다니는 것을 추천합니다.

이루다스피치학원만의 장점은 우선, 실전 위주의 수업 진행이라고 생각해요. 아무리 뉴스를 많이 보고, 자료를 수집하고, 달달달 외워도 결국 실전에서 내가 이것을 입 밖으로 내뱉을 수 있느냐 없느냐는 실전처럼 계속 말하는 방법밖에 없습니다. 준비를 아무리 완벽하게 했더라도 실제 면접관들이 묻는 질문은 전혀 다를 수 있습니다. 그러한 상황에서의 임기응변은 실전을 통한 말하기가 아니고서는 대처하기가 어렵습니다.

둘째, 즉각적인 피드백이 좋았습니다. 목소리 크기, 발성, 말의 속도 등을 선생님께서 디테일하게 체크해 주십니다. 그리고 피드백 받은 부분을 다듬어서 다시 말을 합니다. 또 본인의 경험을 되돌아보고 이끌어 내는 과정을 선생님께서 함께 해주시니 훨씬 수월하였습니다.

셋째, 소수정예 수업이에요. 너무 많은 수험생을 수용한 학원들은 스터디원들 위주의 진행이 대부분입니다. 그러나 이루다스피치학원은 한 반에 6명씩 선생님들께서 수업 내내 끝까지 이끌어 주십니다. 스터디 장소도 주말에 학원에서 빌려 주시고 단톡방이나 이메일을 통해 모르는 부분을 바로바로 물어볼 수 있어서 좋았습니다. 또 면접 기간 동안 선생님께서 최근 이슈와 시사를 계속해서 단톡방에 올려 주신 것이 큰 도움이 되었습니다.

마지막으로 면접은 분위기가 가장 중요하다고 생각합니다. 선생님들께서 모두 밝고 친절했기 때문에 스터디원들이 금방 친해질 수 있었고 결과적으로 이것이 전원 합격으로 이어졌다고 생각합니다. 선생님, 감사합니다.

[경기북부청 합격생 후기]

저는 일단 경찰 체력시험 점수가 너무 낮아서 면접에서 어떻게든 만회하려고 면접학원을 알아보고 있었습니다. 타 학원보다 이루다스피치학원을 택한 이유는 대형 학원에서 면접 스터디를 하게 되면 틀이 잡힌 비슷비슷한 면접 답변이 만들어질까봐였습니다.

확실히 선생님께서 저의 면접 답변에 대해 많은 코칭을 해주셨습니다. 너무 부정적인 언어 선택은 피하라고 하셨고 면접관을 보는 시선 위치도 잡아주셨습니다. 그리고 답변이 길어지면 안 되니 항상 간결하게 말하라고 조언해 주셨습니다. 이게 면접에서 정말 도움이 됐습니다. 답변이 길어지면 저 스스로도 무슨 말을 하는지 놓쳐 버려서 면접 당일에도 답변은 간결하게! 이 말을 되새기며 면접에 임했습니다. 답변이 길어지지 않아 제가 말할 부분을 핵심만 최대한 간결하고 명료하게 답변할 수 있었습니다. 그리고 면접 수업을 진행하면서 돌발질문을 해주셨는데 이 부분도 면접에서 도움이 됐습니다. 이런 질문들이 순발력이 필요로 하는데 연습을 통해서 순발력과 침착성을 키울 수 있었습니다. 면접 당일에도 뜻밖의 질문을 받았지만 당황하지 않고 최대한 차분하게 답변을 할 수 있었습니다.

집단토의 같은 경우 수험생 분들과 함께 실전같이 할 수 있어서 정말 좋았습니다. 처음엔 정말 어리바리하여 바로 나서서 답변을 하기가 어려웠는데 횟수가 점차 늘수록 답변을 먼저 나서서 할 수 있는 적극성이 생겼습니다. 그리고 이루다스피치학원에서 정말 다양한 주제에 대해 스터디를 했는데, 면접 당일 집단토의 주제가 스터디했던 주제가 나와서 정말 편안하게 토의를 할 수 있었습니다. 당시 제가 집단토의에 임하는 심정은 떨림보다는 자신감이었고 적극적으로 의견을 제시할 수 있었습니다. 또, 선생님께서 집단토의 때는 남들과는 색다른 의견을 제시함으로서 이목을 끌라고 조언을 해주셨는데 저도 다른 수험생의 의견을 주의 깊게 듣고 수험생들이 제시하지 않은 의견들을 적극적으로 내세우며 제 의견 발언 횟수를 엄청 늘릴 수 있었습니다. 같이 면접을 봤던 수험생 분께서 제가 가장 많이 의견을 제시했다며 말을 해줄 정도였습니다. 제 스스로도 집단토의는 정말 잘한 것 같다는 느낌이 들 정도였습니다. 면접 스터디가 정말 큰 도움이 됐습니다.

체력시험에서 처진 점수를 이루다스피치학원을 통해 면접에서 뒤집을 수 있었습니다. 선생님께서 해주신 조언들을 계속해서 되새기며 면접에 임했고 결과가 좋게 나와서 정말 기쁩니다. 면접에서 혹시 고민 중이신 수험생 분들이 계시다면 이루다스피치학원을 적극 추천드립니다.

[경기남부청 의경특채 합격생 후기]

저는 경찰공무원 시험을 1년 1개월 동안 준비하여 이번에 2차 필기시험에 붙을 수 있었습니다. 필기시험 발표 전부터 체력학원과 면접학원을 동시에 알아보고 병행했습니다. 체력학원은 이미 합격한 현직 친구의 추천을 받고 다니기 시작했습니다.

하지만 면접은 매우 중요하다고 생각했기에 제가 스스로 알아보았습니다. 사실 필기 공부를 할 때 중간 중간 유튜브를 보면서 경찰 면접에 대한 노하우나 중요성을 알리는 영상들을 볼 수 있었습니다. 많은 경찰 면접 관련 영상이 나왔지만 그중에 배윤희 원장님의 특강 클립 영상들을 자주 보았던 기억이 있습니다.

주변에서 다른 학원을 알아보는 친구들이 많았습니다. 처음에는 저도 대형 학원을 다닐까 엄청 고민하다가 이루다스피치학원의 오리엔테이션 강의를 들어보고 마음먹었습니다. 필기합격 후에 면접까지는 한 달 반 정도 시간이 있기에 넉넉하다고 생각했습니다(큰 오산이긴 합니다). 그리고 나서 바로 그다음 주부터 10주차짜리 수업을 진행하였습니다. 초반 한 달은 매주 1회씩 자기 경험, 자기소개, 마지막으로 할 말 등 최다 기출질문과 전형적인 질문에 대한 피드백과 암기를 2주간 진행했습니다. 일단 무엇보다 좋았던 건 제 스스로가 작성한 글들과 저의 경험을 다른 사람 앞에서 많이 얘기할 수 있다는 것이었습니다. 제가 다른 대형 학원들 시스템은 잘 모르지만, 큐레이팅이라는 것을 하는 것으로 알고 있습니다. 큐레이팅이란 게 자기의 스피치를 아나운서 분들이 직접 봐주고 스피치 스킬을 알려주는 것으로 알고 있는데 이루다스피치학원에서는 그냥 매 주마다 가는 날이 큐레이팅하는 날이라고 보면 됩니다. 뿐만 아니라 면접반 같은 팀원끼리도 얘기할 기회가 많고, 선생님 앞에서 떠들 기회가 정말 많습니다. 그리고 매번 이건 이런식으로 고쳐서 얘기하면 좋겠다 등 조사나 경험 같은 내용들을 잘 다듬어 주는 것 같습니다.

2주차부터는 본격적으로 단체면접 관련 자료들을 주시면서 하나씩 정리하는 타임을 가졌습니다. 이제는 시사자료(「청소년법」 하향 조정, 이춘재 특별법, 조두순 사건 등)을 자세히 알아가고 서로의 스피치 스킬도 보고 배우면서 내가 부족한 건 무엇이고 어떤 것을 수정하면 좋겠다는 것을 알게 되는 것 같습니다. 5주차 정도 되면 상황면접에 대해서 공부하게 됩니다. 예를 들면 상사의 부당한 지시, 위법한 지시, 가정폭력 사건 대처 방안, 촉법소년 대응 방안, 주취자 폭력 대응 방안 등 상황면접에 대한 감각을 익힐 시간을 갖게 됩니다. 물론 이때도 2주차까지 본인이 만든 자기소개나 마지막 할 말, 좋아하는 책, 영화 등 기초적인 것은 끌고 가줘야 합니다. 이런 부분은 같은 면접반 팀원 분들과 카페나 스터디룸을 대여하여 학원 시간 외에 시간을 투자하여 자주 만나고 식사도 하고 이야기해야 실력이 늡니다. 마지막 주에는 다른 면접반 친구들과 함께 모의면접 및 정장 착장 확인 등 해주시면서 정리까지 해주십니다. 믿고 맡기시면 분명히 좋은 결과 있을 거라고 생각합니다. 참고로 저희 같은 반 5명(사이버 특채 2명, 공채 3명)은 전원 합격했습니다.

노파심에 말씀드리지만 학원이 모든 것을 결정짓는 것은 아닙니다. 저 또한 대형 학원과 스피치 학원 중에 많은 고민을 했습니다. 인생 일대의 결정이기도 했고, 저의 선택에 후회가 없어야만 했습니다. 그래서 저는 고른 게 여기였습니다. 만족할 만한 결과를 얻었고, 모두가 열심히 한 결과라고 생각합니다. 분명한 것은 본인이 하기 나름이란 것을 알려드리고 싶습니다. 대형 학원을 다니면서 논문 수준의 책을 들고 다니면서 달달 외우면서 불합격한 친구도 있었고, 높은 환산 점수(0.3배수)였음에도 불구하고 떨어진 친구도 봤습니다. 최근 강력해진 면접 변별력과 강화된 기준에 의하면 앞으로 경찰면접은 디테일해야 하고, 수준이 높아야 된다고 생각합니다. 저의 합격에 큰 기여를 해준 선생님과 이루다스피치학원 그리고 저와 함께했던 면접반 팀원 분들께 이 자리를 빌어 대단히 감사하다는 말씀 전하고 싶습니다. 감사합니다.

[101단 합격생 후기]

대학교 시절 PPT발표 말고는 사람들 앞에서 얘기해 본 경험이 적고 면접 또한 처음이라 체력시험이 끝나자마자 이루다스피치학원에 등록했습니다. 자기소개부터 지원 동기나 여러 경험 이야기들을 하나하나 첨삭해 주셔서 질 좋은 답변을 준비할 수 있었습니다. 또한 문을 열고 들어오는 순간부터 나가는 순간까지 인사방법과 자세를 알려주시고 수업 시간마다 모의면접을 보고 자세한 피드백은 물론이고 영상 촬영을 통해 제 모습을 확인하고 안 좋은 점들을 고쳐나갈 수 있었습니다.

개별면접은 어느 정도 방향성을 잡아주셨고 그 틀 안에서 솔직하게 얘기하는 것을 중요하게 생각했습니다. 강사님께서 날카롭게 상황질문이나 꼬리질문들을 해주셔서 그런 질문들에 익숙해질 수 있었고 시험장에서도 꼬리질문에 당황하지 않고 대처할 수 있었습니다. 단체면접은 난생 처음 접해 보는거라 많은 어려움이 있었습니다. 하지만 강사님께서 발언의 구조나 토론의 흐름을 어떻게 가져가야 하는지 자세하게 알려주셨고 반복된 모의면접을 통해 많은 피드백을 얻어 발언이 익숙해지고 토론이 자연스러워질 수 있었습니다. 또한 최신 이슈나 중요한 주제들을 집어 주셨고 면접장에서도 한 번 다뤄 봤던 주제가 출제되어서 편하게 발언할 수 있었습니다.

학원에 등록하기 전에는 혼자 준비해도 면접장에서 내 자신을 솔직하게 표현한다면 괜찮지 않을까 생각을 했었습니다. 하지만 강사님께 하나부터 열까지 많은 피드백을 받고 성장하는 제 자신을 보면서 학원에 오지 않았다면 정말 큰일이었겠다는 생각을 하게 되었습니다. 강사님이 알려주시는 대로 믿고 따라가시면 분명히 좋은 결과가 있을 것입니다!

[인천청 합격생 후기]

첫 필기합격 이후에 면접학원에 대해 솔직히 많이 망설였습니다. 적지 않은 비용이었고, 과연 면접이라는 것이 준비한다고 실력이 느는 것인가 하는 생각도 많았고요. 이제 와서 생각해 보면 정말 잘한 선택이었습니다.

아주 나이스했던 학원의 커리큘럼과 최고의 선생님이 이끌어 주신 덕분에 좋은 결과를 받을 수 있었습니다. 저는 앞서 최종합격했던 친구의 추천으로 학원을 알게 되어 등록을 하게 되었습니다. 이후 다른 수험생들과의 이야기를 통해 들은 바로는 대형 학원은 인원이 너무 많아 제대로 된 피드백을 받을 수가 없고 면접에 임하는 자세나 태도 등에 대한 코칭이 부족하다는 아쉬운 점들이 많다고 하였습니다. 그에 반해 이루다스피치학원에서는 면접에 임하는 기본적인 자세와 태도, 목소리 등으로 기본기를 탄탄하게 잡아 주어 면접에서 어떤 질문을 받더라도 당황하지 않는 자세를 만들어 낼 수 있었습니다. 경찰공무원의 경우에는 자신감 있는 태도와 씩씩한 목소리 등이 정말 중요하다고 선생님께서 강조해 주셨고 저 또한 같은 생각을 가지고 있습니다.

실제 면접에서도 당황스러운 질문들이 많았지만 평소 연습한 대로 떨지 않고 당당하게 이야기한 것이 좋은 점수를 얻을 수 있었던 주요한 요인이었다고 생각하고 있습니다. 지금까지 물심양면으로 이끌어 주신 학원과 선생님께 깊은 감사의 말씀드립니다.

이루다 포에버!

[경북청 합격생 후기]

저는 배수가 그렇게 높지 않은 편이어서 많이 걱정을 했습니다. 공무원 시험에서 면접은 그냥 거르는 절차라고 많이들 얘기를 하지만 경찰공무원의 경우 형사과에서 따로 전화도 올 정도로 중요한 과정이었던 것 같습니다. 점수도 면접 1점이 영어 2문제이기 때문에 아주 중요하다고 생각합니다.

그럼에도 불구하고 이루다스피치학원에서 준비를 잘 해서 마무리가 잘 된 것 같습니다! 어떤 분들은 면접 준비를 할 때, 책을 몇 회독 하거나 인강을 듣거나 사람들이 가니까 그냥 등록하고 보는 경향이 있는데 이루다스피치학원에서는 실전처럼 한 명 한 명 관심 있게 봐주시고 말해 볼 수 있으며 아무것도 모르는 수험생들끼리가 아닌 선생님과 같이 연습해 보는 시간이 많아서 더 면접 준비에 적합한 것 같습니다.

면접은 많이 아는 것보다 나를 보여주는 시험이라는 느낌을 많이 받았는데 선생님께서 아닌 것 같은 부분 첨삭도 잘해 주시고 주입식 교육으로 주눅 드는 수업이 아니라 자신 있고 씩씩하게 자기 자신을 보여줄 수 있게 연습을 계속 도와주셔서 좋은 결과가 있을 수 있던 것 같습니다. 감사합니다!

[경력채용 안보수사 합격생 후기]

안녕하십니까! 우선 최종합격하게 된 과정까지 많은 도움을 주신 원장선생님께 감사하다는 말씀드리겠습니다. 그 외 학원에서 최종 리허설 때 면접 지도를 해주셨던 부원장님 및 강사님들께 감사의 말씀을 드립니다.

'기회는 준비된 사람만이 잡을 수 있다.'라는 말을 기억해야 할 것 같습니다. 면접학원을 다니게 되기까지 많은 노력을 하신 수험생 분들이라면 이해가 되시리라고 생각합니다. 합격하기 위해서 얼마나 많은 노력을 기울여야 하는지, 끝까지 포기하지 않고 열정을 다해야 한다는 것이 얼마나 중요한지. 합격에 이르는 과정을 되돌아보면 핵심 Key Point는 '이루다스피치학원' 수강이었다고 생각합니다. 면접 같은 경우 학원을 다니시지 않고 혼자 준비하시는 분도 있고, 인강으로 준비하시는 분들도 있다고 들었습니다. 하지만 학원(실강)을 다니면서 면접을 준비하는 것이 정말 도움이 되기에 저는 학원 수강을 추천드리고 싶습니다. 억양부터 시작해서 생각을 말로 바꿀 수 있는 능력에 이르기까지 요구되는 사항들이 많기 때문에 배윤희 원장선생님의 10여 년간의 스피치 관련 노하우와 지도 능력은 반드시 도움이 된다고 말씀드리고 싶습니다.

저는 처음 학원에서 제공하는 사전 무료 특강을 수강해 보고 학원을 다니는 것을 결정하였는데, 특강을 듣는 순간 여기 면접학원에 한 번 다녀 보자라는 생각이 확고해졌습니다. 저는 최대한 빨리 다니면서 준비를 많이 하려는 의지가 있었기에 체력 준비와 동시에 면접학원에 등록하여 다녔습니다. 그곳에서 좋은 조원들을 만났고, 수업이 종료되는 날 또는 그 이외의 날에 스터디를 하면서 많은 지식을 쌓았습니다. 특히 집단면접 연습을 많이 했는데, 실제로 정해진 시간 안에서 돌발적으로 주제를 정해서 면접을 진행해 본 것이 정말 많은 도움이 되었습니다. 학원에 계신 여러 수험생 분들과 랜덤으로도 집단면접을 해보면서 돌발상황에도 대처할 수 있는 유연성마저 갖출 수 있었습니다. 물론 집단면접 말고도 개별면접과 같은 부분에 있어서는 선생님이 지도를 적극적으로 해주십니다. 특히 최종 리허설 면접 때 지도해 주셨던 부분이 실제 면접장에서 나와서 정말 큰 도움이 되었습니다. 직장인 분들은 평일에 학원을 수강하실 수 없어 걱정이 많으실 텐데, 이루다스피치학원은 주말 수강도 가능합니다(변동사항이 있을 수도 있으니 확인 필요합니다). 누군가를 믿을 수 있다는 것, 또한 누군가가 합격의 책임을 지고 끝까지 지도해 준다는 것, 이러한 믿음과 책임이 바로 '이루다스피치학원'입니다. 이루다스피치학원에서 점진적인 변화를 통해 경찰 합격이라는 결과를 달성하는 나 자신을 이제는 현실로 경험해 보시기 바랍니다. 합격하신 분들, 모든 수험생 분들 언제나 파이팅입니다.

[경력채용 의료사고 수사 합격생 후기]

안녕하세요. 이번 경찰공무원 경력 채용 의료사고 수사분야 합격자입니다. 저는 병원에 근무하면서 100일도 안 된 아기도 키우면서 면접 준비까지 진행하였습니다. 이루다스피치학원의 체계적인 커리큘럼이 아니었으면 떨어졌을 거라 생각합니다.

우선 직장인 같은 경우에는 면접학원 시간이 잘 맞지 않습니다. 하지만 이루다스피치학원 같은 경우에는 직장인도 참석할 수 있게 여러 시간이 있어서 학원 등록이 가능했습니다. 개인면접 같은 경우는 사전에 나눠 준 자료를 토대로 저의 스크립트를 만들고 선생님께서 경찰 이미지에 맞게 수정 및 보완해 주셨으며, 외적인 부분까지 모두 고쳐줬습니다. 덕분에 저는 개인면접 시 학원에서 준비한 내용이 90% 일치하게 나와 개인면접을 잘 볼 수 있었습니다. 또한 이번 본청 같은 경우는 사전조사서를 면접 당일에 봤는데, 이것 또한 걱정할 부분이 없는 게, 개인면접과 단체면접을 준비하면서 준비한 내용이 나오기 때문에 사전조사서도 수월하게 썼으며, 개인면접 볼 당시에는 면접관 분께서 칭찬도 해주셨습니다.

단체면접이 제일 걱정이었지만 선생님께서 피드백을 엄청 잘해 주시고 저희가 찍은 동영상도 봐주시면서, 단체면접에 점점 자신감이 붙었습니다. 3~4주차 때는 막막했지만 8~9주차 될 즈음에는 내가 어떻게 대답해야 할 것이며, 어떤 부분을 강조해야 할 것인지 파악할 수 있었습니다. 6명이서 수업을 들어서 선생님께서 개별적으로 피드백해 주시면서 꼼꼼하게 봐주셨습니다. 마지막 10주차 때 한 모의면접은 면접 전에 긴장을 미리 체험해 보면서 더욱 제가 준비한 답변 내용을 더 자신감 있게 했던 시간이었습니다. 스터디원 분들도 너무나 적극적으로 해주셨고, 열심히 준비한 결과 최종합격을 하게 되었습니다.

그동안 준비 많이 해주신 학원 관계자 분들과 강사님께 진심으로 감사드립니다. 점점 면접이 강화됨에 따라 경찰을 준비하시는 분들은 학원 다니면서 전문성을 키워 최종합격을 하시길 바랍니다!

[경력채용 사이버수사 합격생 후기]

안녕하세요! 사이버수사 경력 채용 합격한 수험생입니다.

공무원 면접과 일반 면접이 다르다는 얘기를 듣고, 체력시험이 지난 2주 뒤에야 급하게 알아보다가 이루다스피치학원을 찾게 되었습니다. 다양한 사이버수사 면접 지도 케이스와 수험 자료가 있었기에 더 믿고 배울 수 있었습니다. 체력, 적성검사까지 통과한 수험생은 22명, 합격자 제한은 14명이였습니다. 저는 필기 점수 250점, 체력 점수 27점으로 상대적으로 낮은 점수를 갖고 있어서 위험했습니다. 마지막으로 면접에 기대를 하고 준비하였습니다. 1주일에 한 번씩, 말하는 방법, 말의 핵심을 전달하는 방법, 비언어적인 표현을 배우고, 면접 스터디를 3주 동안 1주에 두 번씩 공채 분들과 함께 진행하였습니다.

학습 준비를 위해 주셨던 다양한 자료와 말하는 연습을 통해 자신감을 갖고 연습했습니다. 현장에서 많이 떨기는 했지만 그래도 낮은 체력 점수에도 불구하고 합격의 기쁨을 갖게 되었습니다. 도와주셔서 고맙습니다.

MEMO

좋은 책을 만드는 길, 독자님과 함께하겠습니다.

2023 이루다스피치와 함께하는 마이턴(my turn) 경찰공무원 면접

개정1판1쇄 발행	2023년 05월 10일 (인쇄 2023년 03월 08일)
초 판 발 행	2022년 05월 04일 (인쇄 2022년 03월 23일)
발 행 인	박영일
책 임 편 집	이해욱
저 자	이루다스피치학원
편 집 진 행	신보용 · 정은진
표지디자인	박종우
편집디자인	김예슬 · 박서희
발 행 처	(주)시대고시기획
출 판 등 록	제10-1521호
주 소	서울시 마포구 큰우물로 75 [도화동 538 성지 B/D] 9F
전 화	1600-3600
팩 스	02-701-8823
홈 페 이 지	www.sdedu.co.kr

I S B N	979-11-383-4856-0 (13350)
정 가	25,000원